JN240626

主殿ＳＢ―１全景（寿福滋撮影、守山市教育委員会提供）

伊勢遺跡の中心部から発見された床面積が88平方メートルの大型建物（ＳＢ―１）。弥生時代後期としては全国最大級で、長大な斜路をもつ柱穴が特徴である。方形区画内の「主殿」とみられる。

独立棟持柱付大型建物ＳＢ―４全景（上）
ＳＢ―５出土棟持柱（右）（いずれも守山市教育委員会提供）

方形区画や楼観のまわりを円弧状に廻る、独立棟持柱付大型建物群のうちの１棟（ＳＢ―４）。右は17.8メートル南側のＳＢ―５から出土した棟持柱の柱根。「祭殿」とみられる。

伊勢遺跡方形区画復元ＣＧ（小谷正澄作成）

伊勢遺跡造営想像図（中井純子作画）

伊勢遺跡史跡公園全景（北上空から、守山市教育委員会提供）

伊勢遺跡と卑弥呼の共立

伴野幸一・森岡秀人・大橋信弥

吉川弘文館

まえがき

滋賀県守山市の伊勢遺跡は、弥生時代後期の中葉（紀元後八〇年ごろ）に、近江の中枢、野洲川下流域において突如出現し、後期末（紀元後一八〇年ごろ）には忽然と姿を消す、ほかに例のない特異な祭祀遺跡である。伊勢遺跡中心部には、床面積三九・五平方メートル～八八平方メートルの巨大な建物一二棟以上が、方形区画内と、その周りに整然と配置されている。方形区画内は、四棟の建物がL字型に配置され、周りを板塀で囲った特別な空間となっており、東には高層の楼観建物が見つかり、それを取り囲むように、大型の独立棟持柱付建物が径二二〇メートルほどのややいびつな円を描いて等間隔に配置されている。そして柱の掘方は、長径二・五メートル～三・五メートル、短径一メートルで、深さ一・三メートルを測り、どの柱穴も長い斜路をもち、太く長い柱材が用いられていたことを示している。本書では、その全体像を明らかにするとともに、この特異な遺跡がどのような目的で造営され、どのような役割を果たしたのか。またこの施設では何が行われていたのかなど、数々の謎に迫りたい。

二〇世紀末から二一世紀初頭にかけて、伊勢遺跡から大型建物が次々と発見され、いちやく全国的に知られることになった。同じころ守山市の下長遺跡や、隣接する栗東市の下鈎遺跡でも、さまざまな大型建物が相次いで発見された。そこでは巨大な柱穴に支えられた大規模な建造物が林立し、今日の都市計画のように整然と配置されていたこともわかってきた。こうした大型建物の矢継ぎ早の発見によって、伊勢遺跡では、田を耕し、川や湖で魚を捕り、竪穴建物に住むといった、普通の弥生時代のムラの暮らしぶりとは随分異なった姿が浮かび上がってきた。またほぼ同じころ、漢鏡や貨泉など大陸系文物の共伴や、年輪年代学の成果などにより、弥生時代の年代観が大きく見直されている。これにより伊勢遺跡の時代についても、発見当初の「邪馬台国時代」から「倭国成立前夜の時代」へと大きく転換することになった。それに伴って伊勢遺跡の歴史的評価も、邪馬台国を構成する有力なクニの一つではなく、倭国という倭人種族全体を統括する、政治・宗教的権力の形成に関わる重要な施設へと変わっていった。

調査の進展により、遺跡の重要性が高まる一方で、伊勢遺跡の周辺地域の住宅開発は著しくすすみ、保存の危機が迫っていた。そうした中で、立命館大学名誉教授の山尾幸久さんが、遺跡の保存を求めて「邪馬台国の成立と伊勢遺跡―東アジアのなかの古代日本―」というテーマで講演された（平成一二年〈二〇〇〇〉一二月一七日、栗東芸術文化会館さきら）。山尾さんは講演の中で、考古学者は紀元以降についていては、その時期について発言する場合、土器の型式名ではなく実年代で表記すること。近江は列島内を結ぶ交通の要衝であり、二世紀代を中心に栄えた伊勢遺跡は、倭国という政治的連合体の形成を牽引する主要な勢力であること。倭国は、後漢の衰退から公孫氏政権の自立、そして魏の建国という東アジアの大きな変動と無縁ではなく、東アジア世界の中で弥生後期社会や伊勢遺跡を評価すべきことを強調された。こうした広い視野に立った山尾さんの指摘は、それまでの伊勢遺跡の歴史的な評価を大きく転換させる契機となった。

その後、伊勢遺跡は幸いにも国指定史跡となり、土地の買い上げがすすむいっぽう、遺跡の整備・活用が大きな課題となった。守山市教育委員会は、伊勢遺跡の歴史的意義と評価をめぐって、平成二三年から平成三〇年にかけて九回にわたり、各地の研究者・調査担当者を招き、歴史シンポジウムを開催した（一回は台風のため中止）。毎回「倭国の形成と伊勢遺跡」を大テーマに、原始・古代の建築技術、突線鈕式銅鐸の成立、伊勢遺跡と纒向遺跡の関係、方形区画の系譜、近江と東海・山陰地方との関係などを取り上げている。また、これに並行して、全国各地に所在する弥生時代の国史跡の整備・活用の現状と課題についても取り上げている。歴史シンポジウムの企画とレギュラーには、本書の共同執筆者で、調査担当者である伴野と、伊勢遺跡保存整備委員会委員の森岡・大橋の二人が加わり、伊勢遺跡の造営目的、果たした役割など多彩な問題について、議論を深めることができた。本書はそうした成果に依拠し、三人がそれぞれ独自の視角から執筆したものである。

第一章「謎の伊勢遺跡はこうして見つかった」では、遺跡の発見から始まり、大型建物群発掘の経緯を詳しく記述している。発掘調査によって、伊勢遺跡の大型建物群の計画的な配置がしだいに明確になり、高い測量技術と建築技術によって、造営されたことが明らかになった。また伊勢遺跡の弥生時代後期から古墳時代に至る変遷を実録的にまとめている。

第二章「伊勢遺跡と近江の弥生社会—弥生時代後期の近江の位置—」では、伊勢遺跡出現の背景となる近江の弥生社会の特徴について、土器や墓域、祭祀、遺跡群の結合関係などから追究している。また、伊勢遺跡の盛行期、野洲川流域から隣接地域へと強力な情報発信があり、近江の人々が積極的に移動し独自の流通ネットワークを形成しており、そこに近江が牽引する宗教的・政治的同盟関係の形成を想定している。

第三章「弥生時代近畿社会の南北情勢—ヤマト王権への覇権と伊勢遺跡—」では、日本の古代国家の形成を大和と河内を結ぶ大和川流域を基盤に、奈良盆地東南部一帯の勢力が牽引してきたという通説の歴史像に疑義を唱える。近年の弥生時代研究の成果を踏まえ、近畿北部の鏡・銅鐸・鉄器の動きからみて、瀬戸内東部から大阪湾北岸→淀川両岸→琵琶湖南岸・東岸という物流や情報の流れから、近畿北部が主導権をもつ時期が確実にある。それが、弥生時代後期、伊勢遺跡の盛行期にあたり、倭国の形成を牽引する主体であることに論及している。

第四章「伊勢遺跡を『魏志倭人伝』から読み解く」は、『後漢書倭伝』にみえる帥升を、文字通り倭人種族全体を総称する「倭国王」とみることは疑問とし、伊勢遺跡が出現した弥生後期の日本列島は、集団意識やまつり＝宗教を共有する地域勢力（ブロック）が競合する段階にあるとして、卑弥呼が共立された倭国乱こそ、そうした競合する地域政権が、対立を克服して、新たな宗教的権威の象徴である卑弥呼の下で統合される契機となったとみている。伊勢遺跡は倭国の統合を主導した近江の勢力が、近畿政権の結集の場・共同祭祀の祭場として造営したもので、倭国乱の最終段階においては、倭国の統合を協議・合意する場として使用されたと主張する。

以上のように、各論は、伊勢遺跡の発見を端緒に、ヤマト王権成立に先立って近江が東西日本を結び、倭国の形成を強力に牽引したプロセスを、それぞれ独自の切り口から検証したものであるが、謎に包まれた伊勢遺跡の解明はまさに始まったばかりであり、本書がその一里塚になることを願うものである。そしてこの場をお借りして、伊勢遺跡の保存と活用に尽力された多くの方々にお礼を述べるとともに、今後の一層のご支援をお願いしたい。

二〇二四年十一月

伴野幸一
森岡秀人
大橋信弥

目　次

第一章　謎の伊勢遺跡はこうして見つかった

伴野幸一

はじめに

国内最大の淡水湖である琵琶湖を抱えた近江は、古来、湖上交通を利用して東・西日本を結ぶ動脈としての役割を担ってきた。琵琶湖は淀川水系に接続し、山城・摂津から河内、そして東部瀬戸内の播磨地方と結びつくとともに、琵琶湖にそそぎこむ河川沿いの陸路を通じて伊賀・伊勢地方、美濃・尾張地方や若狭・越前へとつながる要衝の地である。琵琶湖東南部には近江最大の河川である野洲川(やすがわ)が流れ、下流域には広大な沖積平野が形成されている。暴れ川でもあった野洲川は、昭和四〇年代後半に南北に分かれていた河川を一本化する大規模な河川改修工事が行われた。その工事中に縄文時代晩期から平安時代にかけて営まれた大規模な服部(はっとり)遺跡（滋賀県守山市）が発見された。服部遺跡では弥生時代前期の一万八七〇〇平方メートルに及ぶ水田跡や、三六〇基以上の（弥生時代中期）方形周溝墓群、弥生時代中期から古墳時代前期にかけての集落跡、古墳時代後期の古墳群などが発見された。

その後、昭和五〇年代以降、急激な開発の進行に伴い、弥生時代中期後半代に出現する環濠集落である守山市の下(しも)

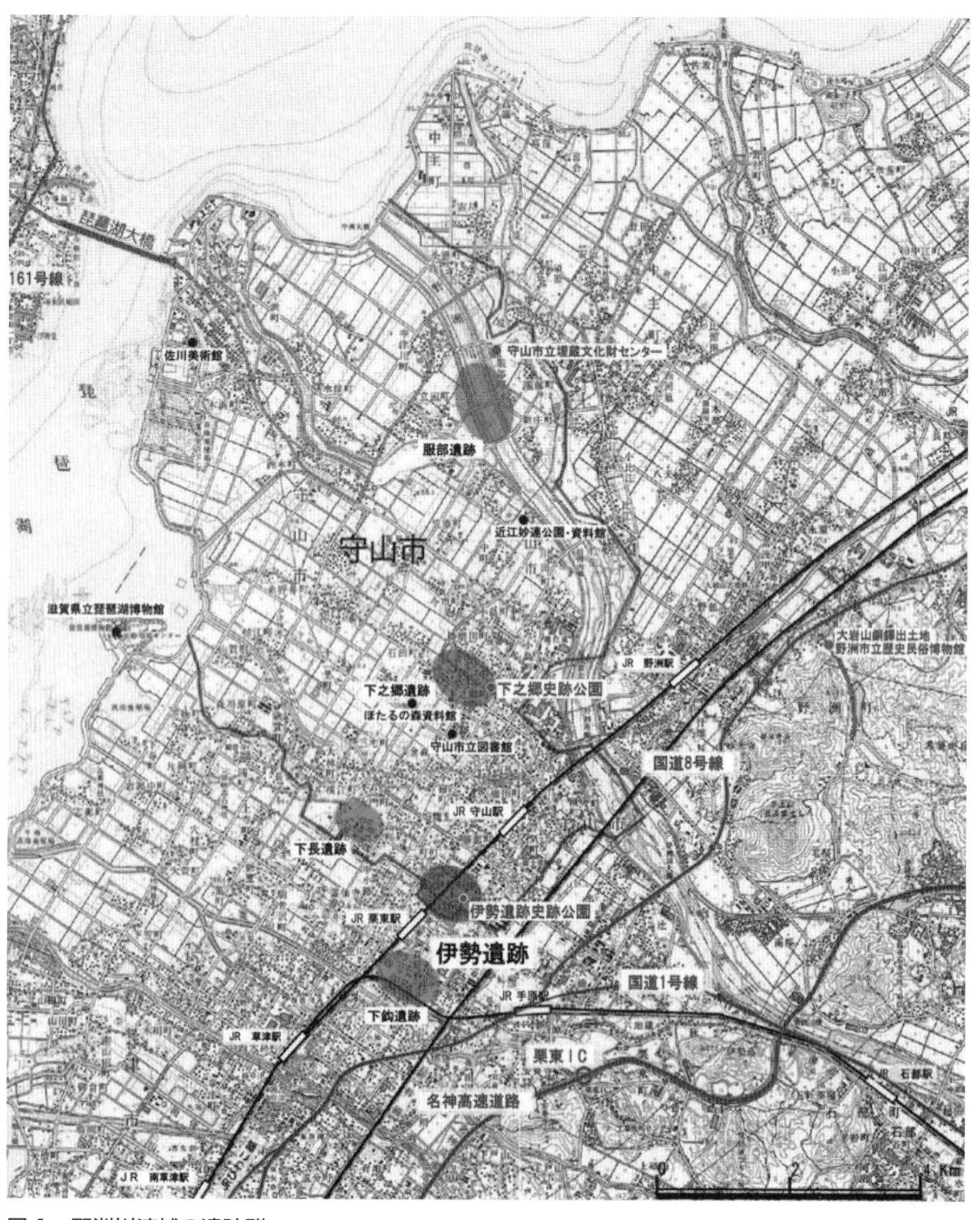

図 1　野洲川流域の遺跡群

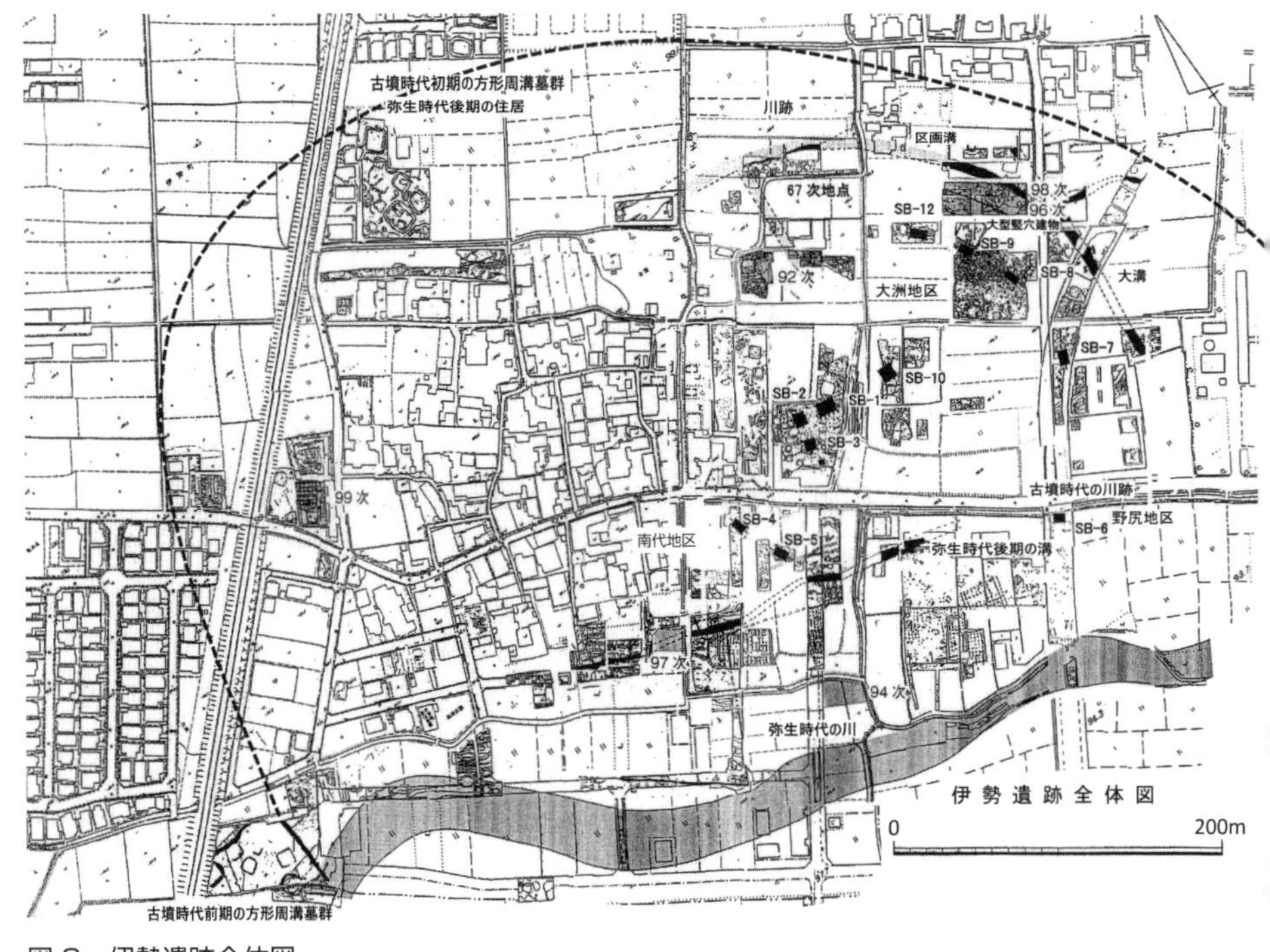

図２　伊勢遺跡全体図

之郷遺跡や二ノ畦・横枕遺跡、古墳時代前期を中心に盛行する下長遺跡など新たな遺跡が次々と発見された。このように、野洲川流域の沖積平野には、弥生時代から古墳時代にかけて連綿とつながる大規模な集落遺跡が、多数埋没していることが少しずつ明らかになってきた（図1）。伊勢遺跡も開発に伴って、昭和五五年（一九八〇）に実施した試掘調査で新たに発見された遺跡で、最初に発見された伊勢町の地名から伊勢遺跡と名付けられ、周知の埋蔵文化財包蔵地として知られるようになった。令和五年度までの一三五次にわたる発掘調査によって、縄文時代から室町時代にかけての複合遺跡であることが判明したほか、弥生時代後期の集落規模は東西七〇〇メートル、南北四五〇メートルの範囲に広がり、三二ヘクタール以上に及ぶ大規模な遺跡であることがわかった。急激な開発の進行に伴って実施した発掘調査により、伊勢遺跡の全体像が少しずつ明らかになるにつれ（図2）、全国的にも類例をみない特別な構造をもつ遺跡であることが次第に判明してきた。

一　いくら掘っても底がでません

——伊勢遺跡大型建物発見の経緯——

伊勢遺跡前史　昭和五〇年代後半、伊勢遺跡では宅地造成工事や個人住宅建築に伴って発掘調査が開始されるようになり、弥生時代後期を中心とする集落遺跡であることがわかってきた。調査開始当初より、平面形が五角形をした竪穴建物（図3）がいくつも発見され、滋賀県内でも特異な内容をもつ遺跡として注目されるようになった。

平成二年（一九九〇）六月から八月にかけて、民間の倉庫建設に先立ち伊勢遺跡の発掘調査を行っていた。その当時は、あたり一面が水田で、発掘現場周辺にはのどかな田園風景が広がっていた。調査が進むにしたがって、弥生時代後期から古墳時代初頭にかけての竪穴建物八棟、棟持柱をもつ小型の高床倉庫が一棟、営まれていることがわかった。そのうち一棟の竪穴建物の中央と壁側の床面にうっすらとではあるが三つの大きな穴があることがわかってきた。竪穴建物の貼り床の下に何かあるらしい。しかし、方形の竪穴建物のプランに沿って、竪穴建物の床面の下に大きな土坑が検出されたことから、竪穴に伴う中央土坑と壁際に貯蔵穴が配置されているものと判断し、掘削作業を行うこととした。

図３　五角形住居検出状況（守山市教育委員会文化財保護課提供）

「いくら掘っても底がでません」　遺構の掘削作業を行っていたベテランの調査作業員さんが音を上げた。翌日、深さ約一・二メートルまで掘削したところで硬い礫層にあたり、大きくて深い穴の底がやっと見えた。掘り上げてみると三つの穴は長径二メートル余り、短径一メートルを測る長方形状の土坑であることがわかった。その大きな穴は一方が浅く、階段状に徐々に深くなっており、傾斜する斜路をもって掘られている点で共通していた。このように深く特異な形状をした土坑は、これまでの調査経験になく、特殊な土坑が竪穴建物に伴っていると理解したものの、あまりに特異な掘方の土坑であり、調査終了後も釈然としなかった。これが、伊勢遺跡中心部を構成する棟持柱付大型建物（SB―3、図4〜6）の一部であることが判明したのは、平成四年（一九九二）八月に実施された伊勢遺跡二一次調査の成果を踏まえ、十分な検討を加えてからだった。

その後、平成四年九月、民間の開発に伴って、隣地の水田地で発掘調査が実施され、弥生時代後期としては国内最大規模の大型建物（SB―1、口絵第一頁・図7）が発見された。これは、二間×四間（七・八メートル×一一・三メートル）、床面積八八平方メートルを測る大規模な建物であり、巨大な柱の掘方であった。長径二・五メートル〜三・五メートル、短径一メートル程あり、柱穴は建物の外側から内側へ、内側から外側に向かって長い斜路をもつ点で共通していた。このことは、建物の床面積が単に大きいだけではなく、太く長い柱材が用いられていたことを示しており、高床式の高層建築物であったことを推測させるものであった。建物SB―1の東側には何か重要な構造物があったのか、梁間中央のP―10は西から東へ建て上げられている。また北隅の桁柱P―7と南側の桁柱は南から北側へ建て上げられている。北隅の桁柱P―7が先に建て上げられ、続いてP―5・P―10そしてP―6が建て上げられたのち、北・南側の桁柱列は建物の内側に向かって建て上げられたことが想定された（図44参照）。斜路をもつ柱穴の方向から、柱の建て上げの順番や建築当時の周辺の構造物の存在の有無を推測することができる。

大型建物の相次ぐ発見　この発掘に約一か月先立ち、平成四年（一九九二）八月、滋賀県栗東市の下鈎遺跡で独立棟持柱付大型建物（二間×五間、五・四メートル×八・八メートル、床面積四七・五平方メートル）が発見された。下鈎遺跡は伊勢遺跡から南西に一・三キロ離れた遺跡である。この大型建物には、直径四五センチ余りの太い柱根が残っており、樹種鑑定の結果、ヒノキ材であることが判明したほか、年輪年代測定によって紀元六二年＋αという弥生時代の実年代を考える上で、重要なデータが得られた。

このころ、北部九州では弥生時代の大型建物が佐賀県神埼市・吉野ヶ里町吉野ヶ里遺跡などで確認されていたが、

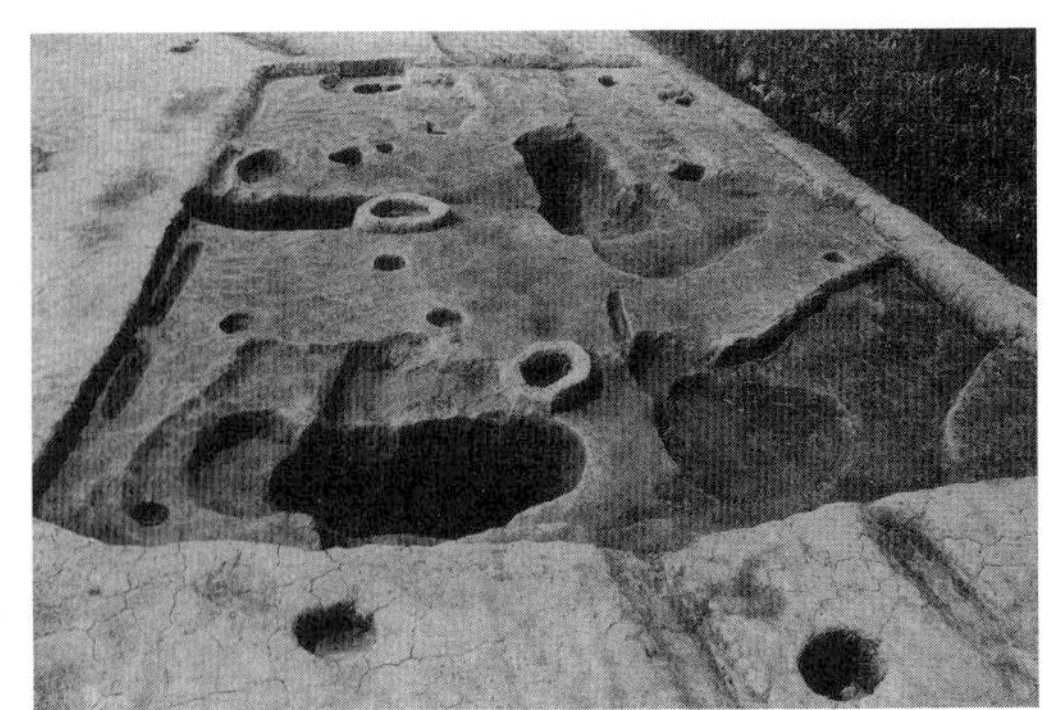

図４　SB—３柱穴検出状況（守山市教育委員会文化財保護課提供）

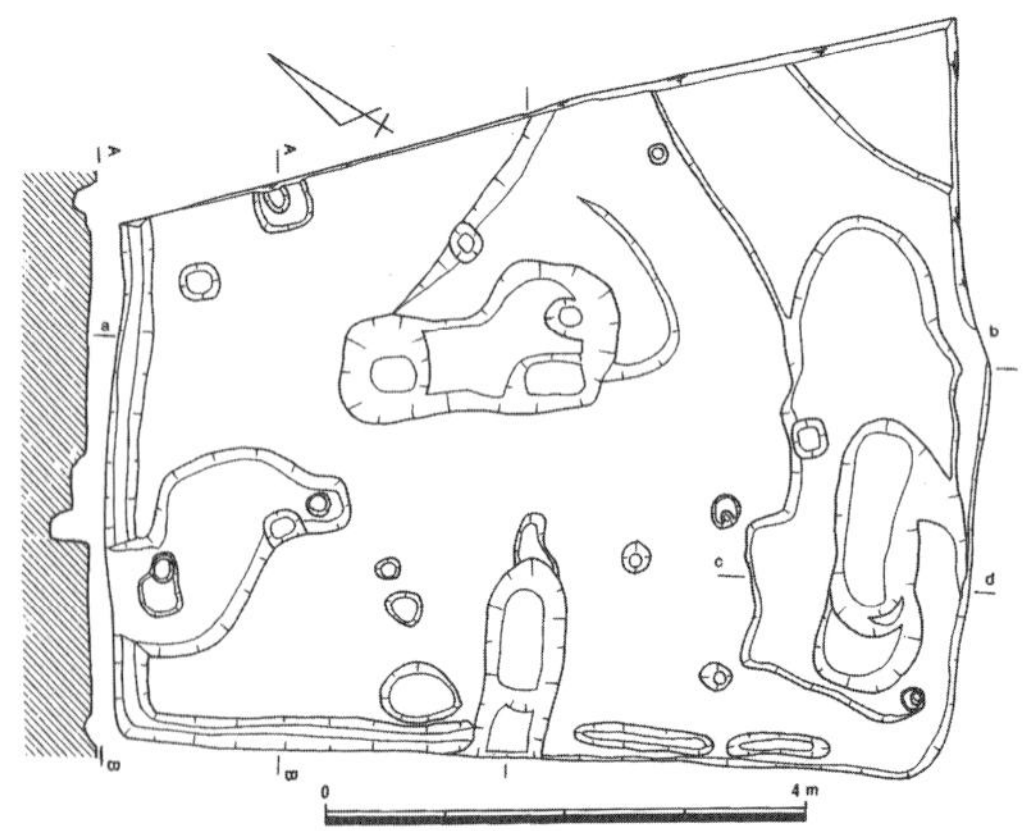

図５　竪穴建物平面図

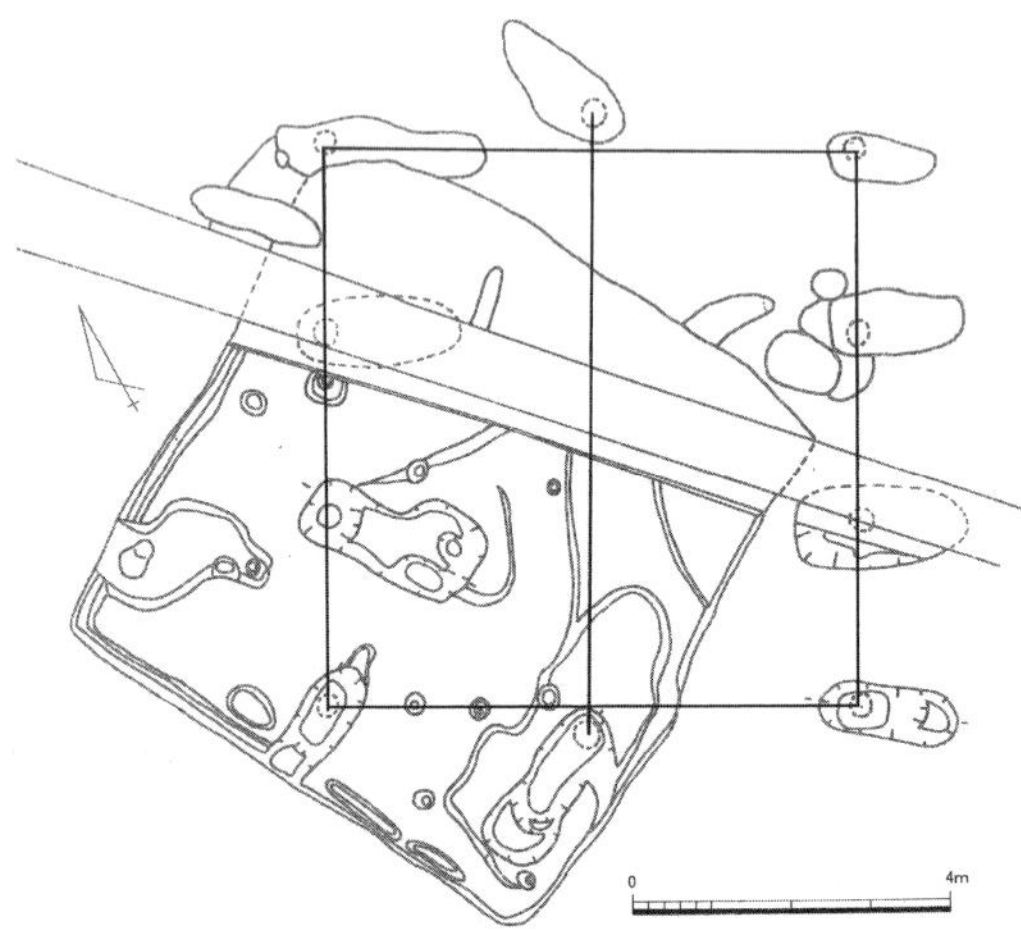

図６　SB—３平面図

図7　SB—1 検出状況（守山市教育委員会文化財保護課提供）

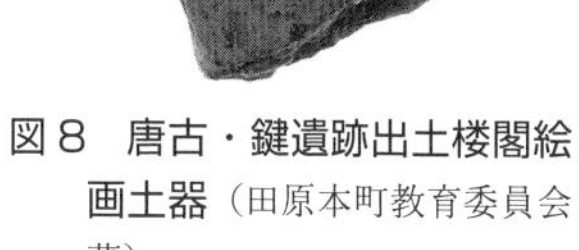

図8　唐古・鍵遺跡出土楼閣絵画土器（田原本町教育委員会蔵）

肝心の近畿中部では例がなく、奈良県田原本町唐古・鍵遺跡から発見された楼閣風の絵画土器（図8）から、その存在が予想されるに過ぎなかった。当時の新聞報道は、滋賀県で邪馬台国時代の大型建物が相次いで発見されたという見出しで紹介された。一九九〇年代前半の頃、弥生時代後期といえば邪馬台国の時代というのが定説であり、その時代の権力を示すと考えられた大型建物が、近畿中部ではなく、何故、近畿縁辺の滋賀県で相次いで発見されるのか不思議がられたのである。邪馬台国時代の有力なクニの一つが滋賀にあったという報道が多く、この当時、滋賀県は『魏志倭人伝』に記載された傍国の一つとみられていた。その後、平成七年六月に大阪府和泉市・泉大津市の池上曽根遺跡で、弥生時代中期後半の大型建物が大型の井戸とともに発見されてから、唐古・鍵遺跡や兵庫県尼崎市武庫庄遺跡など、近畿各地で次々と弥生時代中期の大型建物が発見されることになる。

方形区画をもつ大型建物群　平成四年（一九九二）以降、押し寄せる開発事業によって、近江地方でものどかな田園風景が失われ、高層マンションや商業施設、住宅街へと急速に移り変わっていった。これらの開発事業に先立つ伊勢遺跡の発掘調査により、平成五年から六年にかけ、次々と大型建物が発見されることになる。この間、独立棟持柱付大型建物三棟、屋内棟持柱付大型建物一棟が新たに発見され、弥生時代後期の伊勢遺跡は普通の弥生集落ではない予感が強まっていった。平成四年に発見された大型建物SB―1を取り巻くように、次々と大型建物が発見されたことから、遺跡の保存を図る上でも、伊勢遺跡全体の構成を検討し、遺跡中心部（第18・21次調査区、図9・10）にあたる地点を再検討する必要に迫られていた。

平成二年に検出した大きな土坑は、竪穴建物が営まれる以前の大型建物の柱穴の一部ではないか。あらためて、2

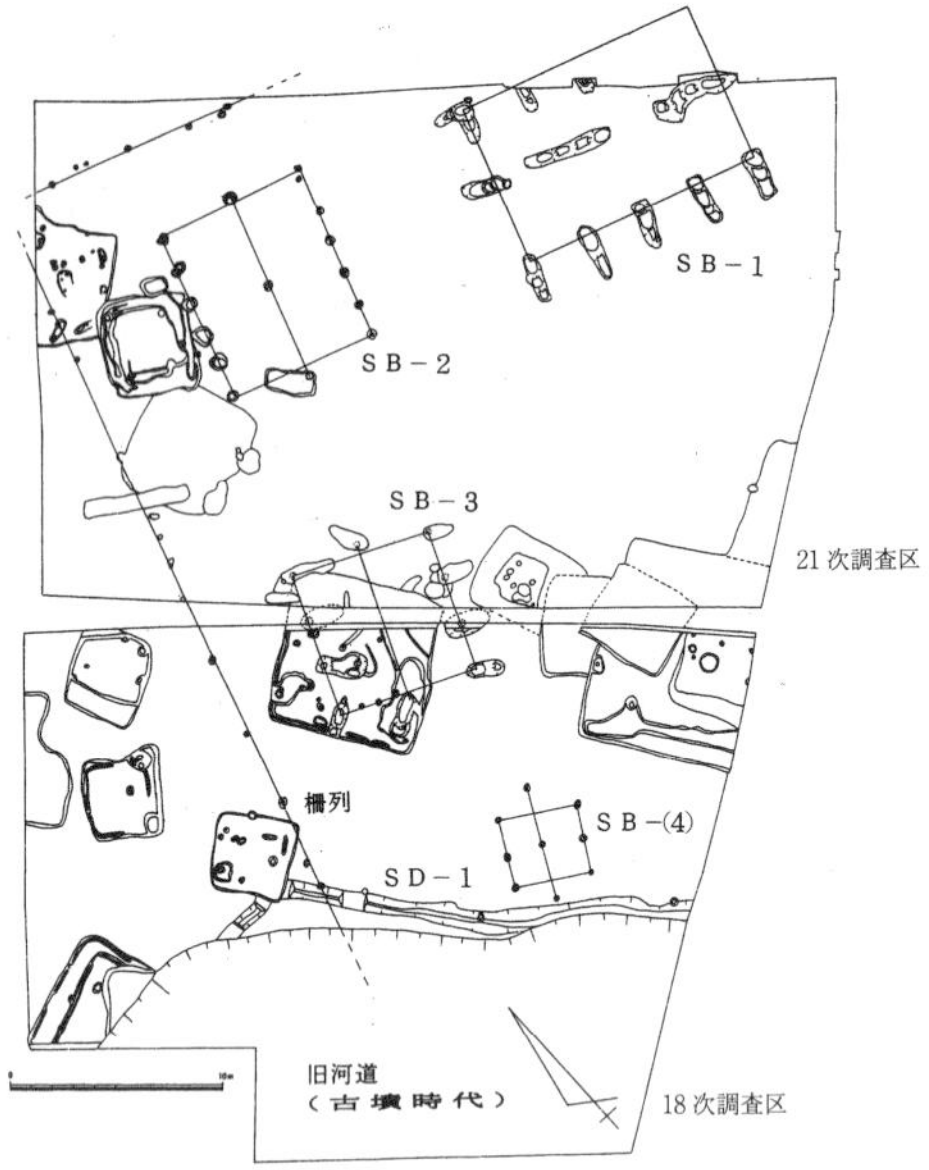

図9　方形区画18・21次調査平面図

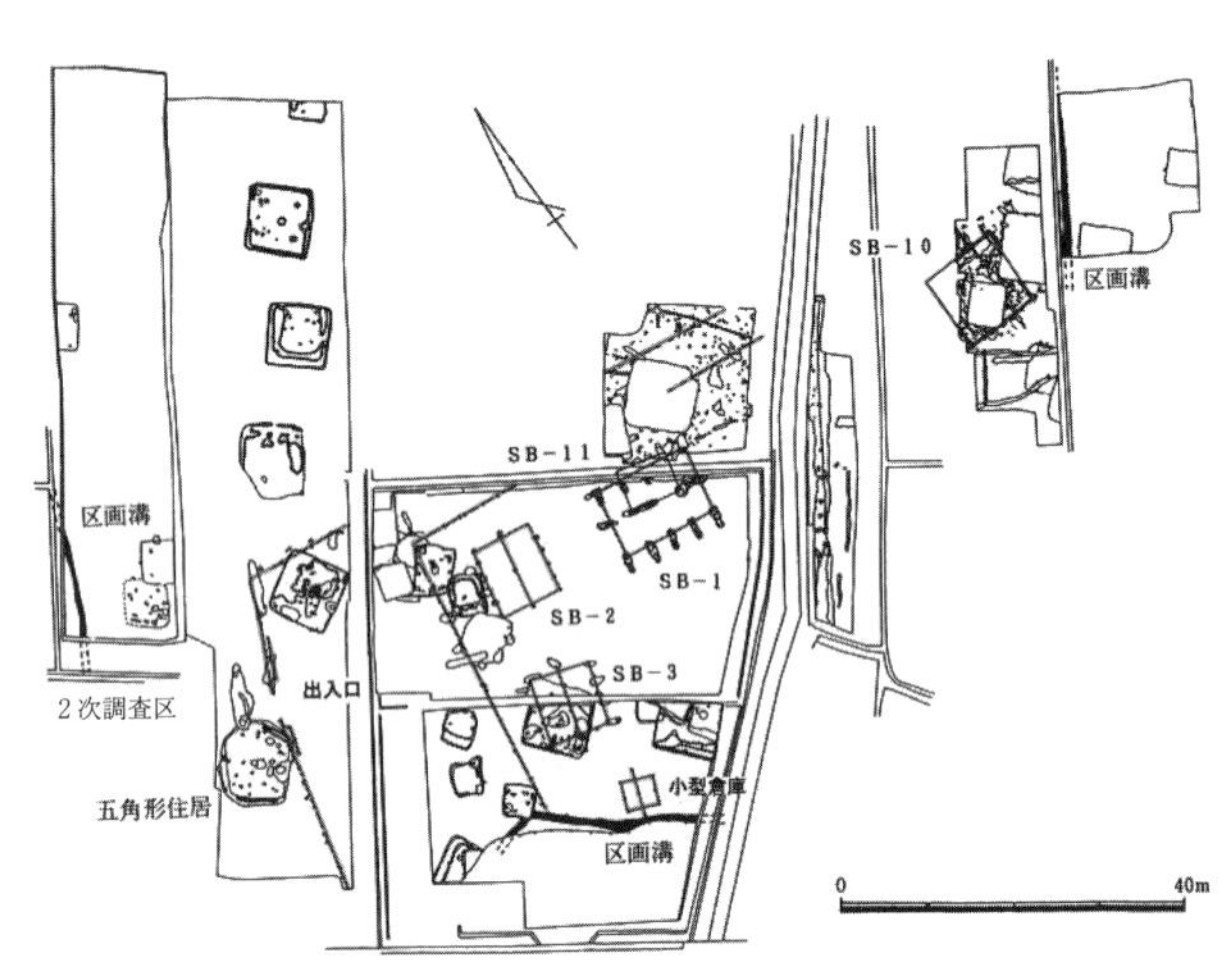

図10　伊勢遺跡中心部遺構配置

次・18次・21次など伊勢遺跡中心部の調査図面を座標上に乗せ、幾度となく検討を行った結果、SB―1を中心に大型建物がL字状に配置されていることが判明してきた（口絵第三頁）。主殿SB―1南側の桁行に沿って西へ約八メートルの地点において、棟方向を九〇度変えて近接棟持柱付大型建物SB―2（副屋）を復元することができた。さらにSB―2の南側約九メートルの地点について、18次調査の成果と合わせ検討した結果、近接棟持柱付大型建物SB―3（祭殿か）を復元するに至った。この建物は平面形が正方形の建物で壁際に棟持柱をもち、出雲大社に代表される近接棟持柱付（宇豆柱（うづばしら））建物に似ている。このSB―3の柱穴はSB―1のように、規則的な方向に並んでいなかったため、試行錯誤を繰り返し、やっと、一つの大型建物の柱穴群だと確認することができた。さらに、SB―3の南側七メートルの地点には小型の独立棟持柱付建物（倉庫）が棟方向を揃えて配置されている。伊勢遺跡中心部には、大型建物SB―1を中心に四棟の建物がL字型に配置されており、中心部には南面する前庭が広がっていたことがうかがわれた。さらに、これらの建物を取り囲むように二重の柵が巡っていたことも判明し、伊勢遺跡中心部の構造が少しずつ明らかになってきた。

二 「神殿」か王の「居館」か

大型建物の評価をめぐって　平成四年（一九九二）度の大型建物SB―1の発見以来、民間の保存団体主催のシンポジウムでの講演や、現地調査の指導を受けてきた佐原真先生（国立歴史民俗博物館館長、当時）や宮本長二郎先生（東京国立文化財研究所国際文化財保存修復協力センター長、当時）、石野博信先生（徳島文理大学教授、当時）に「方形区画」の復元について随時報告し、検討を行っていただいた。佐原先生は一目見て大変重要な資料であると理解され、何度も検討を加えるよう指示した。弥生時代の大型建物群を取り囲む方形区画は、はたして「神殿」か王の「居館」か。古墳時代にみられる方形区画が弥生時代後期の社会に存在する歴史的意義について、佐原先生と宮本先生に検討していただくことになった。その結果、神殿ではなく、弥生時代後期の社会に首長居館が出現する重要な事例として認識され、近江南部に強大な権力をもつクニの王がいたことが想定されるようになった。弥生時代における方形区画の確認は日本で初めての発見であり、学史的にも重要な位置を占めている。

佐原先生とは、東京から関西へ帰省するのに合わせ、京都の新幹線乗り場で待ち合わせ、遺跡の評価や報道発表など、何度も細かい点まで点検していただいた。佐原先生は時間がもったいないので、木枯らしが吹き抜ける寒い京都駅の新幹線のホームを指さし、「ここで作戦会議をしよう」と、そのまま座り込んで検討会を行った。このようなやり取りを経て、平成七年一月、方形区画の報道発表を行った。平成四年のSB―1発見の発表と同じく各報道機関の反応は大きかった。平成四年に発見された大型建物SB―1については、宮本長二郎先生（図11）は当初より総柱建物ではなく二棟の大型建物が切り合っていると主張されていた。建築学者として、伊勢遺跡の建物群は整然と大型の柱穴を配置する点に注目しており、真ん中の束柱（つかばしら）が二つの桁柱列と約四度振れていることから、総柱式の建物とみることについては当初より疑念をもっていた。「この建物の北側を調査すれば、二棟の建物が重なっていることが必ずわかる」と予見したのである。この重要な指摘はその後の調査で明らかとなる。平成一一年に行った確認調査、令和四年（二〇二二）七月に行った確認調査によって建物の重複が判明し、あらためて宮本先生の慧眼に驚かされることになる。

多層式の建物「楼観」の発見　大型建物SB―1・2が正確に九〇度棟方向を振って配置されており、遺跡形成のプランがこの直線上にあるとすれば「大型建物SB―1の東側には何かある」と推測し、滋賀県教育委員会の文化財担当者とも協議する中、平成一〇年（一九九八）一一月、SB―1の東側約三〇メートルの水田地で土地所有者の協力を得て、確認調査を実施するに至った。調査の結果、これまでとはまったく異なった柱配置をもつ大型建物が発見された。三間×三間（九メートル×九メートル、床面積八一平方メートル）の平面形が正方形を呈する大型建物SB―10である。内側の柱穴は二間×二間の総柱の柱穴が並ぶが、外側の柱列とは軸を異にしていることから、複層式の上屋構造の建物である可能性が高い。

図 13　楼観復元予想図（中井純子作画）

図 11　講演をする宮本長二郎先生

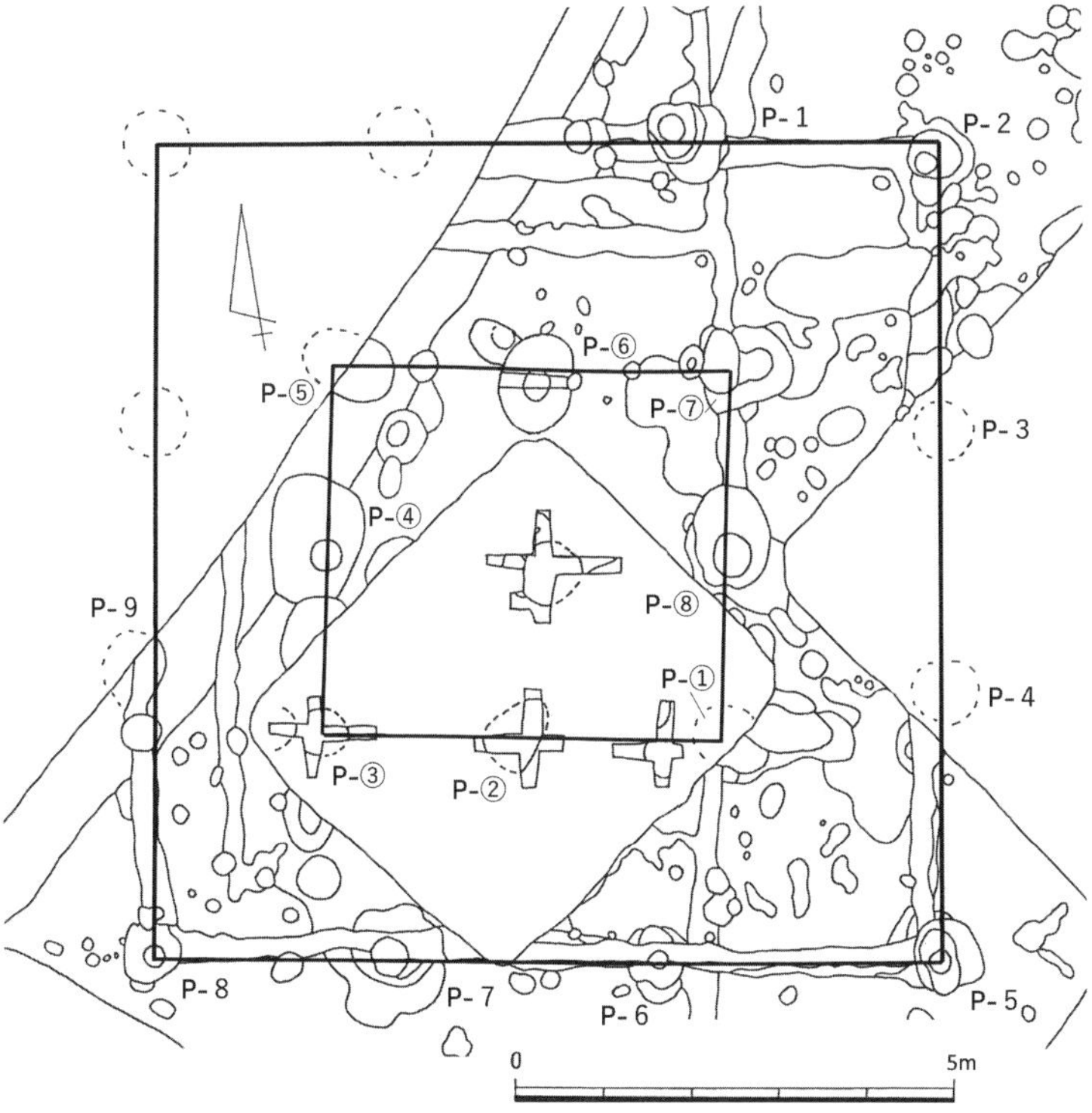

図 12　SB—10 平面図

弥生時代、このような柱配置の建物は国内に例をみない。外側の三間×三間の柱間には布掘り状の溝が掘られており、断面観察の結果、縦板が嵌め込まれていたことが想定された。おそらく、複層式の高い建物で一階部分は縦板が巡り、内部が直接見えない構造だったと考えられる。現地で水糸を張り、建物の平面測量を行ったところ、正確に東西・南北軸が座標軸と一致しており、建物のそれぞれの辺が正しく東西南北方向に面する建築物であったことがわかった。複層式の高い建物を「楼観」と呼ぶとすれば、春分・秋分の日には真東から太陽が昇ってきたであろう。季節の移り変わり、つまり暦を知ることができる施設であったかもしれない（図12・13）。

平成六年から七年にかけて、方形区画周辺部の調査に平行して、遺跡東部のエリアについても発掘調査を進めていた。大洲（おおす）地区と呼んでいる標高一〇〇メートルを測り、伊勢遺跡の中でも最も高所に当たる地点である。この地域は一八〇〇平方メートル程の空間に三〇〇〇個もの柱穴が密集する特異な場所で、大型建物群を壊して作られていることから、大型建物以前に営まれた遺構と考えられる（図14）。宮本長二郎先生からは、大型建物群が建てられる前（弥生時代中期末から弥生時代後期初頭か？）に、「守山市下之郷遺跡でも発見されている壁立式建物が同じ地点に何度も繰り返し営まれていたのではないか」と助言をいただいた（図15）。これらの柱穴群の埋土には、細かい焼土塊が出土する以外、ほとんど遺物が含まれていなかった。大型建物や竪穴建物との切り合い関係からみても、最も古い遺構と考えられ、伊勢遺跡の成立過程を考える上でも重要であり、その性格の解明については、他遺跡の事例も含め今後の検討課題である。

焼床・レンガ壁をもつ超大型竪穴建物の発見　平成六年（一九九四）にSB—9の一部の柱穴列が発見されたが、建物の全体を確認するために、平成一三年一〇月、この地点にトレンチを設け確認調査を進めていたところ、竪穴建物とみられるコーナー部が見つかった。独立棟持柱付建物の外側にあたるが、方形竪穴建物のプランを摑むために調査区を広げていった。しかし拡張作業を進めても竪穴建物のコーナーがなかなか出てこない。竪穴建物が超大型なのか、特異な形状の区画溝、あるいは地形的な落ち込みなのか、さまざまな可能性を想定し、拡張作業を進めていった。一

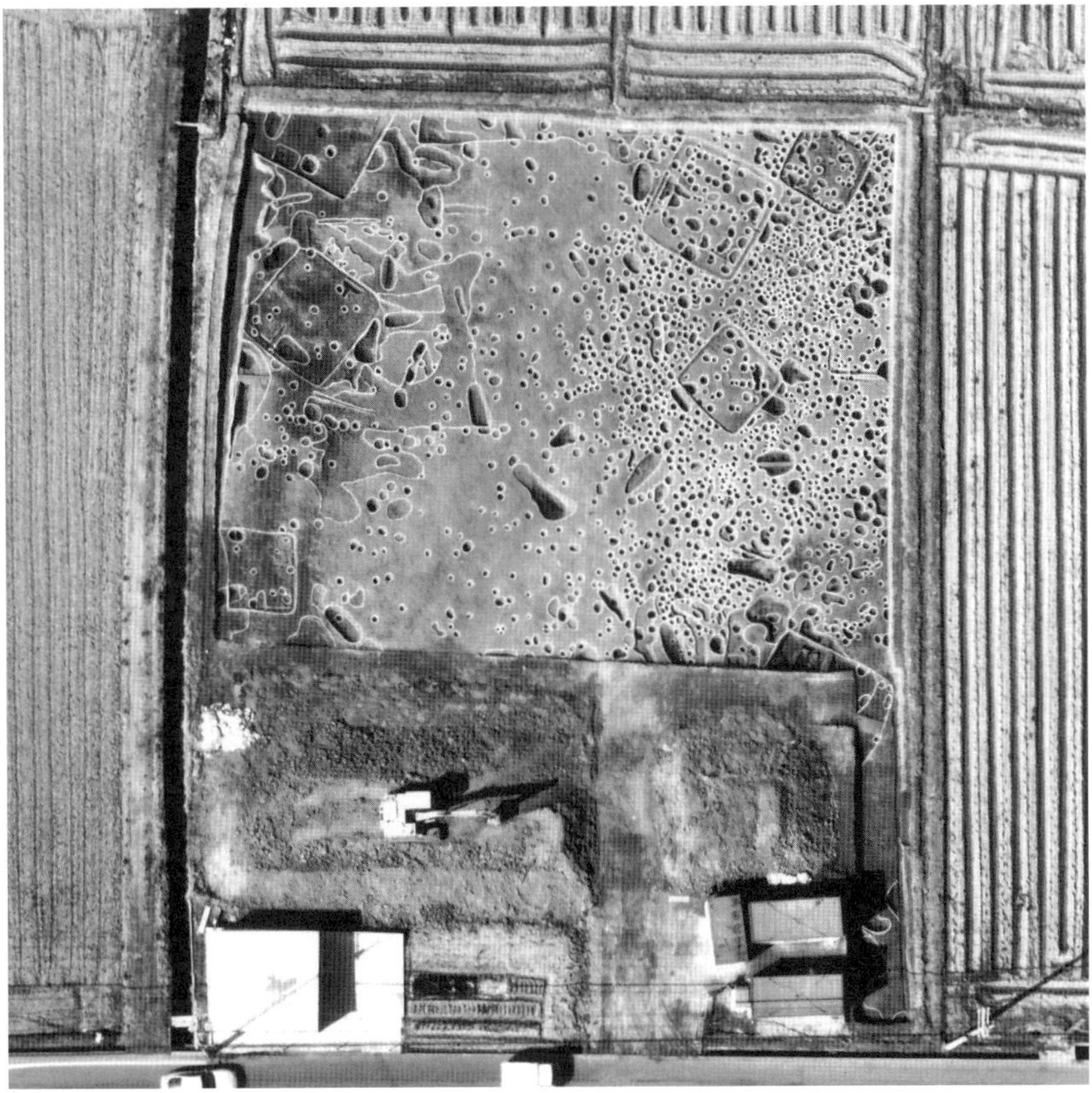

図 14　大洲地区柱穴群検出状況（守山市教育委員会文化財保護課提供）

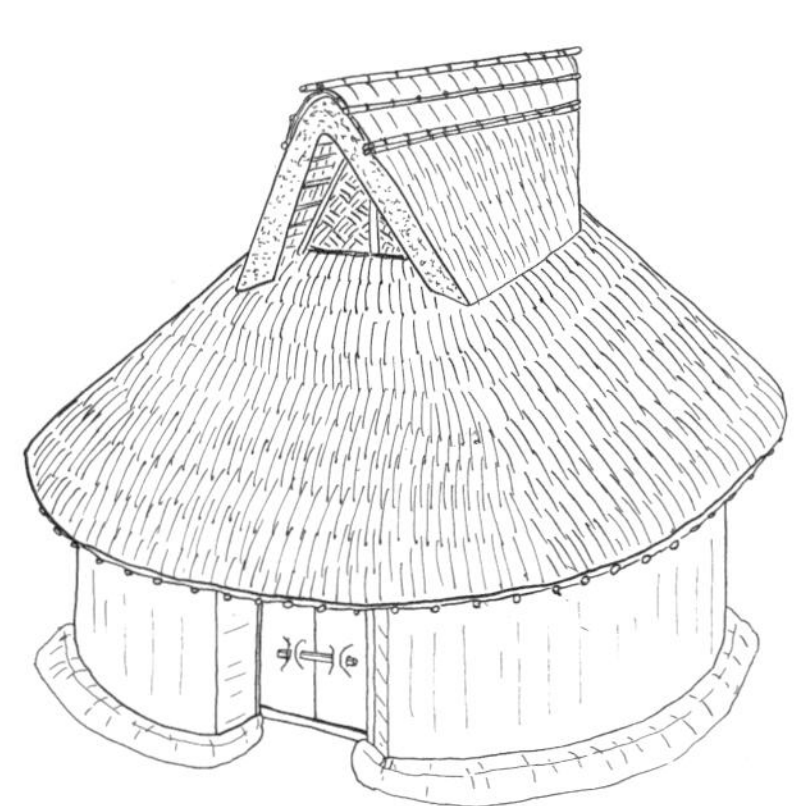

図 15　下之郷遺跡平地式住居復元案（宮本長二郎氏作図）

三メートルを超えたところで竪穴建物のもう一辺のコーナー部分が確認され、超大型の竪穴建物である可能性が高まったことから、さらに拡張し竪穴建物全体の平面プランを確定する作業を進めた。その結果、一辺一三・五メートル、床面積一八二平方メートルを測る超大型竪穴建物であることが判明した（図16）。平面検出の段階で、壁際に厚さ八センチ前後、幅四五センチ程の焼土塊（図17）が四周に並んでおり、異様な竪穴建物であることが想定された。

竪穴建物の構造について最低限の情報を摑む必要があることから、部分的に掘削調査を行うことになった。その結果、四本の長大な主柱穴と壁際に配置された屋内棟持柱によって屋根を支えていたことがわかった。主柱穴の配置がわかった時点で、宮本長二郎先生に報告し、この大型竪穴建物の復元案を制作していただいた。この竪穴建物の中央には、近代に井戸が掘られていたことから、一部掘削を行い床面の下の情報を得ることができた。床面の下は約三〇センチの厚い貼床が施されており、一メートル以上固い礫層まで掘り抜いた後、精良なシルトを運び入れていることがわかった。軟弱な地盤を入れ替えており、現代風にいえば、徹底した地盤改良が行われていた。平面検出時に壁際に並んで見えた焼土塊は、レンガ状に焼いた幅約四五センチ×高さ約三〇センチ、厚さ八センチ前後の焼土板を壁際に並べた建築材「焼壁材」であることがわかった。さらに、床面中央は赤く発色するまで固く焼かれ、ドーナツ状に広がる焼床（やきゆか）とも呼ぶべき異様な床面（図18）に仕上げられていた。この床面からは壺や甕、大型の鉢などが数点出土しており、大型建物群に先行する弥生時代後期前葉の大規模な竪穴建物であることがわかった（図19）。大洲地区で見つかった多数の柱穴群に次いで造営されており、伊勢遺跡の形成段階の特異な遺構で、棟持柱付大型建物ＳＢ―９以前に営まれた遺構とみてよい。

大型竪穴建物の性格を考える

調査を進める中、厚い貼床、特異な床面の仕上げや壁際に焼壁材を並べるなど、徹底した防湿構造がとられていることから、鋳造施設など工房の可能性が高いのではと推測していた。鋳造研究会の方の紹介で、手掛かりを求め、東近江市にある梵鐘を制作している工房を見学した。大型の梵鐘の現場は五間×五間の広いワンフロアーで、梵鐘制作の一連の作業を行っていた。真土（まね）と呼ばれる土型で梵鐘を制作する現場は、徹底的に防

図16　大型竪穴建物検出状況（守山市教育委員会文化財保護課提供）

図17　焼壁材出土状況（同前）

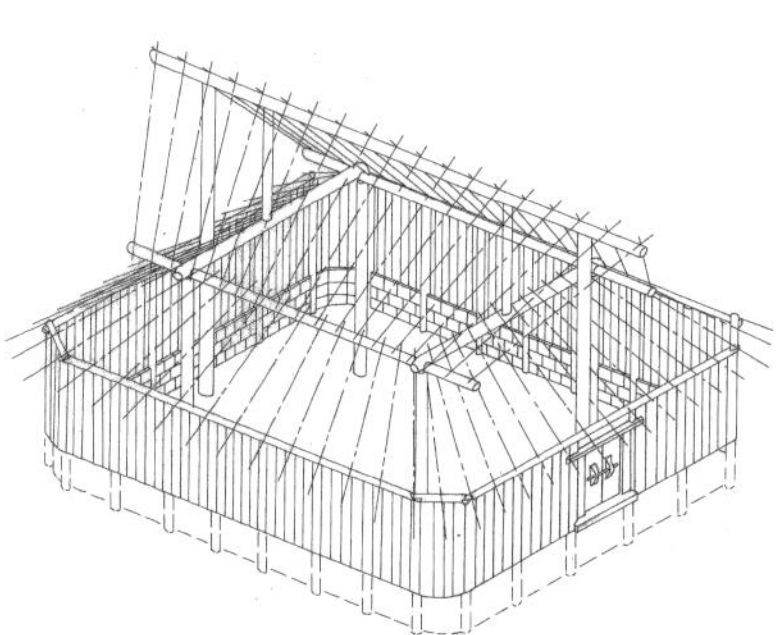
図19　大型竪穴建物復元図（宮本長二郎氏作図）

図18　焼床部分検出状況（同前）

湿されており、工房内の一角には大きな穴があった。梵鐘の鋳型に湯入れするための施設である。大型の梵鐘を制作する現場の道具や施設を見て、伊勢遺跡の大型竪穴建物の性格についてイメージを膨らませていった。

今回の調査で掘削した土の中に、金属片がないか徹底的に洗浄を行い、蛍光X線分析などで試料探査を繰り返し行った。しかし、金属工房などの手掛かりは摑めなかった。伊勢遺跡の広がりや遺跡の内容を摑むという確認調査の性格上、これ以上の掘削を伴う調査については終了し、埋め戻して現地保存を優先した。この特殊な大型竪穴建物の真相については、将来に委ねることになった。この竪穴建物の調査中、近畿を中心に多くの考古学関係者に見ていただいたが、遺構のもつ迫力から「用途は何かわからないが、大変重要な大型竪穴建物だ」という点では一致していた。ある日、古代史学者の山尾幸久先生と考古学者の森岡秀人さんが、小雪が舞い散る調査現場に来られ、遺構を見学された。森岡さんからは遺構のもつ特異な内容と迫力から、鋳造に係る手掛かりがないか慎重に調査を進めるよう助言をいただいた。山尾先生は「君はこんな寒い中で発掘をしていて大丈夫なのか」と言われ、早々に帰宅された。後日「王が会議や客を饗応する特別な場「大屋」ではないか」とのコメントをいただいた。この大型竪穴建物の性格は現在でも不明であり、その解明は今後の大きな課題である。

三　弧状に巡る大型建物群の謎

独立棟持柱付大型建物の発見　伊勢遺跡の中心部の姿が明らかになってくると、その周辺部で発見される大型建物群との関係が問題となってきた。平成六年（一九九四）から七年にかけて、伊勢遺跡東側の大洲地区で、大型建物に先行する柱穴群を壊して造営された独立棟持柱付大型建物SB—8・SB—9の二棟が発見された。伊勢神宮の正殿に似た建物で、棟持柱が建物の壁より大きく外側に離れた位置に据えられている。梁間一間×桁行五間（四・五メートル×九メートル、床面積四〇・五平方メートル）の大型建物で、建物の内側に向かって斜路をもつ柱穴の掘方であった。この二つの大型建物は南北方向に縦位に並んでおり、その中心に立つと偶然にも秀麗な神奈備山（かんなびやま）である三上山（みかみやま）が望めた。柱配置や柱間距離も同じ大きさで、同じ形式・規模の建物が並んで建てられていたことがわかった。お互いの棟持柱間の距離は柱芯で一八・四メートル離れた位置にあった。しかし、よく見ると直線的に配置されているのではなく、棟方向が約一三度西側に屈曲していた。

平成六年八月、伊勢遺跡南西側の南代（みなみだい）地区でも梁間一間×桁行五間（四・六メートル×九・一メートル、床面積四二平方メートル）の独立棟持柱付大型建物SB―4が発見された（図20・21）。すべての柱穴にヒノキの柱根が残存しており、柱穴掘方の底には柱根を取り巻くように川原石が埋め込まれ、長く太い柱の根を固定する措置と考えられた。発見された大型建物は、方形区画SB―1から西側に七〇メートル離れた位置にあたる。出土土器からみて、伊勢遺跡の大型建物の中では最も新しい時期（弥生時代後期後葉）の建物と考えられる。建物の柱穴の埋土からは炭化米が出土しており、建造時あるいは廃棄段階で何らかのまつりが柱穴周辺で執り行われた可能性がある。独立棟持柱付大型建物が単に高床倉庫というだけではなく、弥生時代中期の土器や銅鐸にも描かれていることを考えると、農耕に係る信仰や、共同体のまつりに係る重要な施設でもあったと考えられる。その後、平成一〇年一月、偶然、民間の共同住宅建設に伴う擁壁工事が行われている現場に遭遇し、工事に立ち会ったところSB―4の南側に大きな柱穴が存在することに気が付いた。施工業者には擁壁工事を二日間停止してもらい、緊急調査を行った結果、二つの柱穴が見つかった。その柱穴の配置からみて一つは棟持柱、もう一つは桁柱だと推測した。棟持柱とみられる柱穴にはヒノキの柱根が残存しており、この場所に未確認の独立棟持柱付大型建物が存在することが想定された。検出された棟持柱とみられる柱穴は、独立棟持柱付大型建物SB―4の棟持柱から一七・二メートル南側の地点にあたる。

円弧を描いて並ぶ大型建物　平成一〇年（一九九八）五月、この大型建物の全体像を明らかにするため、建物があったと想定される畑地で、確認調査のトレンチを設定することになった。確認調査の結果、想定どおり梁間一間×桁行五間（四・六メートル×八・六メートル、床面積三九・五平方メートル）の独立棟持柱付大型建物SB―5（口絵第二頁）が存在することが判明し

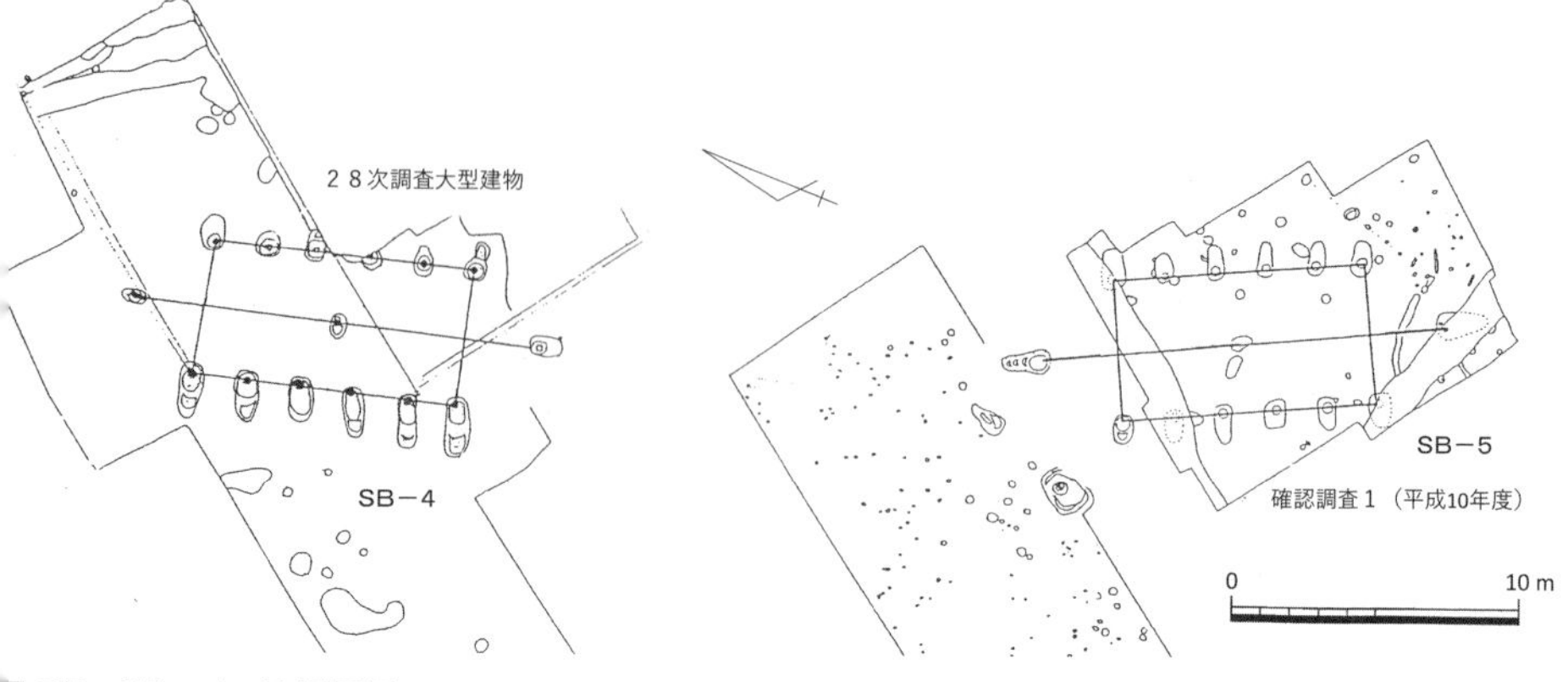

図20　SB―4・5平面図

図21　SB―5検出状況（守山市教育委員会文化財保護課提供）

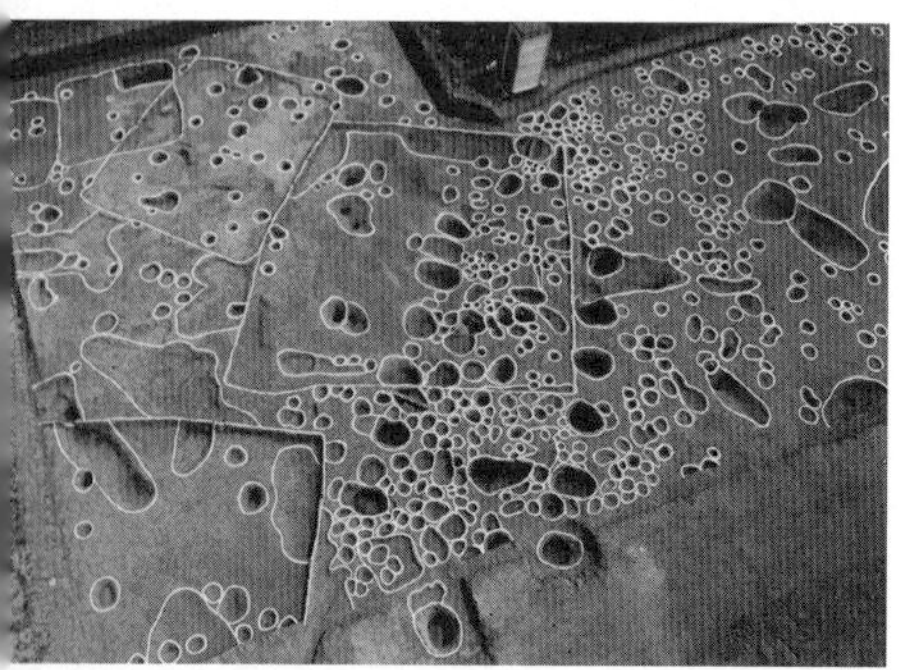

図22　SB―8検出状況（同前）

図23　SB―12検出状況（同前）

た。ＳＢ―４とＳＢ―５の棟持柱は柱芯で一七・二メートル離れて南北方向に縦位に配置されていた。この二つの建物の棟方向も約一三度東側に屈曲しており、ＳＢ―８（図22）・ＳＢ―９と同じく、方形区画や楼観を中心に、これらの大型建物が直径二二〇メートル程の円弧を描くように意図的に配置されているのではないかと推測された。

　予想どおり一七・二メートル〜一八・四メートルの間隔をあけて、弧状に独立棟持柱付大型建物が造営されているとすれば、円周状に配置する遺跡造営のプランが当初よりあったことになる。これを手掛かりに、平成一三年一二月、ＳＢ―８・ＳＢ―９の北側に確認調査のトレンチを設定し、調査を行った。南側はちょうど、市道の下にあたることから、調査を断念した。その市道地点の南側では、すでに平成五年に、独立棟持柱付大型建物ＳＢ―７が確認されていた。ＳＢ―９の北側の表土を剥ぎ、平面検出を進めると、想定した一八・四メートルの地点で楕円形に伸びる柱穴（棟持柱）が確認された。さらに平面検出を進めると、梁間一間×桁行五間（五メートル×九メートル、床面積四五平方メートル）の露台をもつ独立棟持柱付大型建物ＳＢ―12が存在することが明らかになった（図23）。この建物も南側に位置するＳＢ―９の棟方向とは約一四度西側に屈曲しており、伊勢遺跡中心部に向かって意図的に屈曲させ配置されていた（図24）。ＳＢ―12の北西側にもトレンチを設定し調査を行ったところ、いくつかの柱穴が検出されたが調査区外に伸びていた。このような調査成果から、方形区画および楼観を中心に、直径二二〇メートル程の円を描くように棟持柱付大型建物が配置される伊勢遺跡の全体像が、かすかにイメージできるようになった（図25）。

「聖なる未完の輪」　弧状に配置された独立棟持柱付大型建物群は、その後の調査によって完全な円形配置ではないことが判明する。平成一七年（二〇〇五）三月、栗東市教育委員会により、円環状に大型建物が配置されたと想定される南西側の地域で発掘調査が行われた。ここでは弥生時代後期と考えられる竪穴建物や井戸が発掘されたが、注目された大型建物は発見されなかった。この西側で発見された大型建物ＳＢ―４・ＳＢ―５は弥生時代後期後葉に造営されたとみられるが、古墳時代へと継続的に大型建物が造営されることはなかったとみられる。守山市側でも令和三年（二〇二一）三月に円環部分北側の確認調査を行ったが、ＳＢ―12に続く大型建物を確認することができなかった。弥

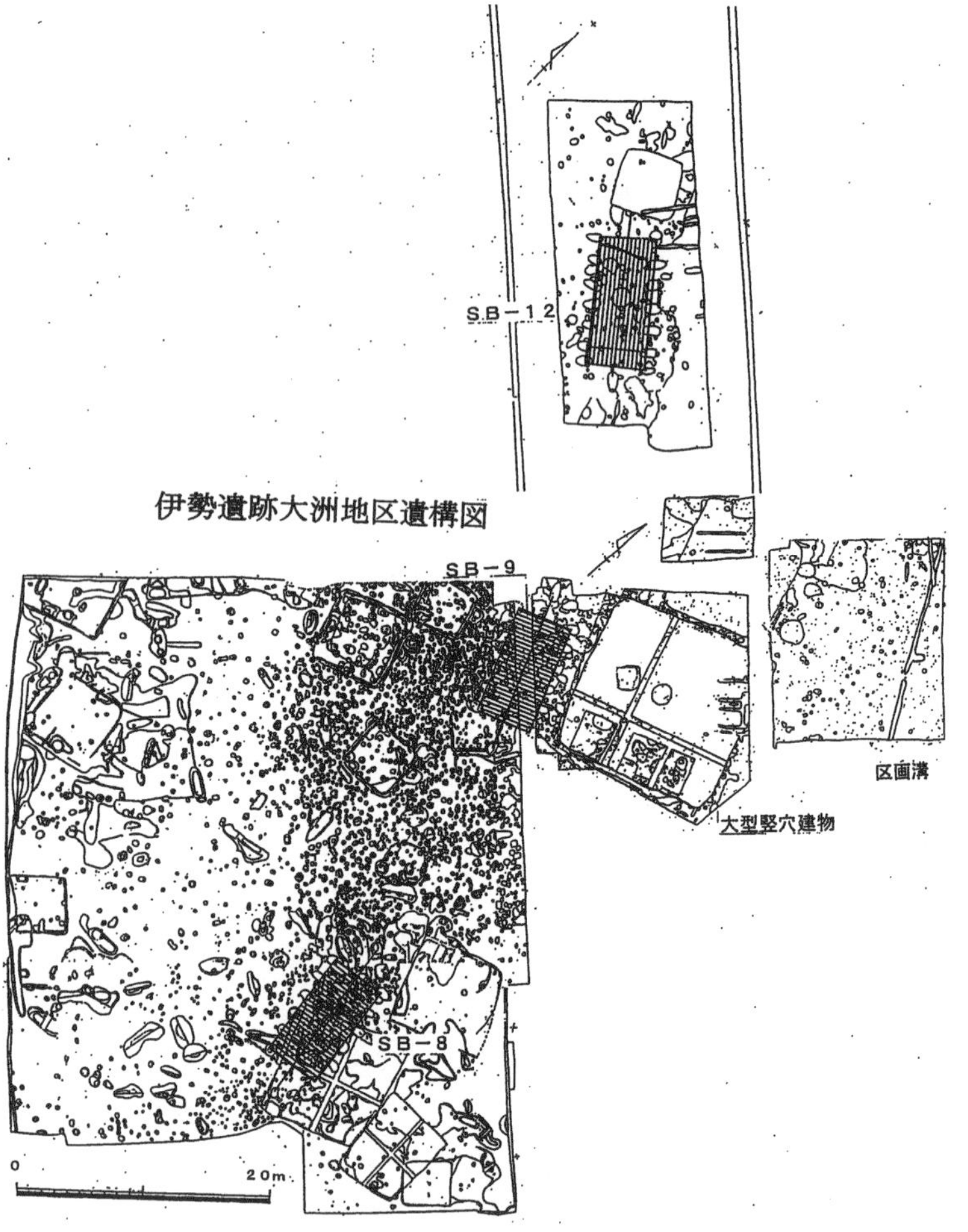

伊勢遺跡大洲地区遺構図

SB−12

SB−9

区画溝

大型竪穴建物

SB−8

0　20m

図 24　SB—8・9・12 平面図

図 25　大洲地区祭殿群想像図（小谷正澄作成）

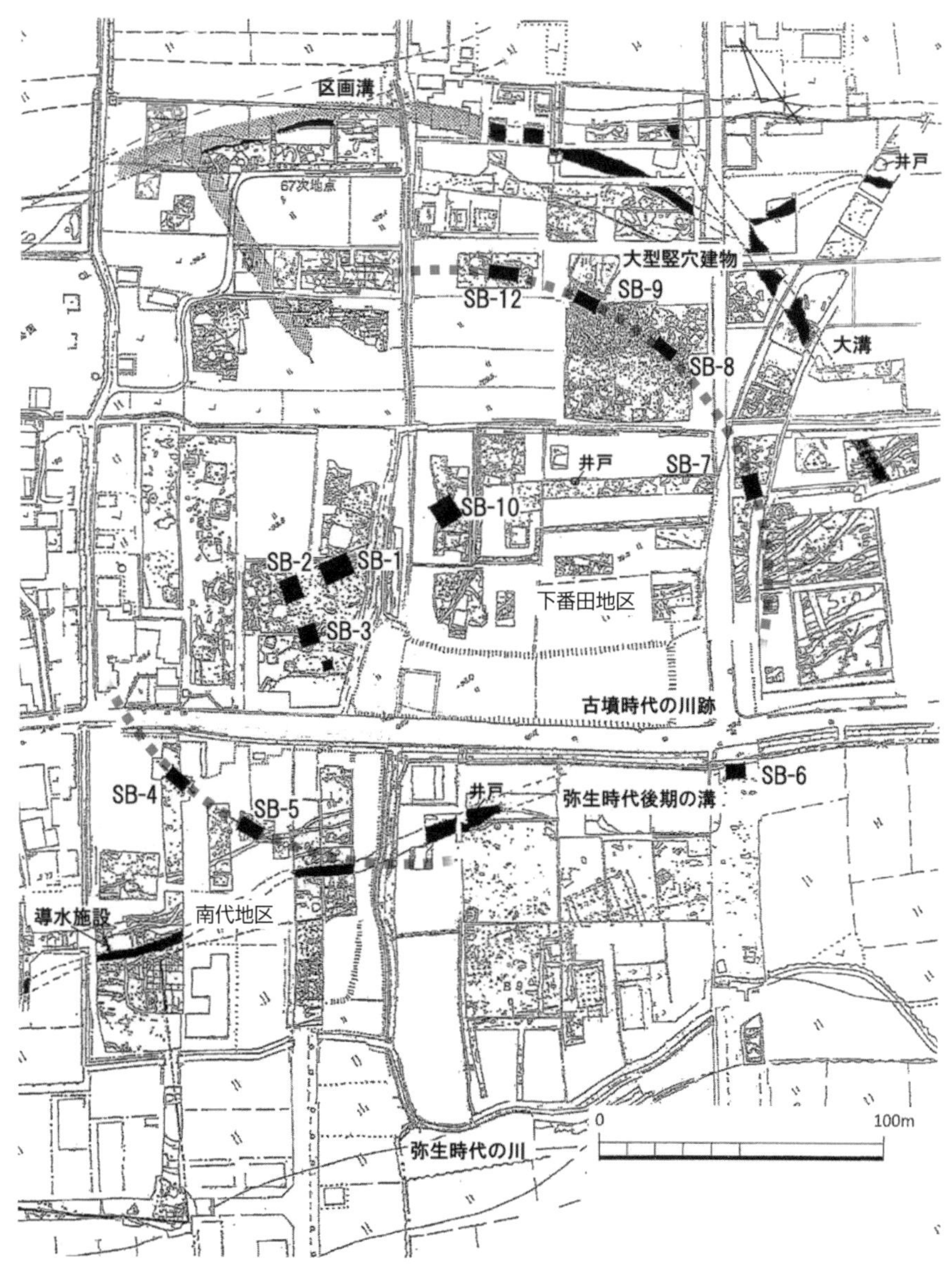

図 26　伊勢遺跡東半部大型建物配置図

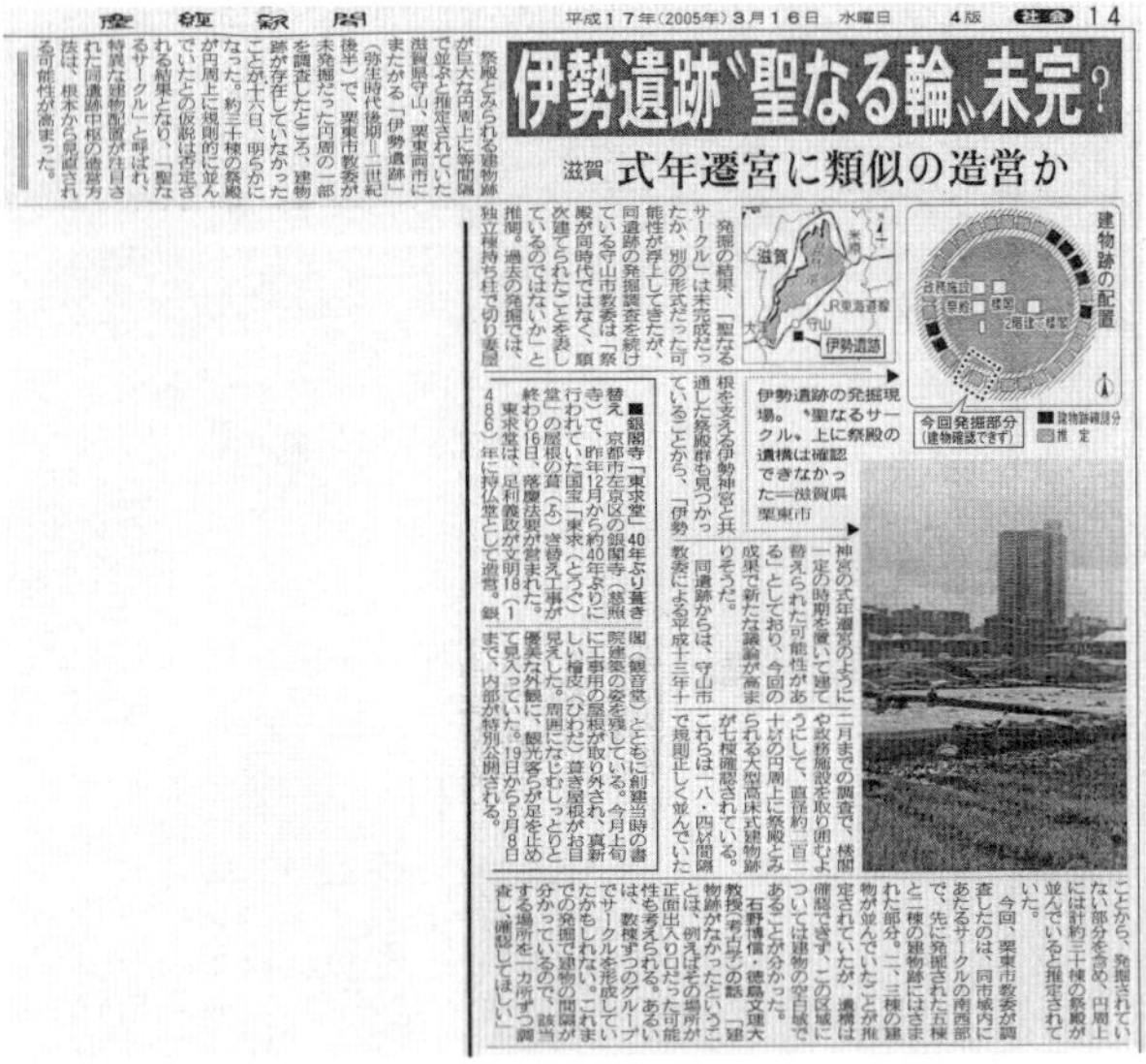

生時代から古墳時代へと列島規模で時代が転換する何らかの事件、イベントがあり、大型建物群からなる伊勢遺跡は、その役割を終えたのであろうか。弥生時代から古墳時代へと移行するにあたり、計画的な大型建物群の造営が完成途上で停止したと考えられる（図26・27）。

遺跡中心部には方形区画や楼観、さらにそれを円周状に取り巻く大型建物群で構成される伊勢遺跡の姿が少しずつ明らかになってきた。その後、平成一六年から二一年にかけて、円環状の建物の外側にあたる伊勢遺跡の北東部の調査を順次進めていった。その結果、伊勢遺跡の東端部にあたる丘陵を切断する幅七メートル、深さ二メートルを測る大溝から分岐

産經新聞　平成17年(2005年)3月16日　水曜日　4版　社会　14

伊勢遺跡〝聖なる輪〟未完?

滋賀　式年遷宮に類似の造営か

図27　平成17年3月16日付『産経新聞』記事「〝聖なる輪〟未完?」

図28　大洲地区の大溝（守山市教育委員会文化財保護課提供）

する幅三メートル、深さ約一メートルを測る溝が掘られていることがわかってきた（図28）。この溝は、弥生時代の環濠と比較しても溝幅・深さなどの点で規模が小さく、遺跡の内外を画する溝と考えられる。弧状に伸びる溝は、円周状の建物群の外側約三〇メートルの地点に位置し、建物群の外側に同心円状に伸びており、計画的に掘削されたものとみてよい。区画溝の一二・七メートル内側にも同心円状に伸びる浅く小さな溝がある。円周状の大型建物群の外側を、同心円状に区画しようとする遺跡形成の構想があったことが窺われた。弧状の区画溝の外側は、弥生時代の遺構はほとんど検出されないことから、遺跡の内・外を区画する施設だとみてよい。

四　伊勢遺跡で何が行われていたのか

（一）伊勢遺跡の年代と特殊な性格

ヒノキの柱根と伊勢遺跡の年代　伊勢遺跡や下鈎遺跡で発見された大型建物の柱は、樹種鑑定の結果すべてヒノキ材であることがわかっている。これらの建物は、ヒノキの柱で建てるきまりがあったのであろうか。滋賀県下では、琵琶湖周辺の弥生遺跡で木材や木器が良好な状態で残存しており、紫香楽宮の柱根の年代が宮の造営年代と一致して以来、奈良文化財研究所の光谷拓実さん（当時）が牽引する年輪年代測定に係る資料提供を発掘現場サイドで積極的に進めていた。

当時、弥生時代中期新段階の二ノ畦・横枕遺跡の井戸枠で紀元前九二年・同六〇年の年代が得られ、古墳時代初頭の下長遺跡ＳＢ―３（独立棟持柱付建物）の柱材紀元二一六年＋αなど、野洲川流域での年輪年代資料を提供し、実年代に迫る成果が少しずつ蓄積されていた。伊勢遺跡から発見されたヒノキの太い柱根（口絵第二頁）についても、年代が得られるものと期待していた。光谷さんに「年代が出たでしょうか」とその都度、問い合わせた。光谷さんからは「伊勢遺跡の柱根は、どれも成長が早く、わずかな年輪数しか得られない。年輪年代の波長と照合するには年輪数が足りない」との答えであった。伊勢遺跡の柱材は成長が早く、均質で規格的な柱材を大量に使用している点に特徴がある。現代でも、植林され管理された森林で育てられた大きくて長いヒノキ材は、六〇年前後で市場に出回るという。伊勢遺跡の大型建物群は、人間の手により一定程度管理された環境で成長した木材を使用していたのだろうか。

導水（浄水）施設と井戸のまつり　伊勢遺跡の方形区画の南側約六〇メートルの地点には幅約三〜五メートル、深さ七〇センチ〜一四〇センチ程の自然流路とみられる溝が東西方向に流れている。この川を取水源として、方形区画の西側約一二〇メートルの地点に導水状の施設が設置されていた（図29）。大型建物SB―4・5の西五五メートルの地点で、円弧状の祭殿の外側に設置されていた。服部遺跡や奈良県桜井市纒向（まきむく）遺跡では、木樋や槽が良好な状態で残存していたが、伊勢遺跡では浄水状遺構が検出された（図30・31）。自然流路より北方向に伸びる溝から取水した水は、矢板列の裏に小礫を裏込めした堰（せき）か

図29　伊勢遺跡浄水施設（守山市教育委員会文化財保護課提供）

図30　服部遺跡導水施設（同前）

ら土坑に貯められ、そこからオーバーフローした水が北側の土坑に向かい、さらに北方へ伸びる溝へ流れる仕組みになっている。自然流路から取水し、二基の土坑と北方へ伸びる溝は、浄水を得る導水施設の一種と考えられる。このような取水施設は同じ自然流路の下流地点で複数検出されており、取水口付近からはミニチュア土器が出土していて、水辺で何らかのまつりが行われていたことが想定された。

方形区画の東側約八〇メートルの地点では直径三メートル、深さ一・四メートルを測る素掘りの井戸が検出されている。井戸底からは甕や壺、高杯など大型建物と同時代の土器が出土している。また方形区画の主殿SB―1から南側約九〇メートルの地点でも、素掘りの井戸が掘られていた（図32・33）。これらの井戸からは特殊な遺物はみられないが、大型建物が機能していた時代、遺跡中心部近くに大きな素掘りの井戸が掘られていたのである。また、伊勢遺跡の東側を限る大溝の外側にも直径三メートルを超える大きな井戸が掘られていて、出土土器から同時代の遺構とみてよい。一般的な居住集落とは異なる伊勢遺跡中心部近くに掘られた井戸は、生活のための施設とは考えがたく、水に係るまつりに使用された施設であろう。伊勢遺跡では、大型建物群からなる方形区画を中心に、東側に井戸が配置され、西側に浄水施設が設置されていたことになる。のちの群馬県高崎市三ツ寺I遺跡でも王の居館の中に導水施設と井戸が配置されているが、伊勢遺跡の浄水施設と井戸より、古墳時代の王権の祭祀へとつながる水まつりの源流をみることができる。

奇妙な違和感、生活の匂いがしない　弥生時代や古墳時代の低地の拠点的な集落遺跡を調査すると、遺構面が何面にもわたり生活面が重層化しているケースが多く、発掘調査も多難を極めることが多い。また、遺跡や遺構からは多量の土器が出土するほか、農具や工具・建築部材などの木製品や石鏃・石斧・石剣などの石器類、鉄鏃や鎌、鉄斧などの鉄製品、鏡や銅鐸の破片、銅鏃、銅釧、銅滓など、当時の具体的な生活の様子を窺うことができる遺物が、数えきれないくらい出土するのが一般的である。発掘調査終了後、報告書の作成は多忙を極めるが、これらの遺物により、遺跡の性格や人々の生活の具体的な姿を復元することができる。

しかし、伊勢遺跡では三〇年以上にわたり発掘調査を行ってきて、大型建物の時代の遺物がほとんど出土しないこ

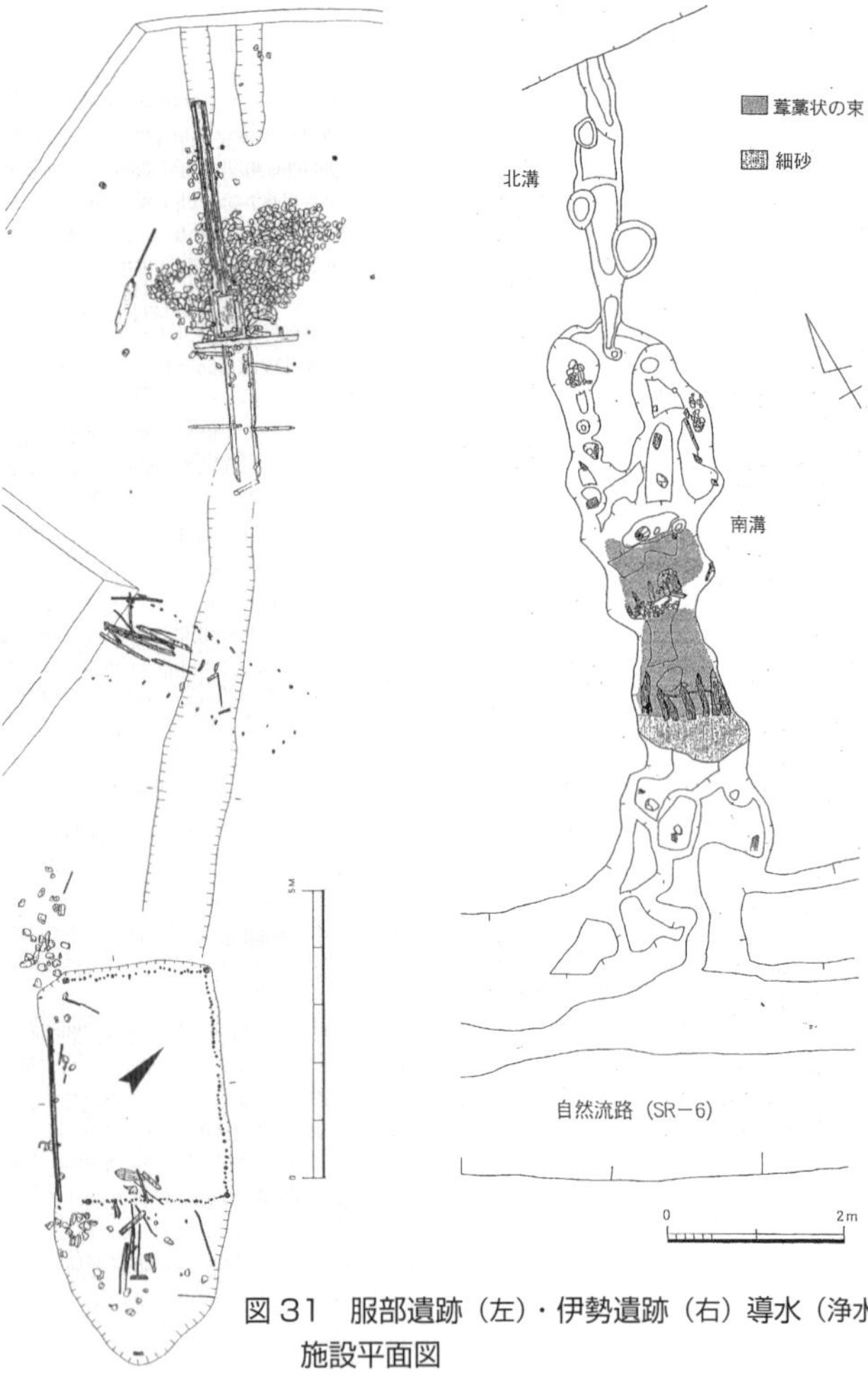

葦藁状の束
細砂
北溝
南溝
自然流路（SR−6）
0 2m

図 31　服部遺跡（左）・伊勢遺跡（右）導水（浄水）施設平面図

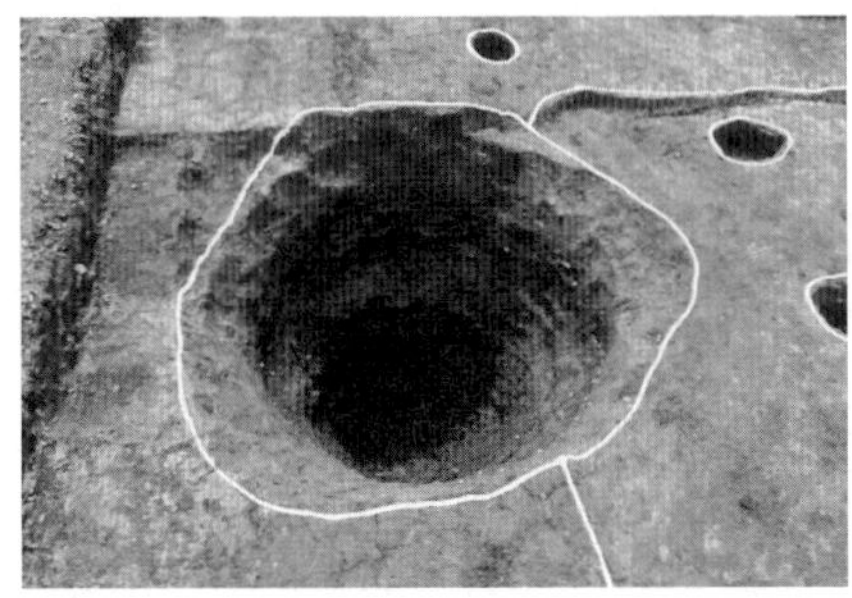

図 33　大洲地区井戸（同前）

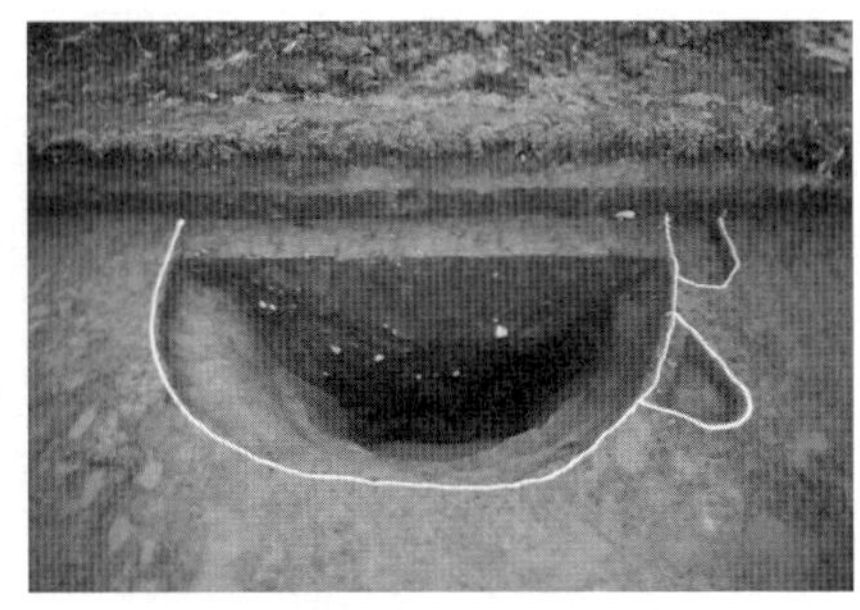

図 32　下番田地区井戸（守山市教育委員会文化財保護課提供）

とから、一体ここで何が行われていたのか？　どんな人間がいたのか？　そのような見当が付かず、奇妙な違和感を覚えたものである。大型建物の柱穴には偶然に混入した土器小片が大きな柱根と一緒に出土する程度である。また、大きな土坑や井戸、溝からもわずかな土器片の出土にとどまる。確認調査では、必ずといっていいほど金属探知機を使用し、地下に埋没したであろう銅製品や鉄製品の探索を行ったが、まったく反応がなかった。

高床式の大型建物の中には、稲籾だけではなく鉄製品や銅製品が集積されていたと推測されるが、現地には一切痕跡を残していない。大型建物が集中する伊勢遺跡の東半部では何が行われていたのか、謎に包まれているといえる。大洲地区で発見された超大型竪穴建物の調査を行った際、住居床面の壁際で食べ物を盛る直径五〇チセン程の大型の鉢が発見された。それは、口縁部が大きく三つに割れており、大型建物の壁際に寄せ口縁部を重ねた状態で出土した。遺物がほとんど出土しない伊勢遺跡にあって、大型の鉢が住居の隅に片づけられた状態で見つかったことから、伊勢遺跡では使用後、不必要となった遺物を丁寧に片づけていたのだと思われた。大型建物の床上にあったであろう貴重な宝物も、伊勢遺跡がその役割を終えたのち、綺麗に片づけられ、この地を離れていったのであろう。それほど、伊勢遺跡では生活の匂いがせず、この場所が特別な空間であったと推測され、その実態は現在も謎に包まれている。

（二）伊勢遺跡群の消長

伊勢遺跡のその後　遺跡の西半部は既存の集落の下にあたり実態はよくわかっていないが、現集落の隣接地の調査によって、五角形竪穴建物を含む竪穴建物群が営まれていることがわかっている。竪穴建物からは弥生土器が多数出土しており、伊勢遺跡西半部には大型建物と同時代の居住空間が広がっていたものとみてよい。現在の伊勢集落および周辺からは大型建物と同時代の竪穴建物群が検出されていることから、大型建物群の造営や維持・管理に係る人々が一時的にも住まいしていたのであろう。今後の調査で、造営に係った人々の実態が明らかになるものと期待される。

伊勢遺跡では、壮大な大型建物群や竪穴建物に対応するような大規模な墓域はみられず、集落・墓域・生産域を備えた一般的な弥生時代の集落遺跡を想定すべきではない。伊勢遺跡の西半部の竪穴建物群も一般的な集落ではなく、遺跡の造営・維持に携わった人々の住まいとみられ、彼らの農業生産域や墓域は他の地域にあったと考えられる。

古墳時代に入ると、大型の竪穴建物群が大型建物跡を壊して営まれるようになる。その数は伊勢遺跡東半部だけでも一〇〇棟近くにのぼり、遺跡の性格は大きく変容している。古墳時代初頭から古墳時代前期末にかけて、多数の人々が生活していた様子が窺われる。中には一辺一〇メートル以上、床面積が一〇〇平方メートルを超える大型竪穴建物もあり、弥生時代後期の大型建物があった場所に躊躇なく竪穴住居が営まれている。古墳時代の住民にとっては、伊勢遺跡の大型建物群の跡地は神聖な場所や、畏敬の地として認識されていなかったことが窺われる。唯一、主殿ＳＢ—1の廃絶後、同じ場所に古墳時代初頭に造営されたＳＢ—11（図34）を除いて、古墳時代初頭に住まいした人々には、伊勢

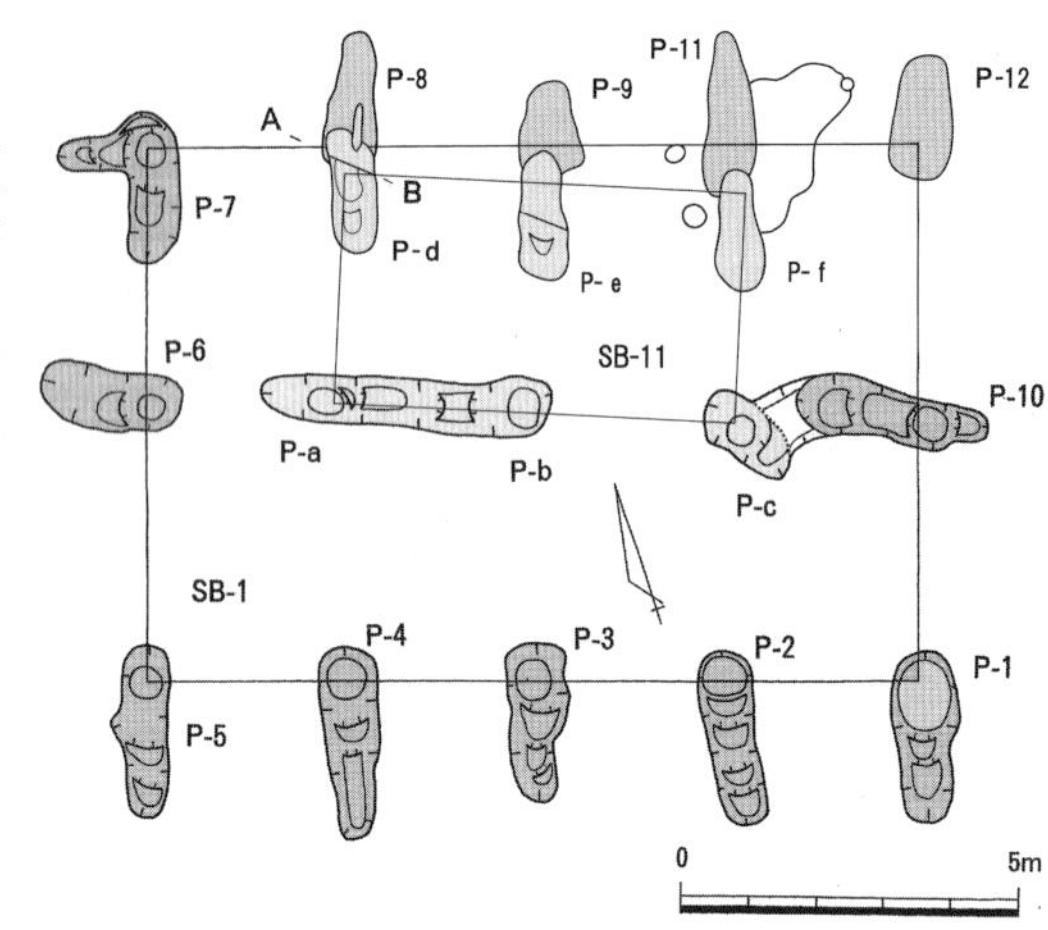

図34　SB—1・11平面図

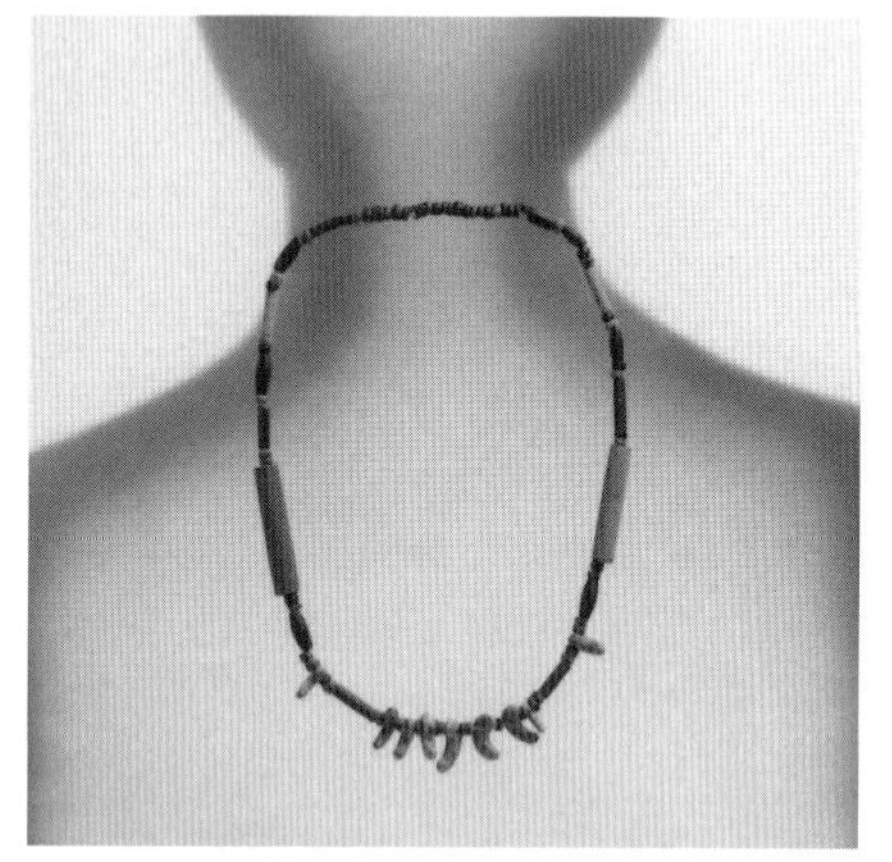
図35　大洲地区出土玉類（守山市教育委員会文化財保護課提供）

遺跡の大型建物群の価値や意義について、継承されず完全に忘却されていたとみられる。伊勢遺跡は、古墳時代前期末には完全に埋没し、人が住まなくなっている。独立棟持柱付大型建物が発見された大洲地区では、勾玉や管玉からなる首飾り（図35）とともに小形仿製鏡を割り、小さな穴に埋めていた。古墳時代前期末、四世紀末から五世紀初頭の出来事と考えられる。このあと、伊勢遺跡に人が住むようになるのは六〇〇年後の平安時代後期のことである。

下鈎遺跡と下長遺跡　弥生時代後期に発達を遂げる伊勢遺跡の周辺には、大型建物を有する二つの遺跡が隣接し存在する。伊勢遺跡から南西約一・三キロに位置する栗東市下鈎遺跡、伊勢遺跡の北西に一・七キロ離れた守山市下長遺跡である。下鈎遺跡は弥生時代中期後半から大規模な環濠集落として発達を遂げたのち、中期末には守山市二ノ畦・横枕遺跡などと同じく解体している。その後、弥生時代後期になり伊勢遺跡の出現・発達に呼応するかのように、独立棟持柱付建物を含む大型建物三棟以上が造営されるとともに、金属器の生産に係る特異な内容をもつ遺跡へと発達を遂げている。また、下長遺跡でも、弥生時代後期後葉に竪穴建物群が営まれるほか、棟持柱をもつ大型建物が造営されている。下長遺跡は、伊勢遺跡・下鈎遺跡に呼応し活動が開始され、さらに古墳時代前期にかけて発達を遂げていく。わずか二・五キロ四方に展開する伊勢遺跡・下鈎遺跡・下長遺跡では、弥生時代後期に独立棟持柱付大型建物を共有しており、それぞれ機能分担しつつ伊勢遺跡群として有機的に活動していたと考えられ、これらの遺跡群から、弥生時代から古墳時代への移行過程を知ることができる。

下鈎遺跡―金属器の生産　伊勢遺跡から南西一・三キロ離れた地点には下鈎遺跡が存在する。弥生時代後期後半の独立棟持柱付大型建物二棟のほか、大型建物・鳥居状の遺構などが発見されている。平成四年（一九九二）五月に発見された独立棟持柱付大型建物（図36）は二間×五間（梁間五・四メートル×桁行八・八メートル、床面積四八平方メートル）の規模で、桁方向に布掘り溝を設け直径約四〇センチの柱を落とし込んでいる。平成九年に発見された独立棟持柱付大型建物は一間×四間（梁間五・〇五メートル×桁行七・六メートル、床面積約四〇平方メートル）の大型建物（図37）で、伊勢遺跡と同じく明確な斜路をもち、南西から北東方向へ柱が落とし込まれ、建て上げられたとみてよい。また、南東妻側に近接し、梯子を固定したとみられる川原石

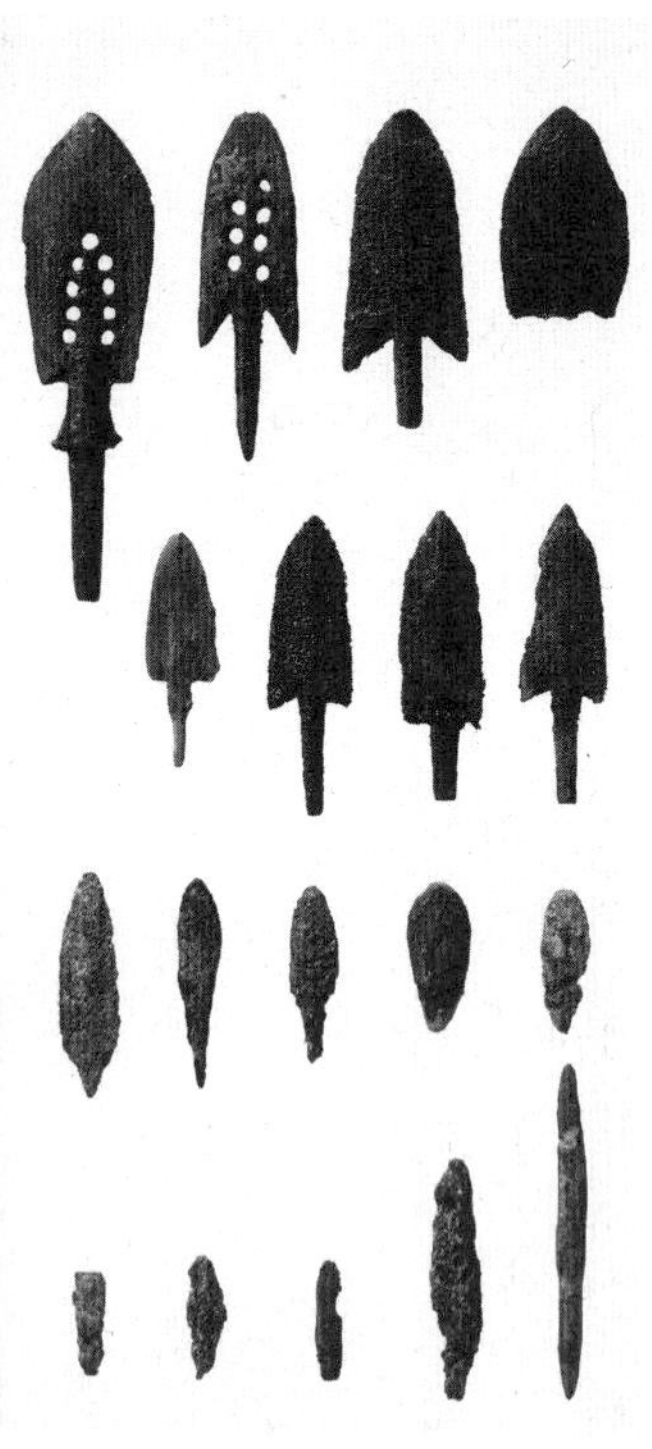

図38　下鈎遺跡出土銅鏃（同前）

図39　下鈎遺跡出土銅滓・土製鋳型（同前）

図36　平成４年調査下鈎遺跡大型建物検出状況（栗東市教育委員会スポーツ・文化振興課提供）

図37　平成９年調査下鈎遺跡大型建物復元CG（同前）

で根固めした石敷きの柱穴が見つかっており、妻入りの建物であったと推測される。このほかにも全景は不明であるが、複数の大型建物が存在するものと推測される。

下鈎遺跡の独立棟持柱付大型建物と伊勢遺跡の建物はきわめてよく似ているが、伊勢遺跡の独立棟持柱付大型建物の中心にあたる心柱を欠いている。心柱を欠く点は下長遺跡の独立棟持柱付大型建物も同じであり、何らかの性格の違いが意識されていたのかもしれない。同遺跡では多孔銅鏃をはじめ多数の銅鏃、銅鏃未成品とともに銅湯玉・銅塊、土製鋳型が出土しており、集落内で銅製品の鋳造が行われていたと想定されている（図38・39）。また、銅環・銅釧とみられていた銅製品が、「権」と呼ばれる秤であることが最近、明らかになった。青銅製品の生産にあたって、銅・鉛・錫などの調合に用いられていたものであろうか。

交易の拠点―下長遺跡　弥生時代後期後葉、伊勢遺跡から琵琶湖側、西方に一・七キロ離れた地点に下長遺跡（図40）が出現し、古墳時代前期にかけて発達している。下長遺跡は、旧堺川の支流（旧野洲川）とみられる幅二〇〜三〇メートルの旧河川沿いに営まれた遺跡である。縄文時代から平安時代にかけて遺構が営まれているが、最盛期は弥生時代後期後葉より古墳時代前期末にかけてであり、伊勢遺跡の活動期とピークを若干外しながら発達を遂げている。弥生時代後期後葉、竪穴建物からなる小規模な集落が営まれるほか、一間×三間（梁間四・六メートル×桁行七・九メートル、床面積三六平方メートル）の独立棟持柱付大型建物が造営されている。その後、集落規模が拡大し古墳時代初頭から前期古段階にかけて、矩形に掘られた区画溝の中に首長居館とみられる大型建物や小型の掘立柱建物群が営まれる。すぐ近くの旧河道からは、組帯文を施した儀杖（図41）や直弧文を施した柄頭などの威儀具が発見されており、王権の生成過程をたどることができる。下長遺跡からは準構造船が発見されているほか、古墳時代初頭から前期にかけて河内・山陰・北陸・東海・四国東部など各地の土器が出土している。琵琶湖・野洲川支流を利用し、東西日本各地と活発に交易が行われていたとみてよい。なお、遺跡からは突線鈕3式とみられる銅鐸飾耳が出土しており、近畿式銅鐸を保有していた可能性がある。

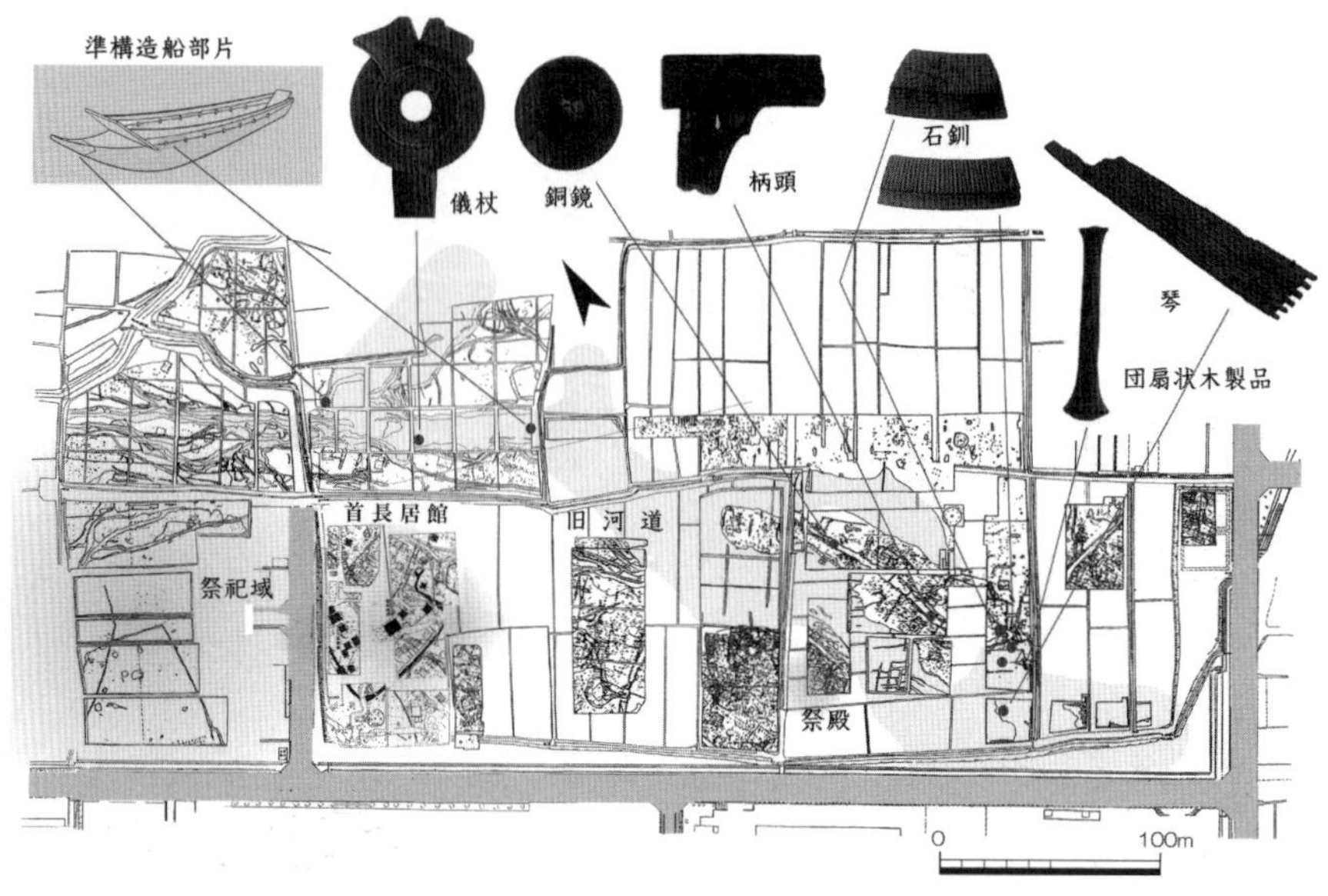

図40　下長遺跡全体図（守山市教育委員会文化財保護課提供）

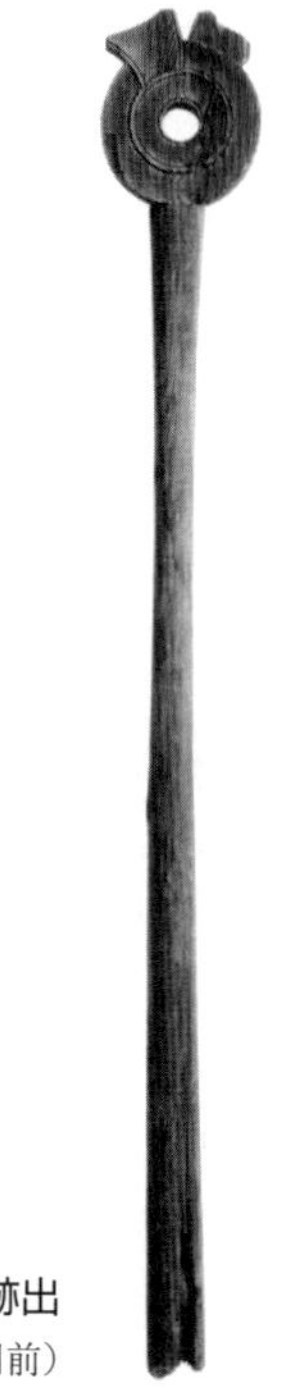

図41　下長遺跡出土儀仗（同前）

近江南部地域における伊勢遺跡・下鈎遺跡の出現から始まり、港湾的な機能をもつ下長遺跡の発達までの過程は、弥生時代後期から古墳時代初頭にかけて、列島内で盛んに人や物が行きかう流通ネットワークを再構築する一連の運動として捉えることができる（第二章参照）。古墳時代初頭の下長遺跡にみられる居館や威儀具の内容からみても、近江南部地域に強力な権限をもつ首長層が存在したことがわかる。ただ、弥生時代から古墳時代への転換期に発達する伊勢遺跡は、単に琵琶湖南部地域や近江内部だけで完結するものではなく、倭国の形成という歴史過程において位置づける必要があると考えられる。伊勢遺跡は、東西日本を結び人や物が全国規模で交流し流通する社会的枠組みの成立前史として、重要な歴史的な意義をもつとみられ、このことについては、第二章で改めて考察することにしたい。

五　伊勢遺跡の何が明らかになったのか

伊勢遺跡の変遷　これまでの発掘調査によって、大規模な伊勢遺跡の全体像が少しづつ明らかになってきた。今後も、発掘調査によって新たな知見が得られるだろうが、伊勢遺跡の時期的変遷（図42）についてまとめておきたい。

伊勢遺跡では縄文時代中期末から後期にかけての住居跡が検出されているほか、弥生時代中期の環状石斧が見つかっており、小規模なムラが一時的に営まれていた痕跡がある。しかし、本格的に遺跡が活動し始めるのは弥生時代後期に入ってからである。伊勢遺跡の最高所にあたる大洲地区で三〇〇〇余りの柱穴が群集して見つかっており、遺跡出現期の遺構と考えられる。平地式の建物が何度も繰り返し建てられたのか、何らかの祭祀を行う場であったのか、その性格は現在でも不明であるが、遺跡が活動を始めたことを示す遺構である。

【第Ⅰ期　弥生時代後期前葉（Ⅴ―2）】　柱穴群を壊して大型竪穴建物が造営される。床面から出土した土器から弥生時代後期前葉（弥生時代後期を六段階区分すると二番目にあたる）に営まれた遺構とみられる。この大型竪穴建物は一辺一三・五メートルの方形で、床面積一八二平方メートルに及ぶ大規模な建物である。床面には厚さ約三〇センチの貼り床を施し、精良な粘土を貼り赤く発色するまで焼いている。壁際には幅四五センチ×三〇センチ、厚さ八〜一三センチの焼壁材が並べられており、きわめて特殊な構造の建物である。王の居所か金属工房なのか不明であるが、その性格については今後の調査に委ねられている。

【第Ⅱ期　弥生時代後期中葉（Ⅴ―3・4）】　大洲地区のSB―7も中空部の広い器台（Ⅴ―3）が出土しており、円周状の独立棟持柱付大型建物（祭殿）の建設もこの頃に開始されたとみられる。その後、方形区画内のSB―1・2、そしてSB―3が建てられたとみられる。大型建物の柱の建ち上げ方向（図44）からみて、SB―1が建設された後、SB―2が建てられ、その後方形区画の柵・SB―3・SB―（4）が順次建築されたものと推測さ

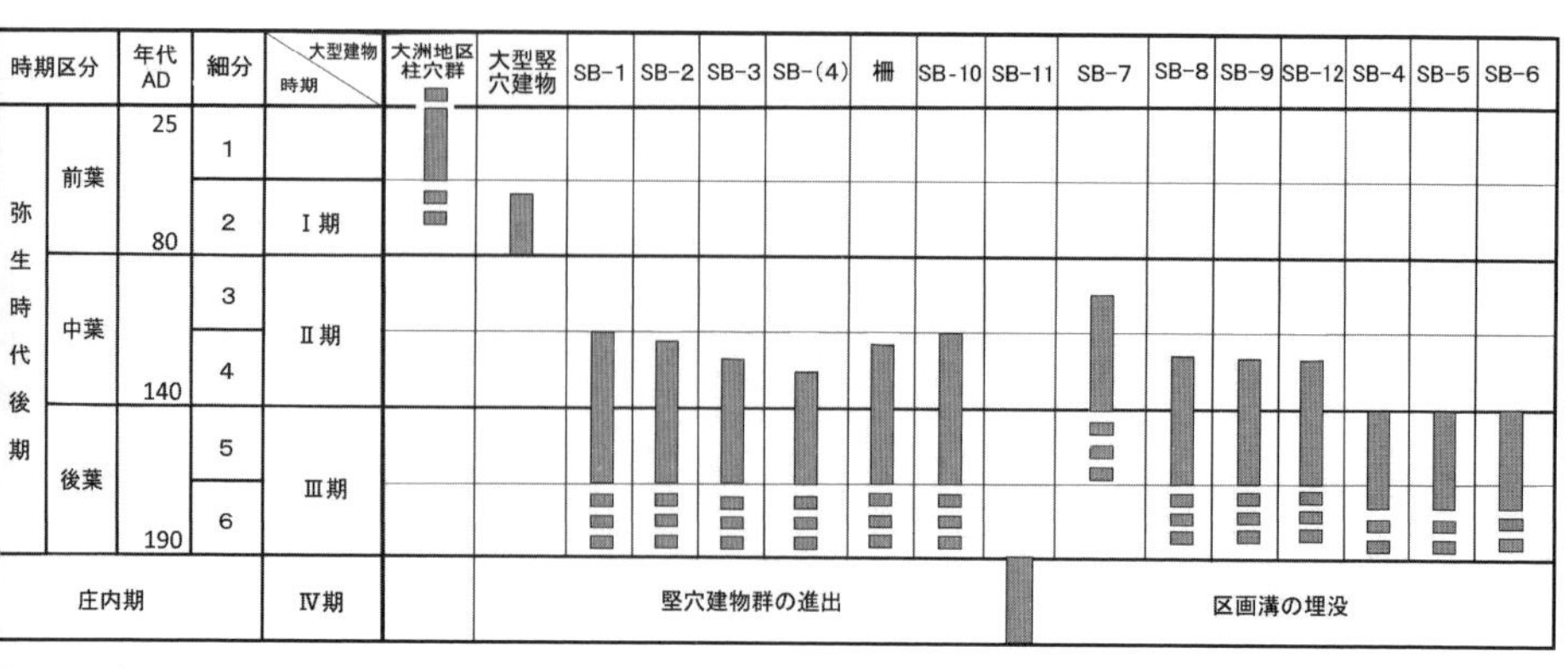

図 42　伊勢遺跡第Ⅰ期から第Ⅳ期の変遷表

れる。またＳＢ―10（楼観）の建設が開始され、続いてＳＢ―８・９・12などの独立棟持柱付建物（祭殿）が平行して建設されたと考えられる。この時期には大型竪穴建物は完全に廃絶していたとみてよい。

【第Ⅲ期　弥生時代後期後葉（Ｖ―５・６）】　第Ⅱ期に続いて南代地区に独立棟持柱付建物ＳＢ―４・５が建設されるほか、野尻地区の屋内棟持柱付建物ＳＢ―６が造営される。この三棟の大型建物は柱根に径五㌢大の石を敷き詰めて、柱を固定する処置が取られており、この時期に同一の工人が建設したとみられる。Ｖ―４期とＶ―５期は土器型式の微妙な差であるが、これらの建物は第Ⅱ期の建物がまだ存続している時期に建設された可能性がある。第Ⅲ期前半には、方形区画・楼観・円周状の祭殿群などの建物が残る中、三棟の大型建物の建設が始まり、さらに順次祭殿の建設を進める計画だったと思われる。ＳＢ―４・５・６は柱根が残存していたことから、弥生時代後期末（Ｖ―６）まで存続していたと考えられる。

【第Ⅳ期　弥生後期末から古墳時代前期】　古墳時代初頭には伊勢遺跡の大型建物は廃絶し、竪穴建物が多数営まれるようになり、一般的な集落遺跡へと変貌する。竪穴建物は古墳時代前期末まで営まれているが、それ以降集落は廃絶している。古墳時代初頭、竪穴建物が営まれるようになると、伊勢遺跡中心部のＳＢ―１が廃絶した後、同じ場所に一間×二間の大型建物ＳＢ―11が建設されている。ＳＢ―１と同じく、長大な落とし込み構造の柱穴を踏襲しており、ＳＢ―１が廃絶し意図的に埋められた直後に建設されたと思われる。

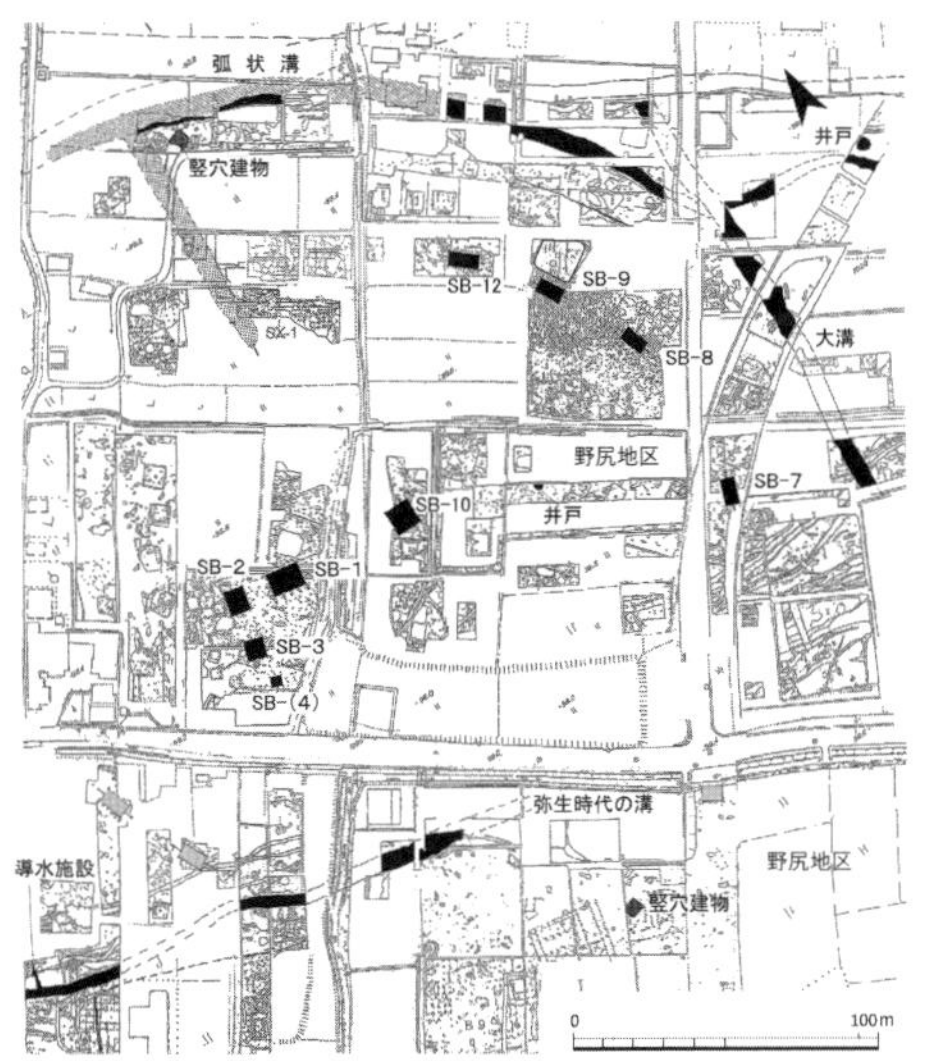

Ⅱ期　SB－１・２・３・（4）
SB－７・８・９・10・12
北東浦 ・ 野尻地区竪穴建物
弧状溝 ・ 大溝

Ⅰ期　大型竪穴建物

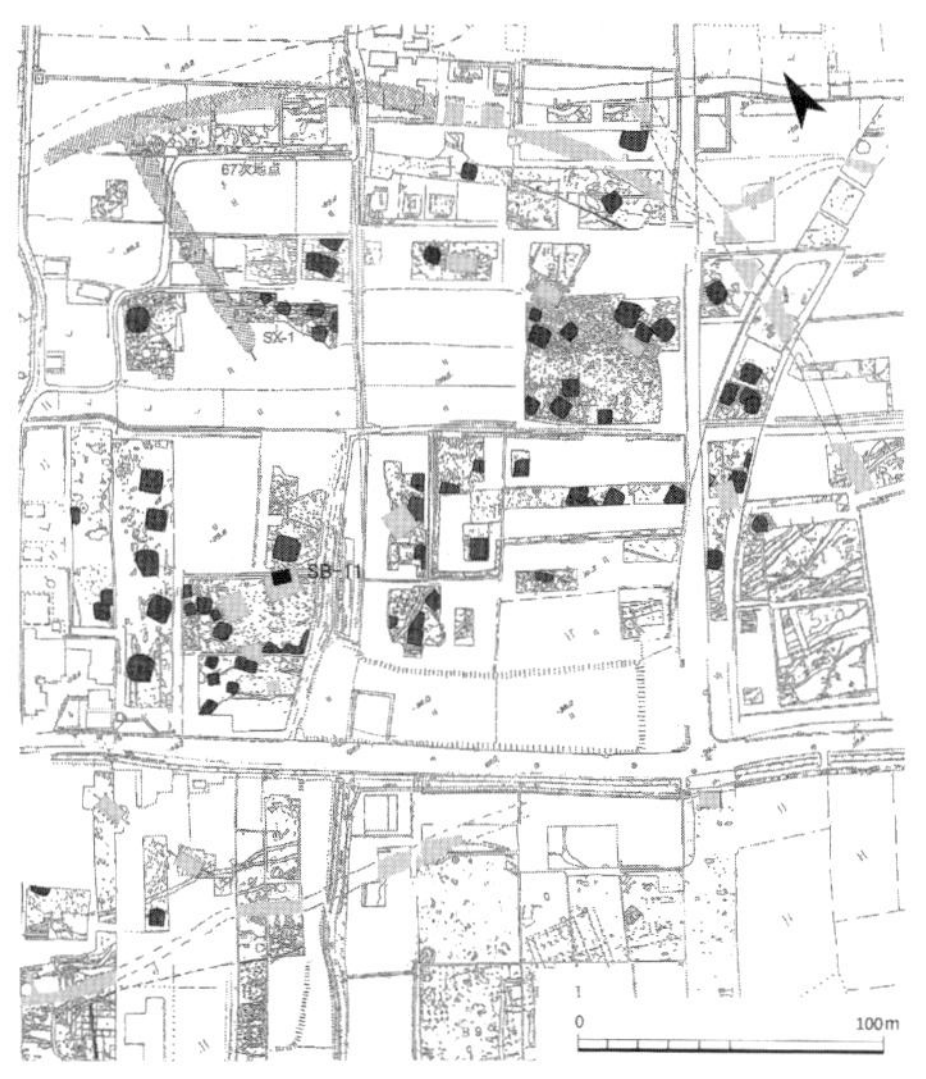

Ⅳ期　SB－11 ・ 竪穴建物の進出
区画溝の埋没

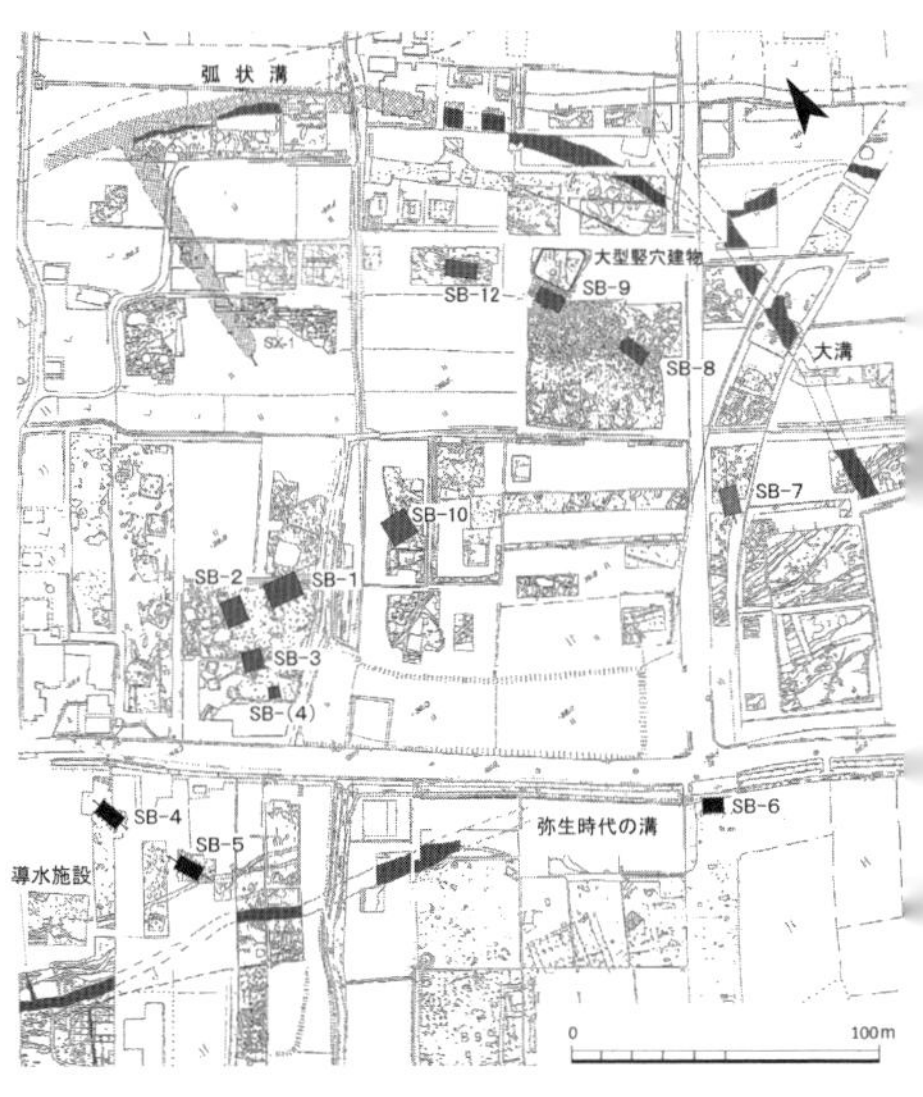

Ⅲ期　SB－４・５・６
▬ 残存の可能性　方形区画
（SB－１・２・３・（４））
（SB－７・８・９・12）
（弧状溝・大溝・弥生時代の溝）

図 43　第Ⅰ期～第Ⅳ期変遷図

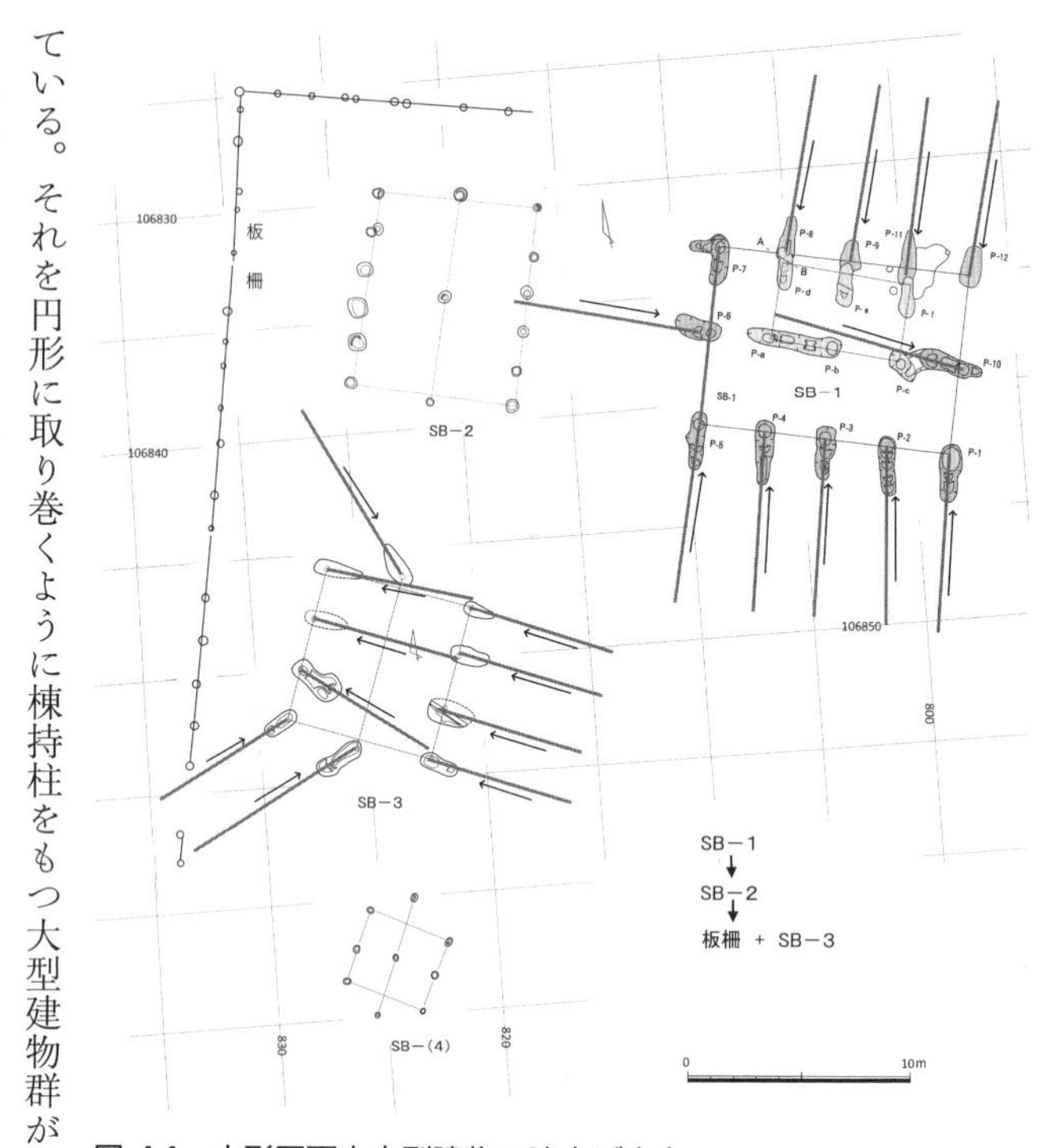

図44　方形区画内大型建物の建上げ方向

このSB—11周辺だけは避けるように、古墳時代初頭～前期の竪穴建物が営まれている。SB—11は、唯一大型建物群があった時代の痕跡を示す建物とみられ、伊勢遺跡を象徴する重要な祭器が納められていたのではないか。伊勢遺跡は古墳時代前期末に完全に埋没し、次に人が住むようになるのは平安時代後期、一一世紀後半になってからである。

伊勢遺跡の保存と活用

一三五次にわたり、小さな発掘調査を積み重ねてきた結果、伊勢遺跡の全体像がおぼろげながら見えてきた。遺跡の中心部には四角い囲みの中に大型建物群が配置され、その東側には高い建物「楼観」がそびえている。それを円形に取り巻くように棟持柱をもつ大型建物群が並んでいる様子が想定される。さらに、その外側には弧状に区画溝が掘られ、遺跡の内と外を区画している。伊勢遺跡の東半部ではこのような景観が復元でき、当初段階より方形区画と楼観を中心に、求心的に結集する大型建物群を配置する構想があったとみられ、高い測量技術と建築技術をもった人々が、この遺跡の造営に携わったと考えられる。弥生時代の近江南部の地に、だれも見たことがない壮大な大型建物群が、完成をめざして建設されようとしていた姿が想像される。弥生時代後期、近江を軸に広域に結ばれた流通ネットワークの宗教的聖地として、壮大な祭祀空間の建設が進められていたのではないか。

しかし、大型建物の円環は完成途上で造営を停止している。近江は東西日本を結ぶ地政学的位置にあり、伊勢遺跡が流通ネットワークの象徴的な役割を担っていたとすれば、近畿および東部瀬戸内・北陸・若狭・丹後・伊勢湾岸に割拠する地域集団を束ねる首長間で政治的合意・連携関係が結ばれ、「倭国」の成立へと歩み始めたことにより、その役割を終えたのであろう。ヤマト政権成立に先立ち、近江を中心に東西日本を結び「倭国」の形成を強力に牽引したプロセスを、そこに想定する必要がある。謎に包まれた伊勢遺跡の解明は始まったばかりであり、それは我が国の形成過程を明らかにする新たな試みでもある。

昭和五五年（一九八〇）に伊勢遺跡が発見されて四〇年余りが経過した。発掘当初から五角形をした竪穴建物がいくつも見つかり、滋賀県下でも伊勢遺跡は注目されていた。その後、平成四年（一九九二）に下鈎遺跡とともに近畿で初めて大型建物が発見され、全国的にも注目を集めることになった。大型建物の発見当初から、多くの考古学研究者から遺跡の重要性について発言していただき、保存の必要性についても言及された。市民からも保存を望む声が上がり、行政をも動かす力となっていった。特に市民の保存団体である「皇子山を守る会」（故山尾幸久会長・故松田常子事務局長）による講演会・連続シンポジウムの開催などの市民活動により、伊勢遺跡の話題が埋もれることなく更新されていった。

また、民間の研究者による伊勢遺跡の謎に迫る本なども出版され、市民からも広く関心をもたれるようになった。さらに守山商工会議所青年部により、伊勢遺跡をまちづくりに活かすさまざまな取組みも継続的に行われた。このようなさまざまな活動とともに、地元の方々からも保存・整備を望む声が上がり、地域の有志を中心に伊勢遺跡保存会も結成され、伊勢遺跡をめぐって積極的な活動が行われるようになった。多くの方々のご理解・協力を経て、伊勢遺跡は平成二四年一月二四日付で国史跡に指定される運びとなり、恒久的な保存が決定した。伊勢遺跡の実態を解明するために、今後も調査・研究を継続し遺跡の全体像を明らかにするとともに、遺跡を活かしたまちづくりに取り組む必要がある。

第二章　伊勢遺跡と近江の弥生社会

——弥生時代後期の近江の位置——

伴野幸一

はじめに

第一章では、伊勢(いせ)遺跡の発掘調査の過程を通して大型建物群が計画的な構成をもつことを確認し、さらに遺跡の変遷をみてきた。特異な内容をもつ伊勢遺跡の出現と、その歴史的な意義については、近江地域の弥生社会の動向を俯瞰する中で位置づける必要がある。また、受口状口縁甕(うけくちじょうこうえんがめ)に代表される近江独自の土器文化を追うことによって、近江内部の動静や、東西日本を結ぶ近江の特性が浮かび上がるものとみられる。近江は個性的な土器文化を維持する一方で、弥生時代中期後半から後期にかけて、近畿や瀬戸内の土器文化を、躊躇なく受け入れている。弥生時代後期、受口状口縁甕と近畿のタタキ甕の全国的な波及からすると、近江と近畿中部は補完関係にあり、東西日本を結び倭国の形成を牽引する両輪の関係にあったとみられる。「倭国」は、弥生後期社会の特殊かつ具体的なプロセスを経て形成されたと考えられることから、本章では近江の弥生社会の特性を探り、伊勢遺跡出現の背景について考える。

一　弥生時代後期の近江

（一）伊勢遺跡出現の背景

受口状口縁甕と近畿西部　近江地域では受口状口縁甕に代表される地域色豊かな土器群の一方で、弥生時代中期後半（近畿第Ⅳ様式）には、凹線文と呼ばれる瀬戸内地方に由来する土器文様をもつ壺・高坏・器台・鉢・水差しなどの器種群を積極的に受容している（図1）。さらに、弥生時代後期初頭には、徹底して無文に仕上げられた壺・高坏・器台・鉢など、近畿第Ⅴ様式の器種を躊躇なく受け入れている（伴野　二〇〇三a）。近江は明らかに、弥生時代中期後半から後期前半にかけて、近畿西部から東部瀬戸内地域など西方に目を向けている。在地器種群の独自性から、近江の異質性・排他性がクローズアップされ、閉鎖的なイメージをもたれているが、実際は東西日本の動きを柔軟に受け入れ、各地域と密接に交流し対応している。特に伊勢遺跡が盛行する弥生時代後期は、近畿弥生社会の主軸の一角を占め、広域にわたる政治的連携を図り、倭国の形成において重要な役割を担っていたと考えられる。

近江は弥生時代後期、近畿第Ⅴ様式を積極的に受け入れながら、受口状口縁甕の動きからみて、近畿の山城・乙訓（おとくに）・三島（みしま）地域や西摂（せいせつ）などの地域と、密接な関係を取り持っていた。琵琶湖・淀川（よどがわ）の主幹線を軸に、河内・大和にも交通ルートを開き、近畿弥生社会をリードする東の橋頭堡（きょうとうほ）としての位置にあったとみられる。さらに、伊賀・伊勢、美濃・尾張、若狭・越前・加賀・越中・越後など、伊勢湾岸地域や北陸地域とつながっており、東日本社会への窓口でもあった。

弥生時代から古墳時代へと向かう動乱の倭国形成期において、近江は強力な族的結合を核に東西日本を結び、より大きな政治的連携の道筋を探っていたとみられる。以下、伊勢遺跡の活動を支えた野洲川（やすがわ）流域・琵琶湖南部地域の集落や墓群の展開、受口状口縁甕に代表される在地土器の動きなどを通して、近江の弥生社会について概観し、伊勢遺跡出現の背景について探っていきたい（図2）。

服部・新庄遺跡の集落と墓域

昭和四〇年代後半、洪水被害を繰り返していた野洲川の改修工事に伴い、守山市で服部（はっとり）遺跡が発見された。一二万平方メートルに及ぶ発掘調査が行われ、縄文時代晩期から奈良・平安時代にかけての大集落遺跡であることが判明した。調査の結果、弥生時代前期の水田跡や、弥生時代中期の方形周溝墓三六〇基以上（図3）、弥生時代中期から古墳時代前期の集落跡、古墳時代中期から後期の古墳群、奈良・平安時代の掘立柱建物群などが見つかった。弥生時代の大規模な集落・墓域の一端が調査により明らかになったが、遺跡そのものがあまりに巨大であり、その全体像までは把握できなかった。工事が完了し通水が行われた後、地元の小学生により河川敷で拾った弥生土器・古式土師器（はじき）の届出が相次いだ。野洲川は昭和・平成時代まで、子供たちの絶好の遊び場だったのである。その採集地点を確認していくと、上流に位置する守山市新庄（しんじょう）遺跡まで遺跡がつながってい

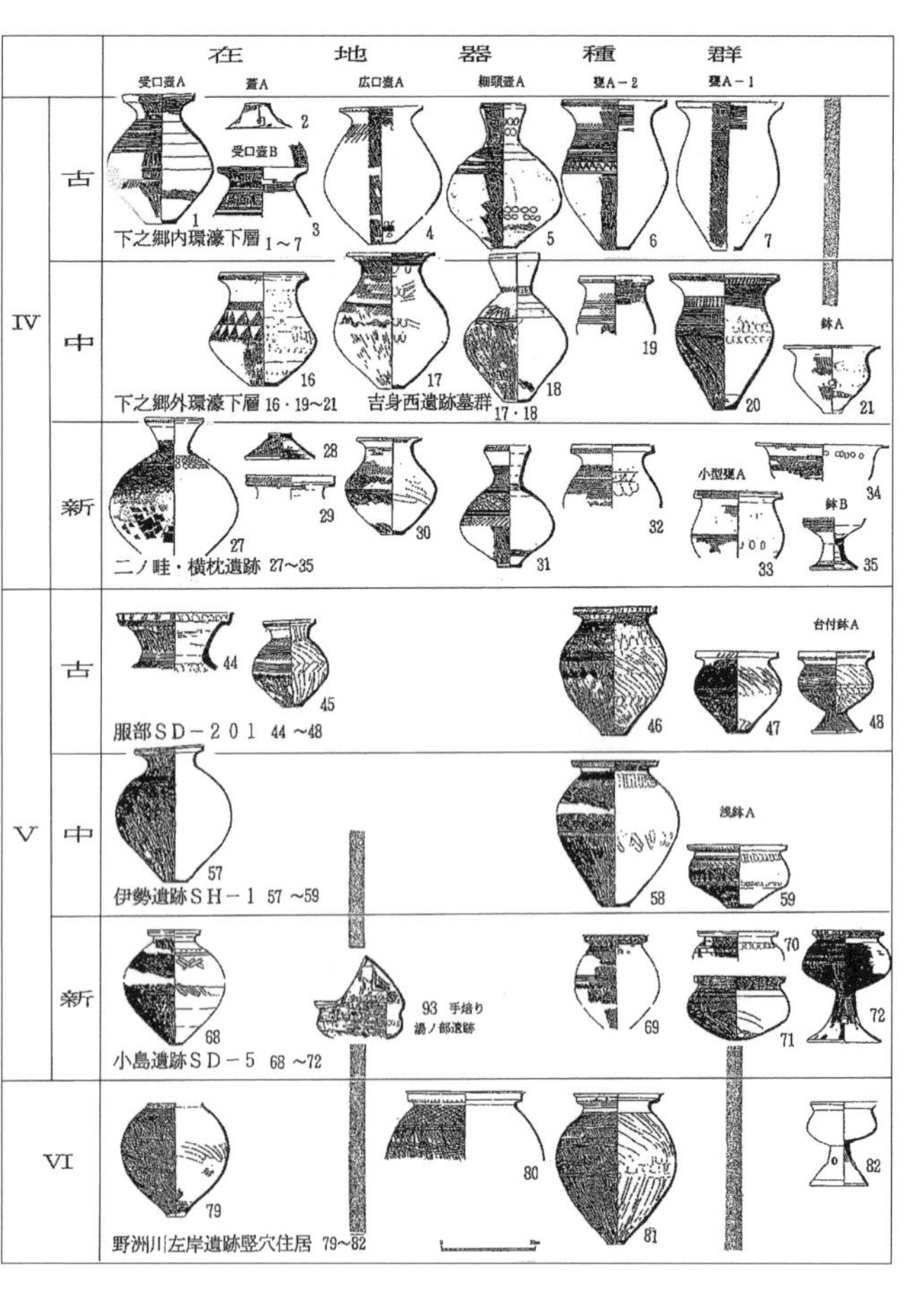

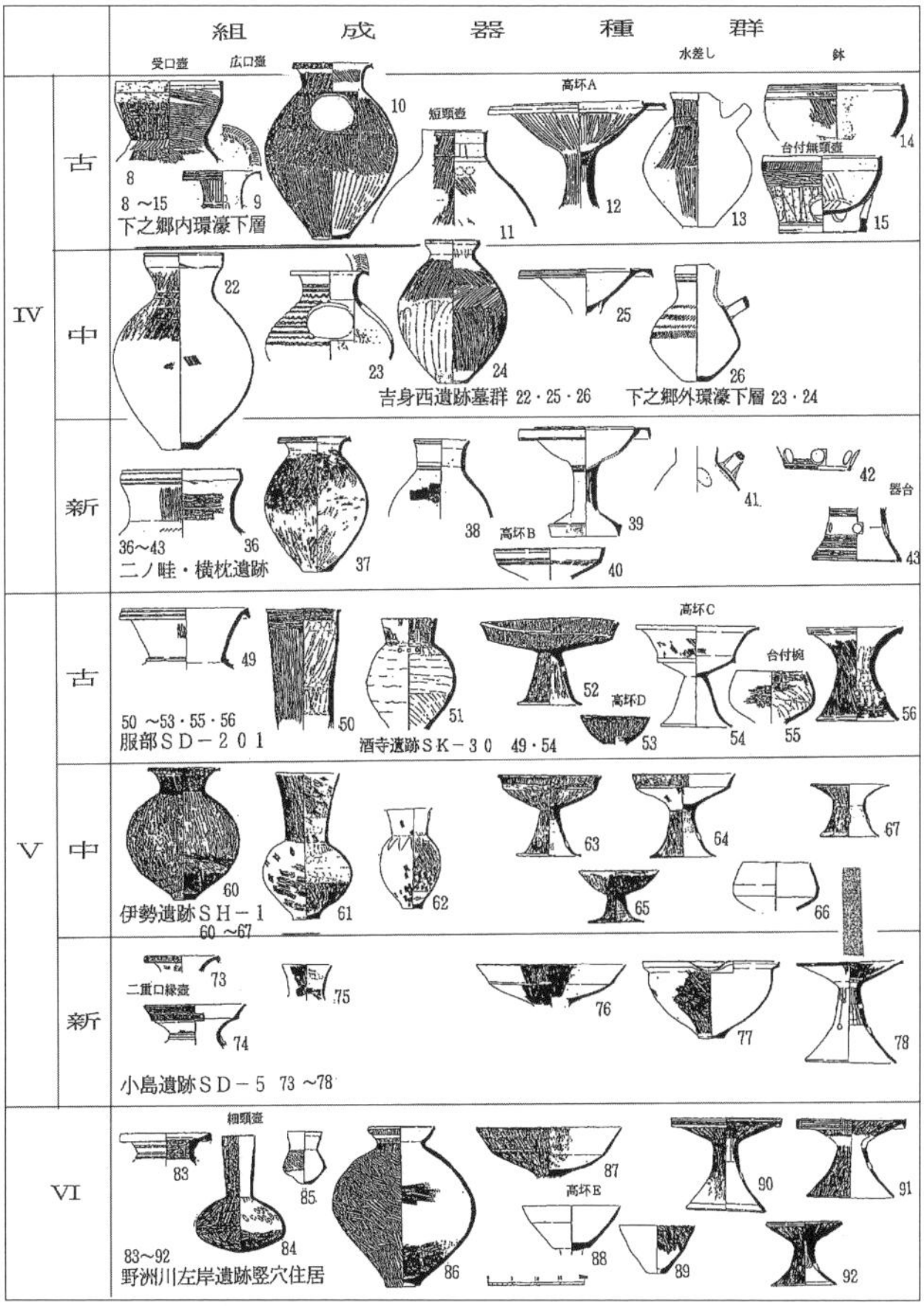

図1　Ⅳ・Ⅴ組成器種群（伴野2003aより転載）

ることがわかった。

新庄遺跡周辺からは、江戸時代、外縁付鈕1式銅鐸四個（図4）が出土したとされ、服部・新庄遺跡は弥生時代中期より、近畿および周辺地域と連携関係をもつ拠点的な遺跡であったことが想定される。

野洲川の上流にあたる鈴鹿（すずか）山地で多量の雨が降った後、新庄大橋の上から河川敷を観察すると、累々と方形周溝墓とみられる遺構が露頭している光景が見られた。野洲川の河川改修後、通水されるようになり、長い時間をかけて地下に埋没していた遺構が、水流によって地表面に現れたものとみられる。

おそらく、服部遺跡で発見された方形周溝墓群や集落跡は、洪水砂が厚く堆積する旧河道を挟んで上流の新庄遺跡まで広がっているとみられ、弥生時代の拠点的大集落である服部・新庄遺跡は全長二キロ以上にわたる大遺跡であることが推測された。

図２　野洲川流域の弥生遺跡分布図

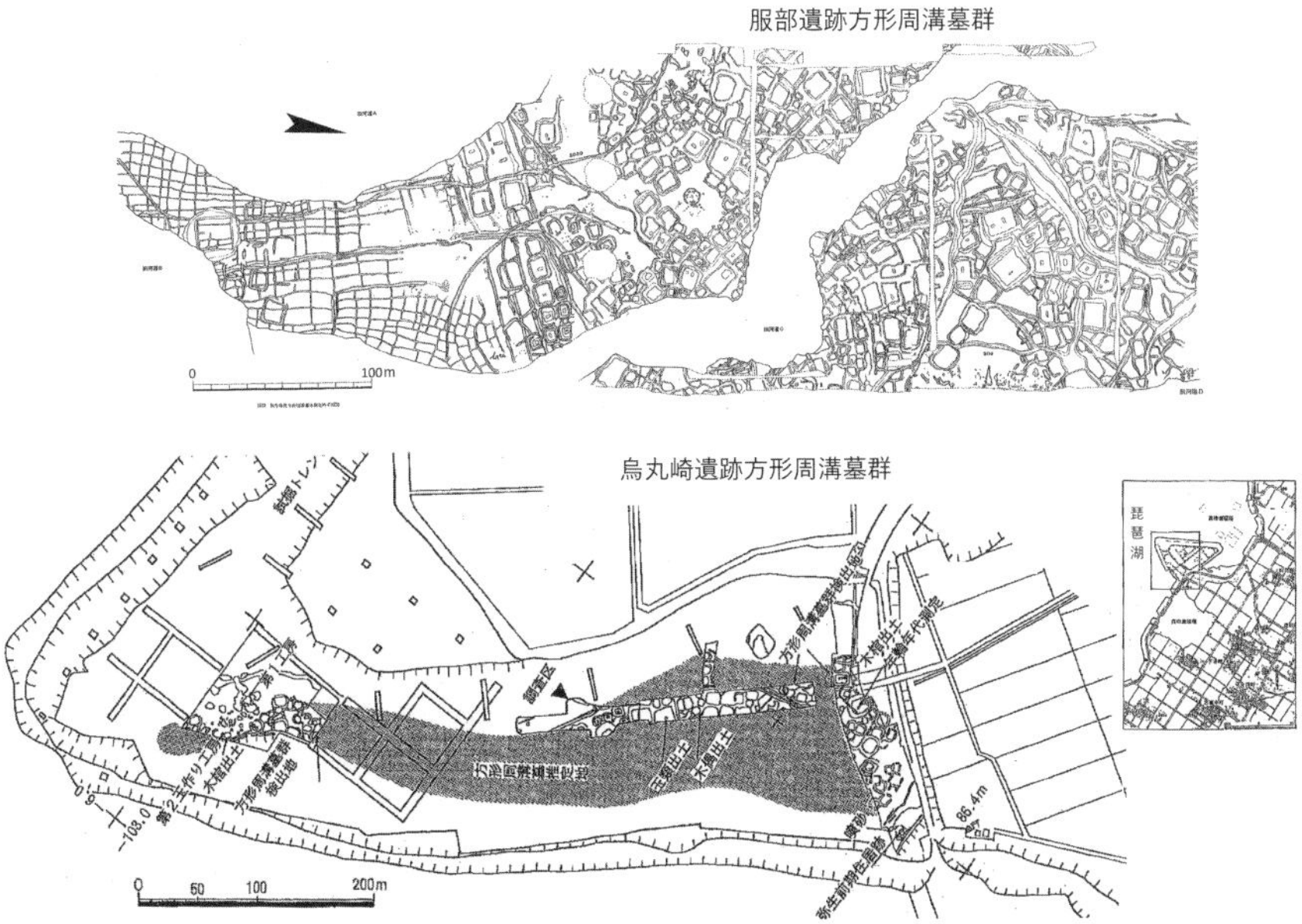

服部遺跡方形周溝墓群

烏丸崎遺跡方形周溝墓群

図３　服部遺跡方形周溝墓群・烏丸崎遺跡方形周溝墓群（滋賀県教育委員会・滋賀県文化財保護協会編 1996、建設省琵琶湖工事事務所・滋賀県教育委員会編 1985 より転載）

（二）野洲川下流域の弥生文化

弥生時代中期の集落と墓域　服部遺跡の方形周溝墓群は、弥生時代中期初頭（Ⅱ様式）から中期中（Ⅲ様式）・中期後半（Ⅳ様式）にわたり営まれている。このように大規模な造墓活動は、旧野洲川（旧境川）が形成した烏丸半島に営まれた草津市烏丸崎遺跡でもみられる。六〇〇メートル以上にわたり帯状に伸びる方形周溝墓群が、弥生時代中期初頭から弥生時代中期後半にかけて造営されており、その総数は一〇〇基以上と推測されている。

野洲川下流域には、弥生時代前期から弥生時代中期中ごろにかけて、滋賀県守山市小津浜遺跡・赤野井浜遺跡・寺中遺跡・中島遺跡、草津市宮前遺跡、栗東市霊仙寺遺跡、中沢遺跡などの集落遺跡が営まれており、農耕が定着し集落が拡大するとともに、大規模な墓域が形成されていたことがわかる。おそらく服部遺跡や烏丸崎遺跡に造営された大規模な方形周溝墓群は、一つの居住集団の墓域ではなく、複数の居住集団の共同墓域と思われる。服部遺跡では、

図４　伝新庄銅鐸（倉敷考古館提供）

弥生時代前期の一万八七〇〇平方メートルに及ぶ水田約二六〇面が発見されているが、のちの洪水により消失した部分をあわせると、かなり大規模な水田域であったことが想定される。水田の造成や用排水路の掘削など大規模な土木工事にあたっては、当時の小規模な居住集団だけではなく、複数の居住集団の協力が必要であっただろう。稲作の開始は、労働力の集中を必要としたであろうし、弥生人を集団化の方向へ導いたと考えられる。

近江型甕の展開　農耕の定着とともに集落規模が拡大し、墓域が営まれるようになると、それに対応するかのように、弥生時代中期初頭には、煮炊きに使用された甕形土器に近江の地域色が現れ始める。粗い刷毛目により調整された甕について、畿内型（大和型）・近江型甕と佐原真氏により分類されたが（佐原　一九六八）、近江型甕には口縁部内面に櫛描波状文が施されている。弥生時代前期、稲作農耕の波及とともに、遠賀川式と呼ばれる規格的な壺や甕が使用されていたが、弥生時代中期には生活が安定し、人々が大地とのつながりを強め、大規模な墓域を形成するようになると、前代の古い族的伝統が目覚めるように、貯蔵用の壺や煮炊きに使用した甕などの日常雑器にも次第に豊かな地域色がみられるようになる。

弥生時代中期中葉になると近江型甕の端部が肥厚し、部分的に端部を外上方に若干立ち上がる甕も出現し、近江の地域性が明確化してくる。福岡澄男氏は近江地域の甕を分類し、甕Ｂ１・甕Ｃ１・甕Ｃ２（図５）としたものを近江独自の甕と考え、それぞれに時間差があることを予察し、のちの受口状口縁甕の研究の端緒を開いた（福岡　一九七三）。その後、草津市片岡遺跡の調査（中西・丸山　一九七六）や志那中遺跡（大橋　一九七九）の調査、中西常雄氏（中西

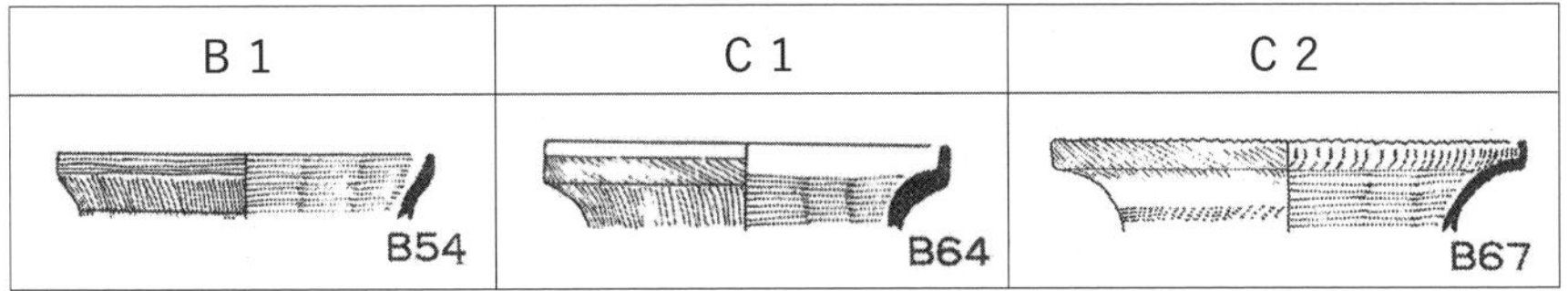

図５　甕Ｂ・Ｃ類の分類

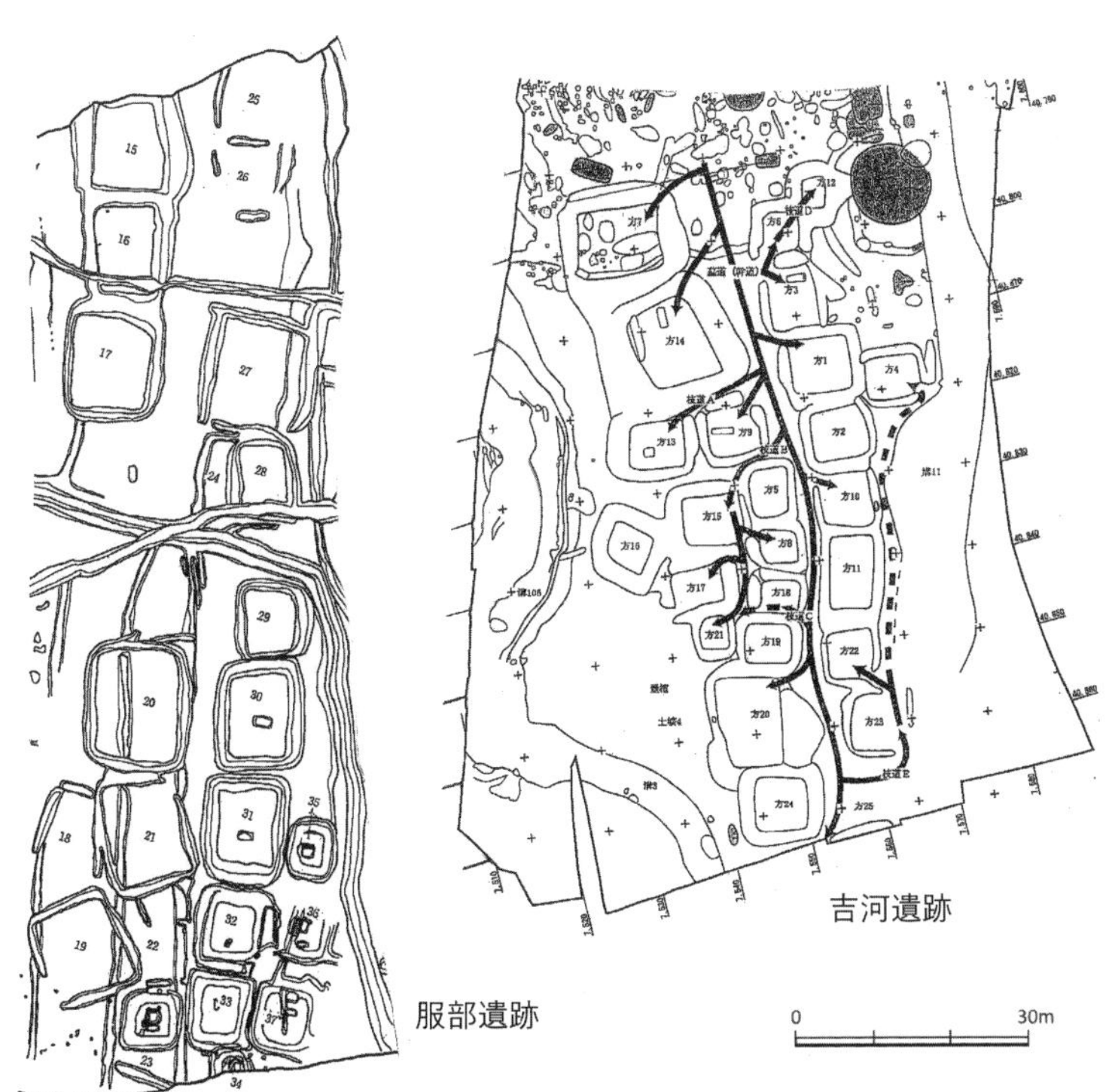

図６　服部遺跡・福井県吉河遺跡の列状墓群（福井県教育庁埋蔵文化財センター編 2009『一般国道敦賀バイパス関係遺跡報告書　吉河遺跡』より転載）

一九七九）らの調査・研究によって、弥生時代後期から古墳時代前期の「受口状口縁甕」が近江独自の甕であり、東海地方のS字状口縁台付甕の祖型であるという認識が深まっていった。このような研究を経て、受口状口縁甕は、弥生時代中期後半（Ⅳ様式）から古墳時代中期初頭に至る六〇〇年以上の長期にわたり、琵琶湖南部地域で連綿と受け継がれていったことが明らかになった。

弥生時代中期（Ⅲ～Ⅳ様式古段階）、服部遺跡の墓群構成をみると、中央に墓道をもち両側に順次、方形周溝墓を造営する支群がみられるようになる（図6）。造墓活動に関わり、何らかの墓域形成の秩序が生まれていたことが予想される。このような方形周溝墓の列状配置は、近江に隣接する福井県敦賀(つるが)市吉河(よしこ)遺跡（弥生時代中期中葉から後葉）でもみられる。農耕集落の定着とともに造墓秩序が整備されてくると同時に、甕や壺などに地域色の発露がみられる。近江の地域色は、土地との関わりを深めていた人間集団の在り方と密接に関係しているものと考えられる。

二　下之郷遺跡を軸とする遺跡群の展開

（一）環濠集落下之郷遺跡の出現

開発拠点集落　弥生時代前期新段階から中期中ごろにかけて、琵琶湖岸や野洲川の支流沿いの微高地に集落が営まれていたが、弥生時代中期後半期（Ⅳ様式）には、琵琶湖岸から約四キロ内陸部に入った野洲川中流域に、大規模な環濠集落が進出するようになり、大きな転換点を迎える。守山市下之郷(しものごう)遺跡は、標高九四メートル～九六メートルの野洲川が形成した扇状地末端の湧水帯に展開する環濠集落である（図7）。三条の環濠が巡る集落遺跡で、東西三三〇メートル・南北二六〇メートルを測り、環濠に囲まれた内側の面積は約七ヘクタールに及ぶ。環濠内部からは、掘立柱建物群や壁立式建物、井戸、土坑などが多数検出されている。

環濠は幅約五メートル、深さ約一・七メートルと大規模で、溝底からは多量の土器や木器、石器などが出土している。弥生土器

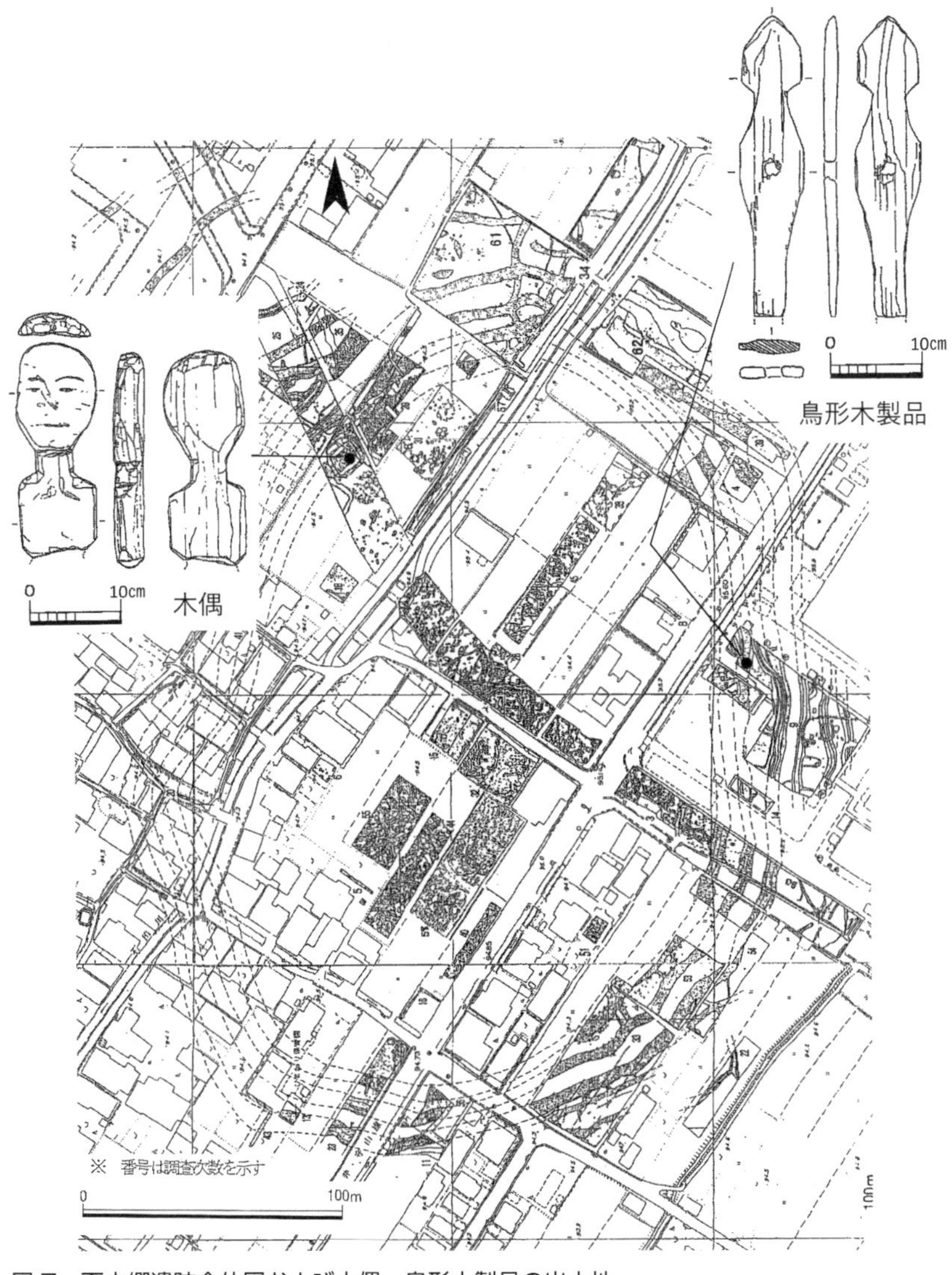

図７　下之郷遺跡全体図および木偶・鳥形木製品の出土地

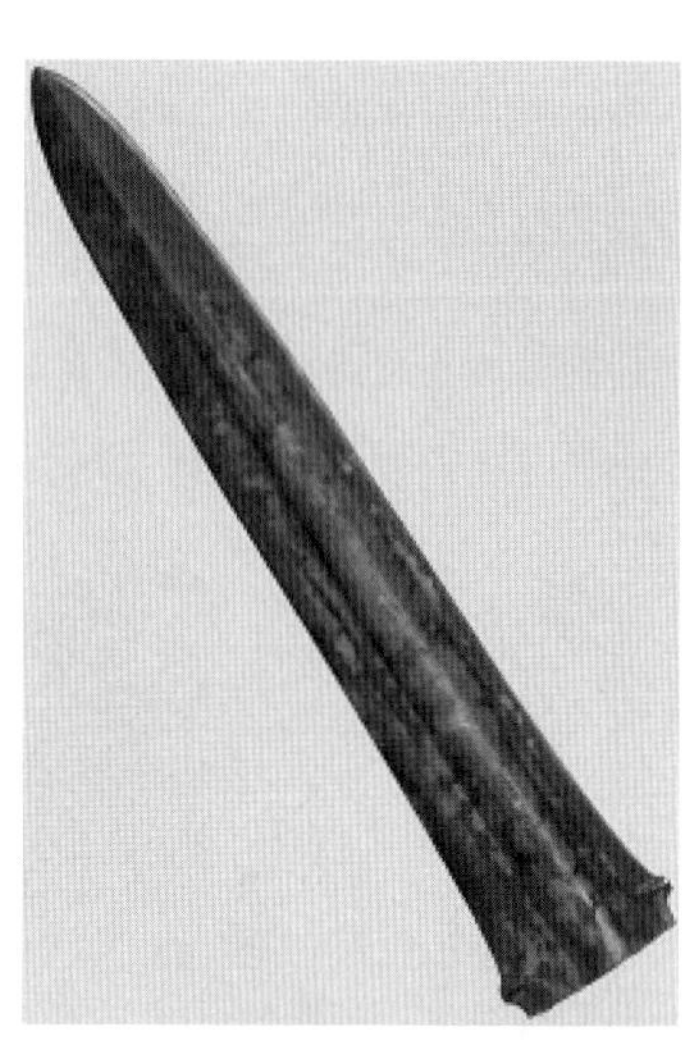

図8　下之郷遺跡出土中細形銅剣
（守山市教育委員会文化財保護課蔵）

は近江在地の甕や壺のほか、近畿第Ⅳ様式の櫛描文で飾られた大型広口壺や広口太頸壺、水差しなどとともに、凹線文を施した壺・高坏、器台、台付鉢などが組成され使用されている。このほか、瀬戸内地方に分布の中心がある中細形銅剣（図8）が発掘されており、分布圏東限の出土例となっている。木製品も良好な状態で残存しており、直柄平鍬、直柄又鍬、鋤、田下駄、竪杵などの農具やその未成品なども多数出土している。また、環濠集落内からは石器類も多く出土しているほか、遺跡周辺からは、木の伐採時に使用されたとみられる破損した太型蛤刃石斧が出土している。検出された遺構や出土遺物から、下之郷遺跡内には多くの人が住まいし、開発の拠点として活動するとともに、地域間交流の拠点として機能していたと考えられる。

受口状口縁甕の発生　弥生時代中期後半代（Ⅳ様式）に展開する下之郷遺跡、守山市播磨田東遺跡などの環濠集落群は、内陸部へ進出する開発集落と考えられるが、同時に瀬戸内東部から近畿・東海・北陸へと、凹線文と呼ばれる特徴的な文様と、再一的な器形の土器群が流入し始める時期に出現している。琵琶湖南部地域の土器様式も、伊勢湾岸地域の影響下にある器種群から、近畿および瀬戸内中部に起源をもつ器種群へと大きく変容する。同時に、近江の在地器種である甕の口縁は強い横ナデにより、口縁端部が明確に上方へ立ち上がり「受口状口縁甕」を生み出している。下之郷遺跡などの大規模環濠集落群は服部遺跡とともに、受口状口縁甕の生成・発展を牽引した代表的な集落遺跡の一つと考えられる。

（二）衛星状に配置された二列配置の方形周溝墓群

衛星状に配置された墓群　弥生時代中期後半に展開する下之郷遺跡などの環濠集落群は、単独で活動していたわけではなく、流域に点在する継続的拠点集落である服部遺跡や、弥生時代前期から中期にかけて営まれた守山市寺中遺跡・赤野井浜遺跡・小津浜遺跡、草津市宮前遺跡、栗東市中沢遺跡・霊仙寺遺跡や、ほぼ同時期に活動を開始する守山市山田町遺跡、栗東市下鈎遺跡などの環濠集落群、大規模な墓域を形成する野洲市市三宅東遺跡・湯ノ部遺跡など、野洲川流域に縦横に分布する遺跡群と連携し、活動していたと考えられる。

下之郷遺跡などの環濠集落群の活動と同時に、遺跡周辺域には二列配置の方形周溝墓群が、衛星状に配置された墓域を形成している。守山市吉身西遺跡では、中央の墓道を軸に二列に方形周溝墓群が約二〇〇メートルにわたり造営されている。このような二列配置の墓群が同市金森東遺跡、中島・金森東遺跡、今市遺跡、播磨田西遺跡、酒寺遺跡、野洲市二ノ畦遺跡などでほぼ同時期に営まれている。これらの墓群は中央に延びる墓道があり、居住地である環濠集落内部へとつながっていたと考えられる。下之郷遺跡では、環濠の出入り口部や虎口状の出入口が確認されており、居住地と墓域を結ぶと同時に、墓道から延伸する道は、さらに外部の集落遺跡へとつながっていたと考えてよい（伴野一九八八・一九九〇、佐々木　二〇一三）。

求心結節型の遺跡群　下之郷遺跡などの集落と野洲川の上・下流域の集落や、扇状地を横断する主要遺跡とは網の目状に道でつながり、日常的に密接な交通経路として機能していたのであろう。服部遺跡や烏丸崎遺跡など、大規模な共同墓域の造営によって、複数の居住集団を結びつける仕組みとともに、衛星状の墓群配置（図9）をとることにより、流域に点在する集落群を道により結びつける、新たな仕組みが形成されたと考えられる。野洲川流域における集落と墓群の在り方は、重層的な「求心結節型遺跡群」（図10）とも呼ぶべき構成を示しており、隣接集落と連絡するだけではなく、主要な環濠集落や拠点集落を結び、遠隔地と直接つながる幹線ルートも備えていたと考えられる。このように、野洲川流域では、弥生時代中期後半代に重層的に結びついた社会構造の仕組みが構築されていたとみられる。

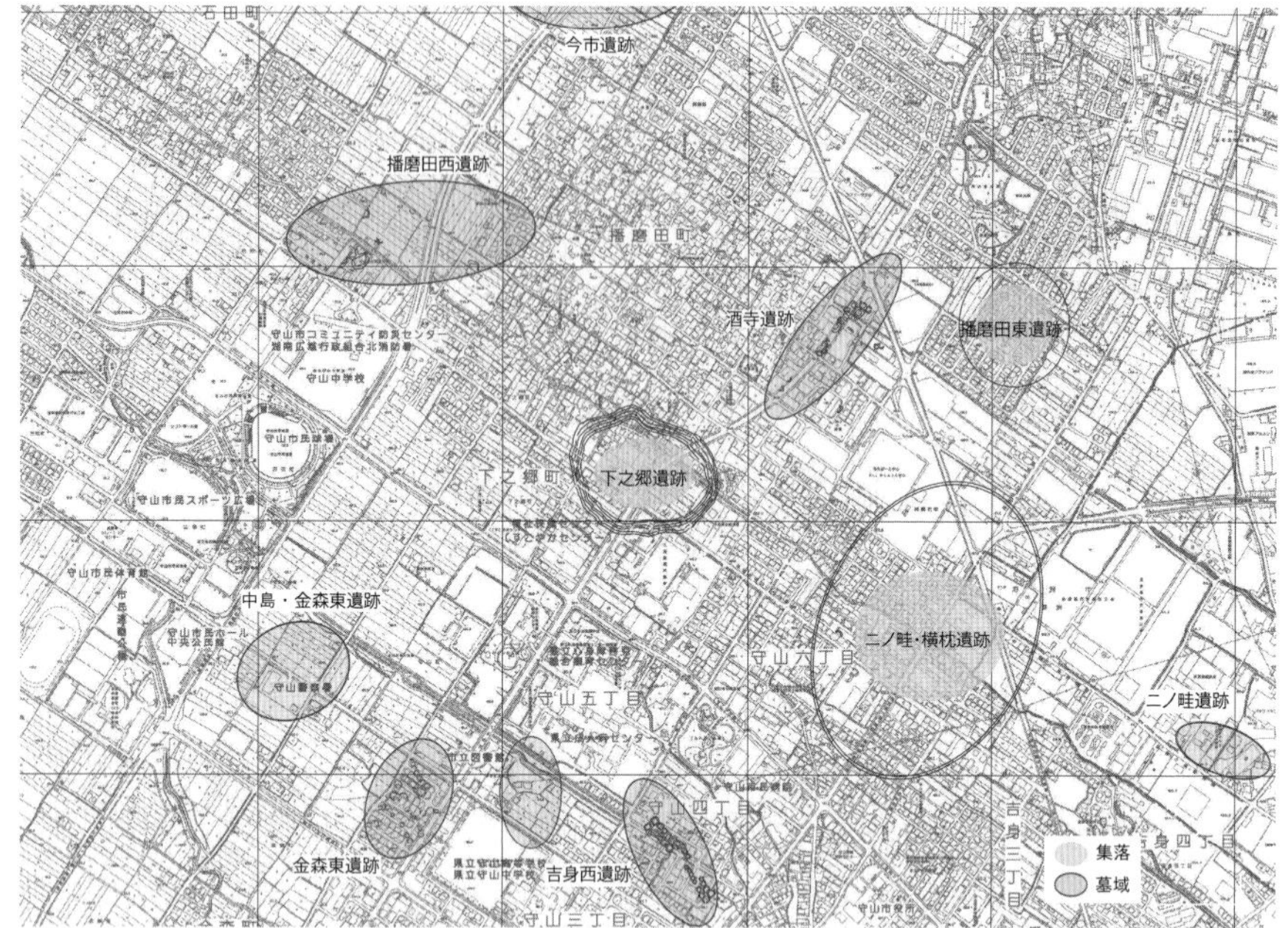

図９　野洲川左岸の環濠集落と衛星状に配置された墓域群（佐々木 2023 より転載、一部加筆修正）

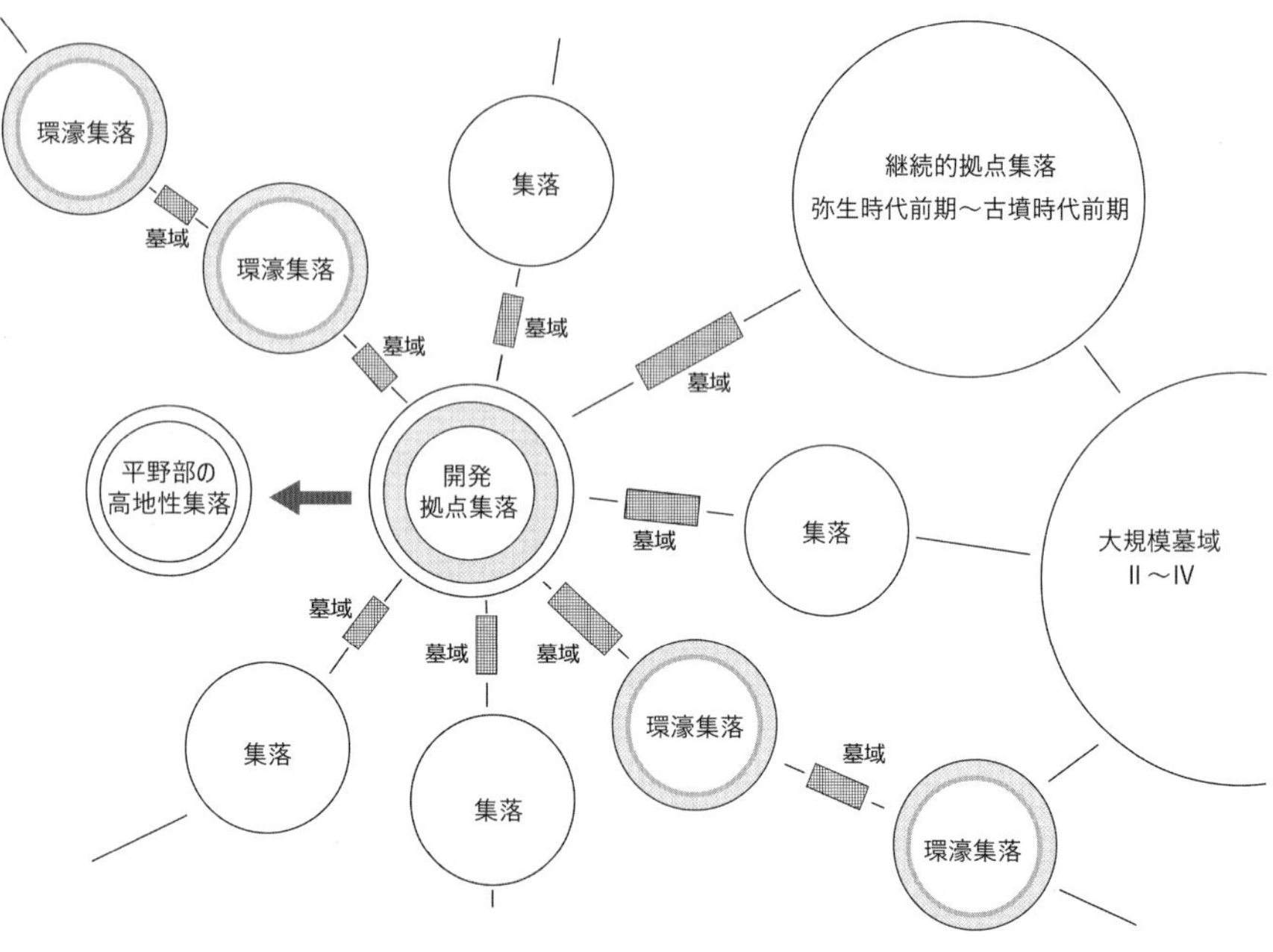

図 10　野洲川流域の求心結節型遺跡群モデル

（三）木偶祭祀の発達

野洲川下流域の集団関係　現在のところ、二列配置の方形周溝墓の葬制原理は不明といわざるをえないが、溝を共有しながら連結し造墓することにより、下之郷遺跡などの居住集団と、墓道から外部へと延びる道の延長上に位置する多くの居住集団とが結びついていたとみられる。葬送の場面では互いの結合関係を確認するとともに、集団間の結束力を再生産する場として機能していたと推測される。

野洲川流域を中心とする琵琶湖南部地域には、野洲川の支流を媒介にした水利関係の調整や、扇状地を横断する陸路を利用した交易ルート、加えて婚姻関係による同族的結合など、地縁・血縁的に強固な集団関係が、重層的に張り巡らされていたと推測される。その精神世界の詳細は不明であるが、下之郷遺跡では第1環濠からケヤキで作られた木偶（もくぐう）が出土（25次調査）しているほか、第二環濠からはスギの板材で作られた鳥形木製品が出土（9次調査）しており、居住者の宗教観を窺うことができる。金関悠氏によれば『三国志』魏書東夷伝の記述や民族例から、鳥形は稲作文化複合に含まれる鳥霊信仰に由来し、木偶は農耕に係る男女一対の祖霊神であり「蘇塗（そと）」と呼ばれる祭場に祀られていたという。弥生時代の遺跡から出土する鳥形や木偶が、東南アジアから東アジアの稲作文化複合に含まれる鳥霊信仰・祖霊信仰に関わる遺物である可能性を示している（金関　一九八六）。魏書東夷伝中にみられる「鬼神」はこのような民間祭祀を指すものとみられる。

木偶祭祀の展開　木偶の出土は全国的にみても琵琶湖南部から東部にかけて集中する傾向があり、方形周溝墓およびその周辺から出土するケースが多い。烏丸崎遺跡では、弥生時代中期後半の方形周溝墓底の土坑から、木偶が一体出土しているほか、野洲市湯ノ部遺跡では中期後半の大型方形周溝墓とみられる溝底から、四体の木偶が出土している。湯ノ部遺跡では二体セットで出土しており、男女二体で機能していたことが推測されている（濱　一九九三）。

東近江市の大中（だいなか）遺跡でも方形周溝墓近くの溝から、男女とみられる二体の木偶が出土している。下之郷遺跡の集落

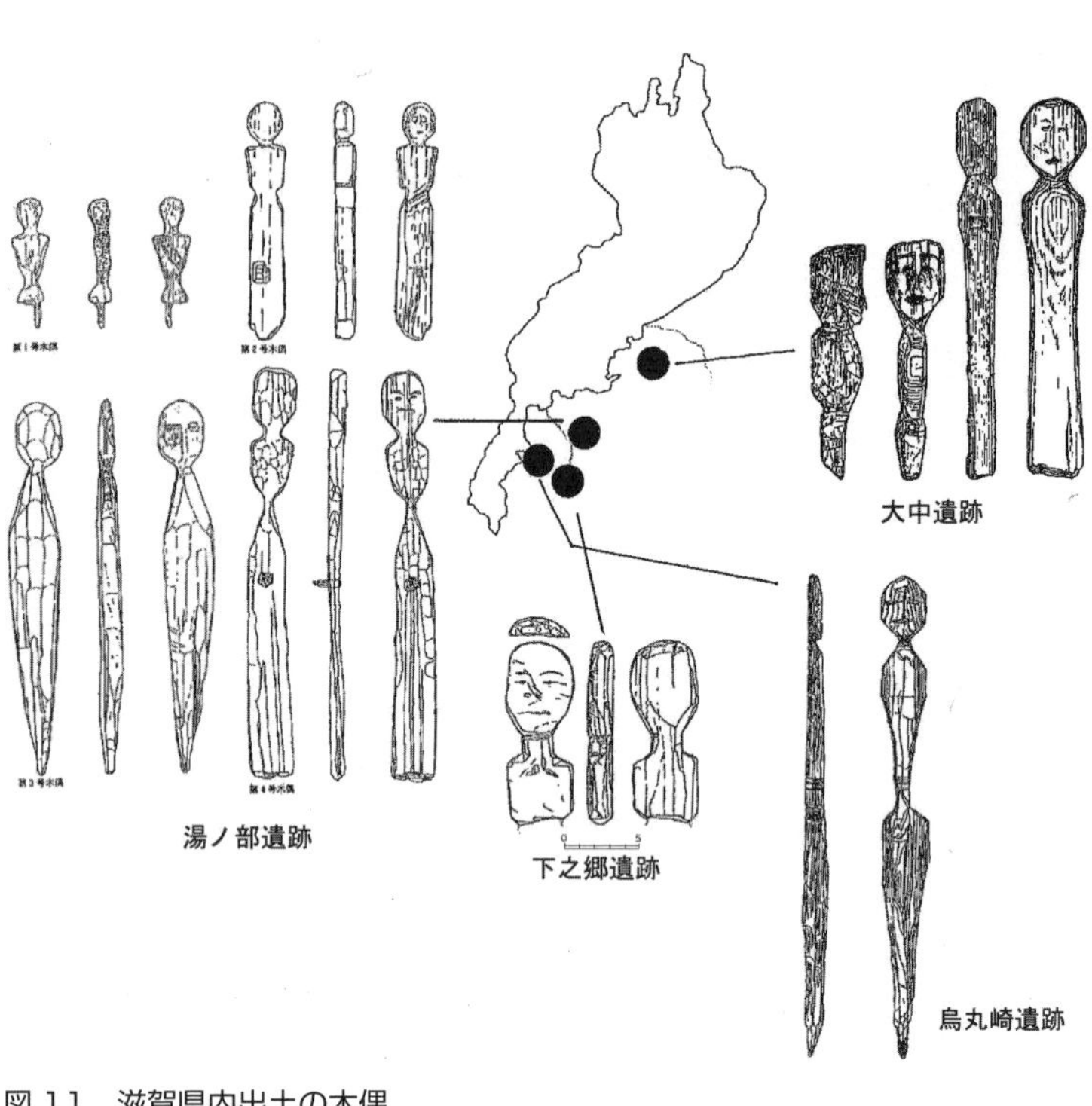

図11　滋賀県内出土の木偶

内や方形周溝墓から木偶や鳥形木製品が出土していることからみて、出土遺物は居住域の出入り口付近と墓域を行き帰りし使用された祭祀具であり、琵琶湖東南部地域に定着していた祭祀形態とみられる。

墓域や居住地から出土する木偶（図11）は、琵琶湖岸に住む弥生人が共有したであろう信仰や、精神世界を示す資料であり、造墓活動および葬送儀礼を通して、祖霊との族的結合を確認するとともに、その強力な紐帯を再生産する役割を担っていたのであろう。

三　近江型甕から受口状口縁甕へ

（一）受口状口縁甕の生成

琵琶湖南部地域の受口状口縁甕　下之郷遺跡などの開発拠点集落の活動とともに、口縁端部が肥厚する近江型甕から、受口状口縁甕へ発達を遂げている。この時期の受口状口縁甕の特徴は、①明確な頸部の立ち上がり、シャープに屈曲し上方に立ち上がる口縁部、体部から底部にかけて薄い器壁に仕上げる。②古段階では肩部にとどまるが、次第に口縁部内外面および体部肩部から下半部にかけて

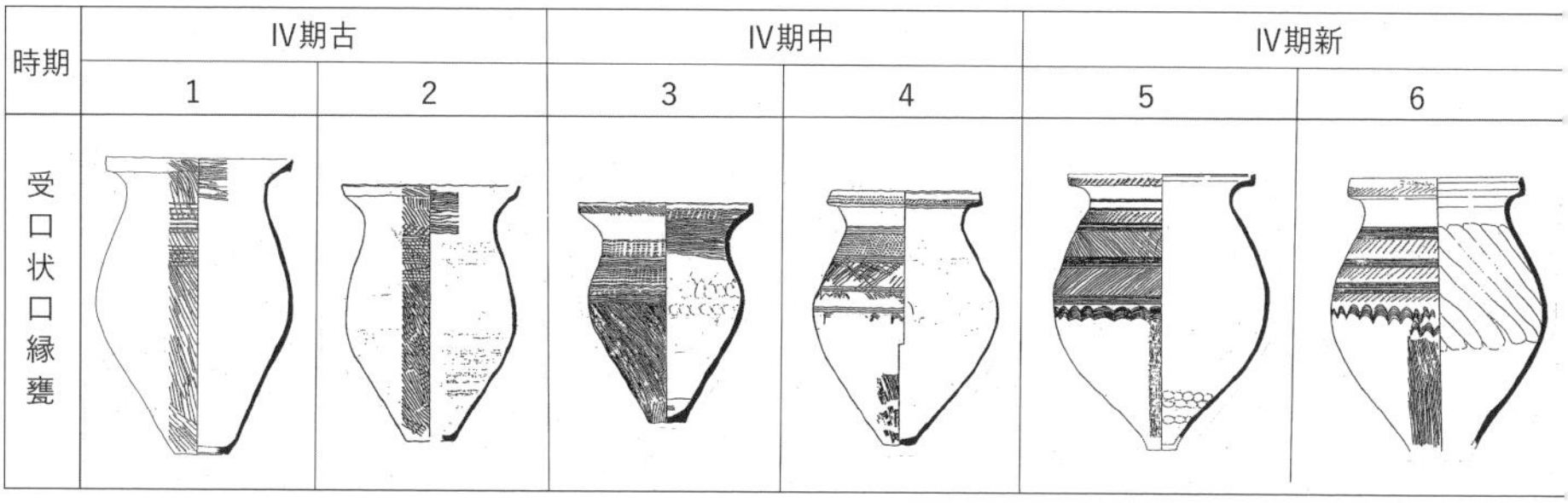

時期	IV期古		IV期中		IV期新	
	1	2	3	4	5	6
受口状口縁甕						

図12　琵琶湖南部地域のIV期受口状口縁甕の変遷

櫛描直線文・波状文・列点文・箆描斜沈線文や格子目文などにより連続し施文されるようになる。③口縁部内外面を粗い横刷毛、体部外面を粗い刷毛、内面を指ナデにより調整する。④多量の砂粒を混和し灰褐色から灰褐色に焼き上げるなど、明確な特徴をもつ。最も典型的な「受口状口縁甕」が濃密に分布する琵琶湖南部地域の遺跡群が、その生成にあたり牽引した主体であったと考えられる。

野洲川流域を中心とする琵琶湖南部地域は、近世から近代にかけての農・漁村間での婚姻圏とも重なり合うほか、網の目のように野洲川下流域を流れる農業用水の利用と維持・管理を通して、上下村を結びつける水利組合群の広がりに対応する地理的空間でもある。網の目状に張り巡らされた血縁・地縁的紐帯が、受口状口縁甕にみられる強烈な範型を生み出し、近江の地域色を牽引した主体であったと考えられる。

近畿周辺地域の受口状口縁甕の分布　近畿および周辺地域において、典型的な特徴をもつ受口状口縁甕の分布状況から、この地域の人々の動きや、交流関係を知ることができる。煮炊きに使用された甕が移動する現象は、人そのものが土器を携えて移動していることを示しており、琵琶湖南部に住む人々が何らかの目的をもって、各地へ積極的に出向き活動しているものと考えられる。以下、弥生時代中期後半代（IV期）凹線文波及期に発達を遂げる受口状口縁甕の分布状況を概観する（図12）。

【山城―南山城地域および乙訓地域】弥生時代中期前半代から継続的に密接な交流関係があったとみられるが、中期後半代でも八幡市木津川河床遺跡や京都市深草遺跡、長岡京市神足遺跡などで出土しており、地理的近接地らしく日常的な交流があったことがわかる。京都市長刀鉾町遺跡（Ⅳ期古段階）、木津川市大畠遺跡1・2次（Ⅳ期新段階）、同市木津燈籠寺遺跡（Ⅳ期古）、京都市中久世遺跡（SD—2よりⅣ期古、Ⅳ期中葉）、久御山町市田斉当坊遺跡（Ⅳ期新）、長岡京市神足遺跡（SD—1055よりⅣ期中）などが認められる。この地域では受口状口縁甕の出土例も多く、山科や南山城の一部は近江との関わりが深かったことがわかる。

【摂津】大阪府高槻市天神山遺跡よりⅣ期古段階の甕が出土している。

【河内】大阪府東大阪市瓜生堂遺跡（Ⅳ期新）・包含層（Ⅳ期中）、同市西ノ辻遺跡河川（SR—25よりⅣ期中）など量的に少ないが中南河内にも搬入されている。

【大和】奈良県田原本町唐古・鍵遺跡でも多数の受口状口縁甕が出土している。Ⅳ期を通して継続し搬入されている（61次102B、98次SD—101、69次・黒褐色土）。65〜98次の調査により出土した受口状口縁甕を実見したところ、形状・胎土・焼成など琵琶湖南部地域の特徴を備えており、琵琶湖南部地域からの搬入品とみてよい（藤田 二〇〇九・二〇一二）。弥生時代中期後半を通して継続的に直接的な交流があったと考えられる。

【伊賀】近江と隣接関係にあり、三重県伊賀市北切A遺跡（SX—11よりⅣ期古、SK—28よりⅣ期古）など受口状口縁甕が出土しており、Ⅳ期を通して近江と交流があったことがわかる。

【伊勢】野洲川を遡り鈴鹿山地を超え、鈴鹿川・安濃川へ抜けるルートのほか、伊賀から雲出川流域へ抜ける複数のルートがあったとみられる。三重県津市亀井遺跡（SK—1よりⅣ期中、SK—2よりⅣ期新、SK—1よりⅣ期新）、鈴鹿市起A遺跡（SB—5よりⅣ期新）、津市北端遺跡（Ⅳ期中）、北端遺跡SB—1（Ⅳ期新）、四日市市永井遺跡（SX—74よりⅣ期新、SD—6よりⅣ期古）、同市上野遺跡（SD—22よりⅣ期新）台付受口甕、津市長遺跡（SB—5・6よりⅣ期新）、同市椀田遺跡（Ⅳ期古、Ⅳ期新）、鈴鹿市上箕田遺跡（Ⅳ期新）、津市橋垣内遺跡（SK—105よりⅣ期中）、亀山市大鼻遺跡（SX—12よりⅣ期古）、津市納所遺跡（SK—569よりⅣ期古、SD—9よりⅣ期新、SK—146・SK—150・SX—414よりⅣ期中、SD—241・SK—462よりⅣ期新）などの出土例がある。北勢から中勢・南勢へと向かうにつれ出土例が増える傾向があり、搬入品以外にⅣ期新段階にはすでに受口状口縁甕が一定量在地化している可能性がある。琵琶湖南部地域と伊勢中・南部との緊密な交流の姿が浮かび上がる。

【若狭】湖西北部から至近であり、福井県敦賀市吉河遺跡方形周溝墓14・18（Ⅳ期古）、同市舞崎遺跡（包含層Ⅳ期古）、若狭町藤井遺跡（Ⅳ期古）、小浜市木崎山城遺跡（Ⅳ期新）、同市府中石田遺跡（ＳＴ―15、包含層Ⅳ期新）などが管見にのぼる。若狭町大鳥羽遺跡（Ⅳ期古・中・新）の出土土器を実見した所見では、受口状口縁甕の比率が近江内部と同様にきわめて高く、Ⅳ期全般に認められることから、若狭ではすでに弥生時代中期後半の段階で、近江の受口状口縁甕の在地化が一定程度進行していることが想定される。

【越前】福井市（以下同）下莇生田高畔遺跡（ＳＤ―００３Ⅳ期古）、糞置遺跡（土坑52Ⅳ期古）、林・藤島遺跡（西地区溝Ⅳ期古）、木田遺跡（大溝Ⅳ期新）から出土している。越前の受口状口縁甕もまたⅣ期段階で一定量在地化しているものとみられる。

【加賀】石川県小松市八日市地方遺跡（河道砂2Ⅳ期古）、金沢市（以下同）磯部運動公園遺跡（3号建物周溝Ⅳ期古）、西念・南新保遺跡、戸水Ｂ遺跡、上安原遺跡など金沢市から小松市にかけての遺跡で出土しているが、大半は弥生時代中期後半代に在地化した受口の甕とみてよい。北陸地域の受口甕は琵琶湖南部地域の受口状口縁甕とは明確に異なっており、玉の生産と流通により、若狭や琵琶湖北部地域を介し、近江との緊密な交流によって、早くより在地化するものとみられる。

【美濃】岐阜県大垣市昼飯町東町田遺跡（ＳＤ―01よりⅣ期中・新、ＳＫ―06よりⅣ期中・新、Ｐ―１９１よりⅣ期中）、同市荒尾南遺跡（ＳＤ―０５５層よりⅣ期新、Ｆ区ＳＺ―02よりⅣ期古、ＳＺ―05よりⅣ期新、ＳＤ―ｃ２０２よりⅣ期新）などが出土しており、Ⅳ期を通して琵琶湖南部地域の様相をもつ受口状口縁甕が出土している。

【丹波】京都府亀岡市千代川遺跡（第6・7次）よりⅣ期中葉の甕が出土している。

【丹後】日本海岸の京都府舞鶴市志高遺跡舟戸南地区の包含層よりⅣ期古・中段階の受口状口縁甕が複数出土してい

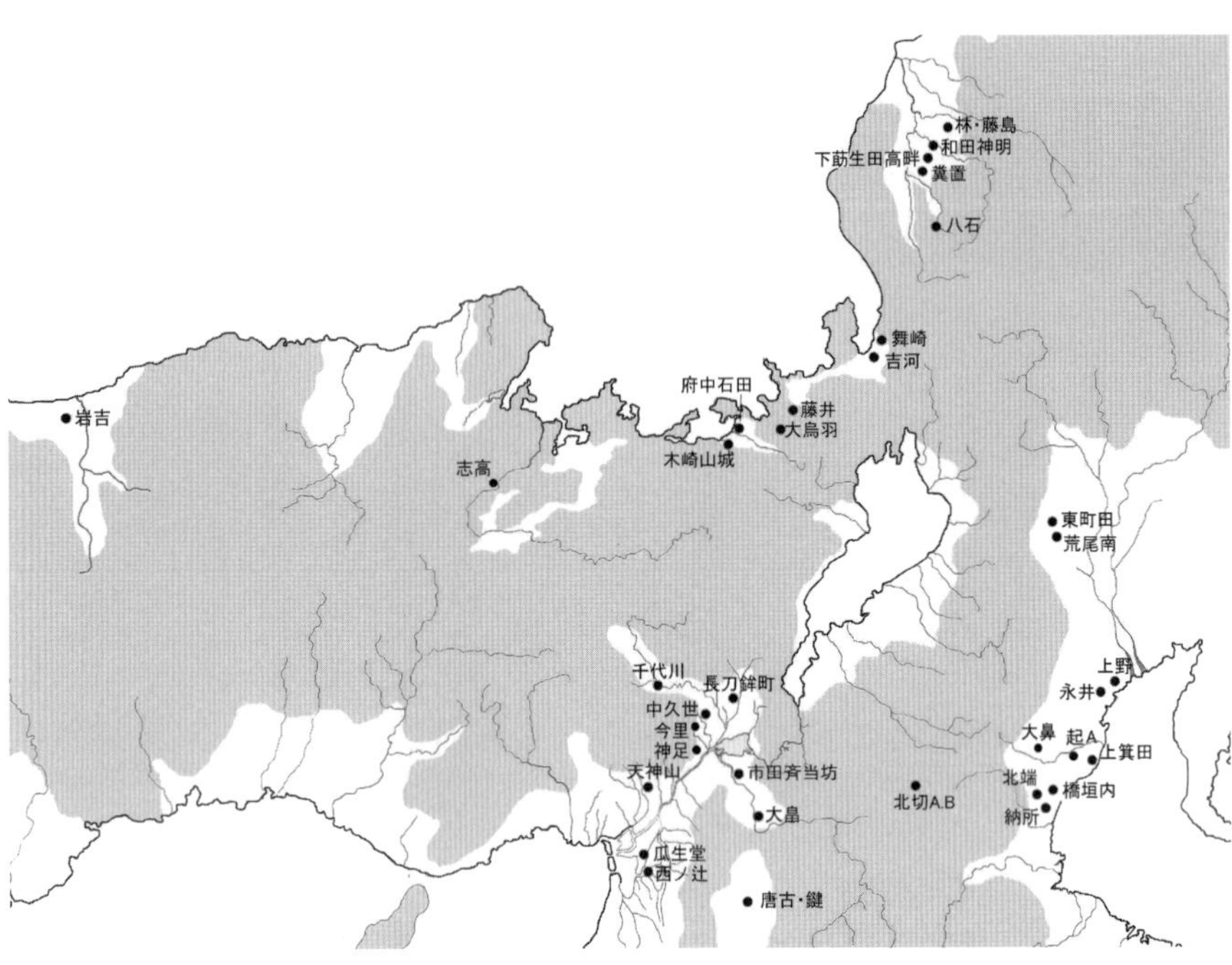

図13　弥生時代中期後半代の受口状口縁甕の分布

る。

【伯耆】鳥取市岩吉遺跡SD―37よりⅣ期古段階の甕が出土している。

近江は東西日本を結ぶ結節点にあり、受口状口縁甕の動きからみて、弥生時代中期後半代を通して近畿各地、日本海沿岸地域や伊勢湾岸地域など、周辺地域と密接な人と物の交流があったことがわかる。それは近江からの一方的な動きではなく、相互性の上に成り立つ交流であったと考えられる（図13）。

（二）供献土器と方形周溝墓ネットワーク

近江の地域色と湖南地域　先にみた琵琶湖南部地域の典型的な受口状口縁甕も、文様や口縁部の形状などに若干の偏差・地域差がみられることが知られている。岩崎直也氏は早くより近江内部にも、弥生時代中期後半の在地土器群には、湖南・湖東と湖北・湖西地域の間で地域差が認められることを指摘した（岩崎　一九八九）。また近藤広氏は、弥生時代後期においても、近江内部での地域性が顕著に認められることを指摘している（近藤　二〇〇一）。野洲川流域内部でも支流の上下間、陸路での結び付きの強弱や関係性の疎密があり、微妙な差異が認められる。しかし、俯瞰的にみれば野洲川流域を中心とする琵琶湖南部の強い族的紐帯で結ばれた地域が、近江的な地域色の本貫地であったと考えられる。その背景には、婚姻関係だけではなく墓域を介した集落間のネットワーク、木偶にみられる農耕・祖霊祭祀などの宗教的規範の共有があり、族的結合関係をいっそう強固に結び付けていたのであろう。

服部遺跡や野洲市市三宅東遺跡の大型方形周溝墓からは、豊かな装飾を加えた高さ七〇チセンを超える壺が出土しているが、葬送にあたり特別に製作された供献土器とみられる。数量的に多いのは在地器種である壺や鉢・甕であるが、在地以外の土器も供えられている。守山市酒寺遺跡の方形周溝墓群では、多数の在地器種とともに、大阪府生駒（いこま）西麓産のチョコレート色をした、特徴的な胎土で作られた台付水差し形土器（図14）が供献されていた。中南河内で製作された美しく洗練された水差し形土器が、直線距離で六〇キロ以上離れた墓にもたらされていたことがわかる。

葬送儀礼にみる地域間交流　深沢芳樹氏は、弥生時代中期後半代の近畿地方の壺型土器（壺F）の形態や文様と、刷毛や削り、タタキなどの整形方法や調整手順の違いから、土器の製作地を絞り込み、地元以外の土地からもたらされた土器が、遠隔地の方形周溝墓に供えられていることを明らかにした（深澤　二〇一一）。深澤氏は遠隔地からの供献土器の事例として、野洲川流域の服部遺跡には湖北東部、吉身西遺跡には湖西北西部で製作された壺が供えられ、野洲川流域で製作された壺が湖北東部の墓や湖西北部の墓に供えられ、湖西北部の墓には福井県西部の壺が、湖北東部の墓には岐阜県南部〜三重県北部の壺が供えられていたことを示した。このことは、葬送儀礼における地域間ネットワークの存在と、大地域間の連携の実態を示している。弥生時代中期後半代における広域

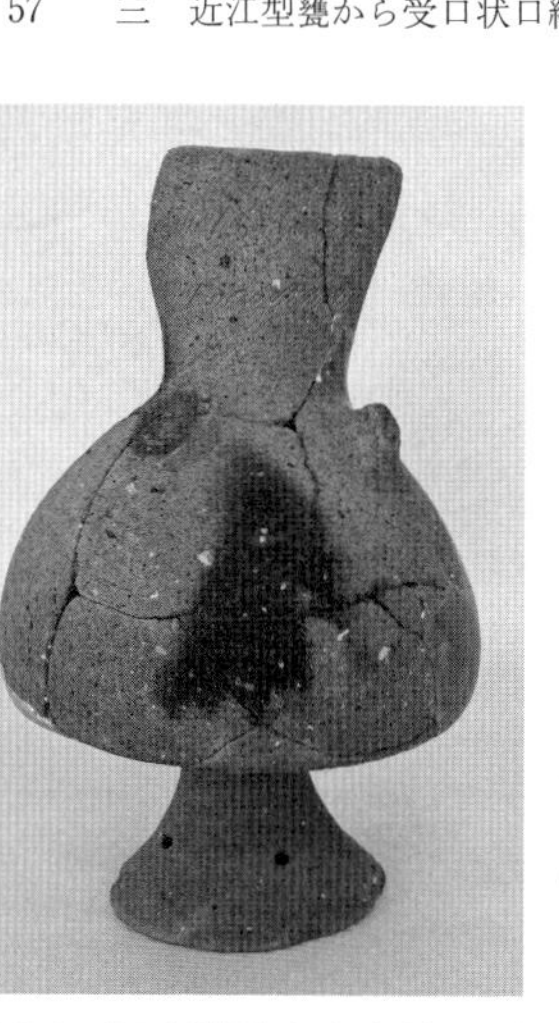

図14　酒寺遺跡出土水差し形土器（守山市教育委員会文化財保護課蔵）

にわたる土器の供献関係の背後には、琵琶湖沿岸地域と近畿中部、日本海沿岸、伊勢湾西部などの地域に、複雑に張り巡らされた「方形周溝墓ネットワーク」とも呼ぶべき、広域にわたる連携関係があったとみられる。

方形周溝墓群の葬送儀礼における遠隔地からの供献行為という慣習は、近畿内部だけではなく、日本海沿岸地域や伊勢湾地域とも連携し、共有されていた可能性がある。弥生時代中期においては、各地の族的結合関係と広域にわたる連携関係の仕組みの上に、大地域間における人の交流・物の交易が実現していたのであろう。伊勢湾岸や若狭、北陸地域から近畿一円に、葬制を介したネットワークが形成され、人や物の交流が実現していたとみられる。

四　近畿弥生社会の動揺と近江

拠点集落の変貌　弥生時代中期全般にわたり営まれた方形周溝墓跡や、中期後半代の集落跡が見つかった服部遺跡では、大規模な洪水でこれらの遺構が破壊されていることが発掘調査でわかっている。近畿地方および周辺では弥生時代中期末から後期初頭にかけて、大規模な自然災害の痕跡が各地で報告されており、弥生社会に深刻な影響を及ぼしたことが想定されている。しかし継続的拠点集落である服部遺跡では、洪水砂を切り込んで新たなムラを営んでおり、その土地に執着した弥生人の意気込みを感じ取ることができる。奈良県唐古・鍵遺跡もまた、自然災害の影響は受けつつも集落が継続する遺跡の一つである。

一方、近畿地方全体をみると、大阪府和泉市・泉大津市池上曽根（いけがみそね）遺跡や高槻市安満（あま）遺跡など、弥生時代前期から中期にかけて近畿弥生社会を牽引してきた各地域の拠点集落が衰退するとともに、中期末から後期初頭にかけて大阪府高槻市古曽部（こそべ）・芝谷（しばたに）遺跡や和泉市観音寺山（かんのんじやま）遺跡などの高地性集落が営まれており、集落の立地に大きな変化がみられる。野洲川流域でも、下之郷遺跡や播磨田東遺跡など大規模な環濠集落が解体し、弥生時代後期には多数の小集落が点在するようになる。

（一）二ノ畦・横枕遺跡の出現──平野の高地性集落と野洲川型甕の動き──

地域間交易の拠点　下之郷遺跡や播磨田東遺跡が衰退してくると、南東七〇〇メートルの地点に弥生時代中期後半新段階から末にかけて、部分的に二条の環濠を伴う守山市二ノ畦・横枕（よこまくら）遺跡が出現し、隣接地には後期初頭の酒寺遺跡が継起的に営まれている。かつて進出することがなかった標高九六メートル前後の扇状地上に営まれており、平野の高地性集落の観がある。南北五五〇メートル、東西四五〇メートルの範囲に展開する大規模な集落遺跡である。

二ノ畦・横枕遺跡では、下之郷遺跡にみられた豊富な種類の石器が激減し、鉄鏃やヤリガンナなどの鉄器が住居跡から出土しており、鉄器が一定程度流通し始めていると考えられる。また、遺跡内からは瀬戸内系甕や、吉備地域にみられる口縁端部を玉縁状に仕上げた広口壺や短頸壺が出土しており、瀬戸内地域と交流があったことがわかる。また、遺跡内からは、凹線文を多用する高坏・器台・受口壺・広口壺・台付鉢などが多数出土している。二ノ畦・横枕遺跡は、下之郷遺跡に代わり、弥生中期後半の新段階から末にかけて、地域間交流・交易の拠点として、瀬戸内・近畿など各地とつながり、人・物の交流を中継する拠点でもあったと考えてよい。

図15　二ノ畦・横枕遺跡の井戸枠（井戸B）（守山市教育委員会文化財保護課提供）

弥生中期後半の実年代　二ノ畦・横枕遺跡の集落内からは二基の井戸跡が検出され、スギ材・ヒノキ材を使用した井戸枠（図15）が出土した。年輪年代測定により、井戸Bからはスギ・ヒノキの二枚の板材がともに紀元前九七年に伐採され、井戸Aからはスギ板材が紀元前六〇年に伐採されていたことがわかっている。二ノ畦・横枕遺跡は弥生時代中期後半（Ⅳ期）の新段階、土器形式で二時期が想定されるが、大阪府池上曽根遺跡の大型建物の柱材（紀元前五七年）とともに、弥生時代中期後半代の年代観を大きく変える資料となり、弥生時代中期後半から末にかけての暦年代観の定点ともなった。

二ノ畦・横枕遺跡では、後期初頭にも小規模な集落や墓域が営まれているほか、近接地に矩形の区画溝を伴う酒寺遺跡が出現している。その後、弥生時代後期前葉から後葉にかけて、野洲川左岸地域に多数の小集落が点在して営まれている。弥生時代中期末から後期初頭の動きは、連続する短期間の歴史過程として捉えておく必要がある。

（二）野洲川型甕の波及

野洲川型甕とは何か　弥生時代後期初頭の野洲川流域の受口状口縁甕の特徴は、①頸部の絞りが強くなり明確な頸部の立ち上がりと口頸部のシャープな屈曲を示し、上方および内傾気味に立つ口縁端部の特徴をもつ。また、体部は無花果（いちじく）型の体部を呈するようになり、口頸部に立ち上がりをもち、明確な屈曲を示しながら上方および内傾気味に立ち上がる口縁部の特徴をもつ。②口縁部外面に列点文、体部には肩部・中腹部に櫛描文を加え、下腹部に波状文を施文する。文様帯は弥生時代中期末までは口縁外面に列点文、肩部から体部下半部にかけて櫛描直線文・列点文・波状文や簾描斜沈線文・斜格子文などを組み合わせ連続して飾るが、後期初頭には肩部と中腹部に櫛描直線文・列点文をそれぞれ施文し、下腹部に波状文を加え、体部への連続・多段の施文は受口壺を除いてほとんどみられなくなる。③外面を粗い刷毛で調整し頸部内面に横刷毛、内面を指ナデで調整し、口縁部・体部から底部にかけてきわめて薄く仕上げられている。④多量の砂粒を混和し、灰褐色に焼き上げる、などの特徴をもつ。

以上のような典型的な特徴をもつ受口状口縁甕は、野洲川流域の遺跡群に集中的にみられることから「野洲川型甕」と呼んでおく。

野洲川型甕の搬出　このように弥生時代後期においても、野洲川流域の受口状口縁甕は整形や調整手法、胎土や焼成方法ともに中期後半代からの土器づくりの伝統を忠実に継承している。弥生時代中期末から後期初頭にかけて弥生社会が動揺する中、近畿および周辺地域において、このような特徴をもつ野洲川流域の受口状口縁甕が、弥生時代中期後半代に引き続き各地で出土する現象がみられる。野洲川流域の人々が、何らかの目的をもって、煮炊きに使用する甕を携えて、積極的に各地で活動している姿が浮かび上がってくる。

【摂津三島地域】高地性集落である古曽部・芝谷遺跡の竪穴住居・環濠からⅣ期末からⅤ期初頭の甕が多数出土しているほか、大阪府高槻市郡家川西遺跡でⅤ期初頭の甕が見つかっている。茨木市東奈良遺跡でもⅤ期初頭の甕が出土している。

【南山城・乙訓】京都府向日市東土川西遺跡よりⅤ期前半の甕・浅鉢、上久世遺跡よりⅤ期初頭の甕、神足遺跡よりⅤ期初頭の甕、中久世遺跡よりⅤ期初頭の甕が出土しており、前代から継続的に搬入されていることがわかる。

【河内】巨摩瓜生堂遺跡沼状遺構上層よりⅤ期初頭の甕が出土しているほか、瓜生堂遺跡土坑193よりⅤ期初頭の甕、大阪府八尾市久宝寺南遺跡高台6からもⅣ期末の甕が見つかっており、少量ながら近畿中部との交流があることがわかる。

【大和】唐古・鍵遺跡でも20次SK—104、69次黒褐色粘質土よりⅤ期初頭（P—5448・P—5464・P—5469）、搬入品とみられる甕が出土しており、Ⅳ期から継続的に交流関係があることがわかる。

【伊賀】三重県伊賀市才良遺跡SD—4よりⅤ期前半代の甕、同市森脇遺跡SK—304よりⅣ期末〜Ⅴ期初頭の甕が出土している。

【伊勢】津市（以下同）六大A遺跡からⅤ期初頭の甕、六大B遺跡SK—27からⅤ期前半の甕・台付小型甕が出土。相川西方遺跡4次包含層からⅤ期前半の甕、橋垣内遺跡SR—3からⅤ期初頭、太田遺跡大溝下層よりⅤ期初頭の甕が出土。納所遺跡SR—期4からⅤ期初頭、SD—9Ⅴ初頭、SK—462からⅤ初頭の甕が出土している。

【美濃】荒尾南遺跡SD—05よりⅤ期初頭〜前半の甕、SD—c202・SD—0381よりⅤ期初頭の甕、東町田遺跡SB—02、SD—02よりⅤ期初頭の甕が出土しており、琵琶湖北東部から美濃地域へつながるルートが想定される。

【尾張・三河】愛知県名古屋市朝日遺跡SDVcよりV期前半の甕、岩倉市岩倉城遺跡よりV期前半甕、一宮市八王子遺跡からV期初頭の甕がまとまって出土している。三河の西尾市毘沙門遺跡SK―02から出土している甕もV期初頭の搬入品の可能性が高い。

【若狭】高地性集落である敦賀市舞崎遺跡でも、前代より引き続きV期前半の甕が出土している。府中石田遺跡ST―22よりⅣ期末、SK―519よりV期初頭、SD―41よりV期初頭、包含層よりV期初頭の甕が出土している。

野洲川型甕の搬出は、近江から人が移動していることを示しており、Ⅳ期に続いて近畿および若狭・伊賀・伊勢・美濃など周辺地域へ、積極的に出向いていることがわかる。近江の甕が特徴的であることから抽出しやすい側面もあるが、近畿および周辺地域で人・物・情報が活発に行き交っていたとみてよい。これは弥生時代中期末〜後期初頭の混乱した交流関係をつなぎとめ、弥生時代中期後半代に形成されていた広域のネットワークの弛緩を引き締めるとともに、新たに再編成する動きを示しているのではないか。

弥生時代後期初頭の受口状口縁甕の動き　弥生時代後期初頭の受口状口縁甕の動きをみると、①野洲川流域からの搬入品、②近江の人が移動し現地の胎土を用いて製作した土器、③各地で在地化した模倣品に大別できる（図16）。弥生時代後期後半代に進む受口甕の在地化の過程を考えると、野洲川流域からの人の直接的な移動、現地に滞在し移動先の土で土器を製作する過程、滞在先で製作した甕を携えてさらに他地域へ移動し廃棄する過程、最終的にそれらの土地に受け入れられ、在地化する過程を想定することができる。

弥生時代中期末から後期初頭、広域にわたる地域間ネットワークの弛緩・混乱期において、近畿と東海・北陸を結ぶ近江の地政学的な役割が高まっていたと考えられる。受口状口縁甕や近畿第V様式のタタキ甕・生駒西麓産の大型広口壺の近畿および周辺地域への波及は同時期の現象であり、鉄器や鏡など大陸系文物の流通が活発化する中、近江や近畿中部の首長層が東海や北陸など各地の首長層と連携することにより、広域にわたる流通システムを新たに再構

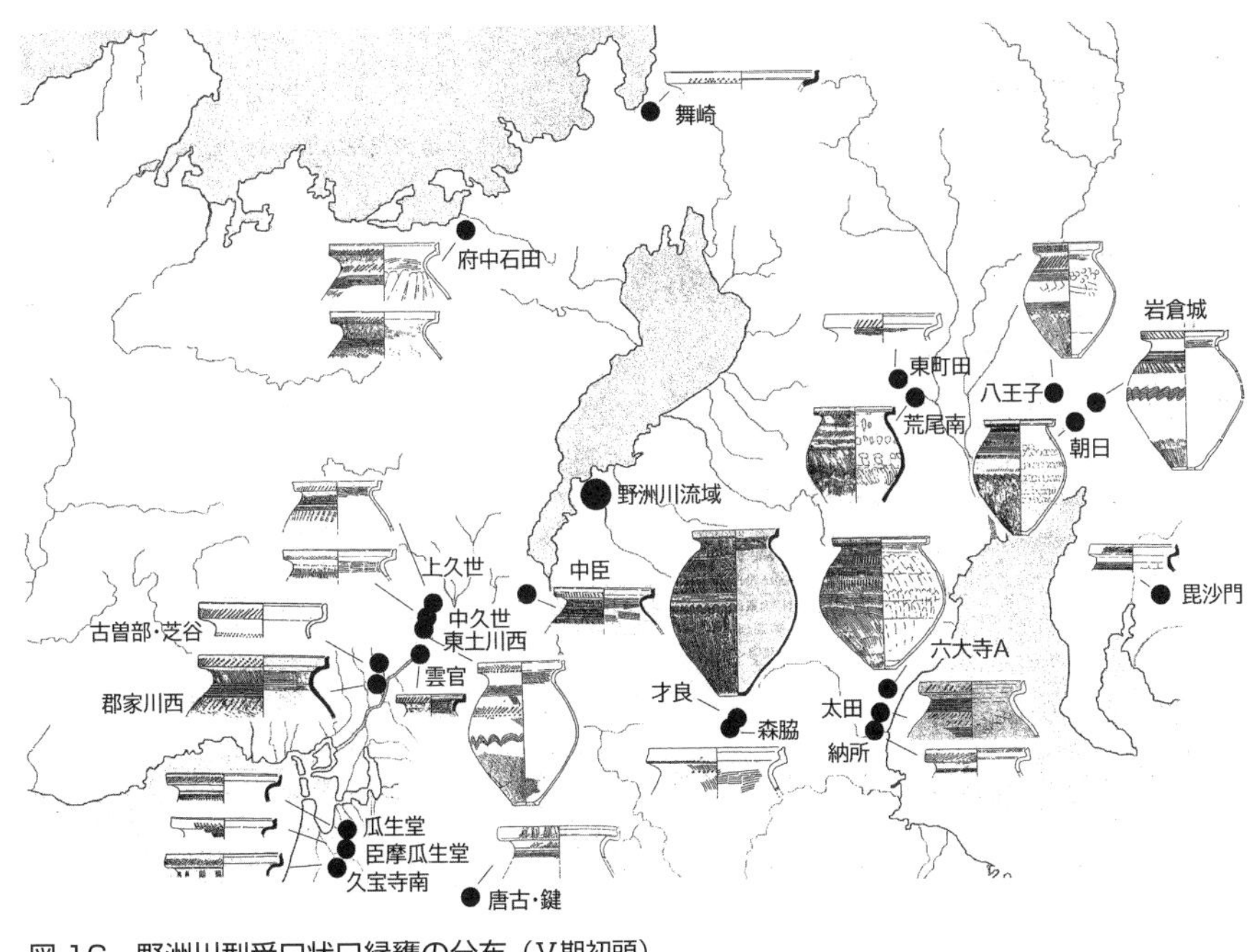

図16　野洲川型受口状口縁甕の分布（V期初頭）

築する動きを示しているのではないか。

（三）近江における青銅器の生産

野洲川下流域の青銅器生産　弥生時代中期後半、服部遺跡の集落遺跡内で砂岩製の鋳型が出土している。銅剣あるいは銅戈の鋳型と推測され、蛍光X線分析の結果、鉛が検出されたことから、実際に使用された鋳型であることが判明した。下之郷遺跡では、第5環濠の後期初頭とみられる溝土層から凝灰岩製の連結式銅鏃鋳型が出土しており、青銅器生産が弥生時代中期後半から後期初頭にかけて開始されていることがわかる。伊勢遺跡から南西一・三キロの地点には、弥生時代中期後半から後期にかけて発達する栗東市下鈎遺跡があり、同遺跡でも、伊勢遺跡とほぼ同時代の大型建物が三棟発見されている。大型建物周辺の旧河道からは、銅鏃が約二〇点・銅鏃未成品などが出土しているほか、銅滓や銅湯玉・銅塊、土製鋳型外枠などが発見されていることから、この周辺で青銅器の生産が行われていたことが推定された。このほか、青銅製の輪が出土して

図17　下鈎遺跡出土環権（栗東市教育委員会スポーツ・文化振興課蔵）

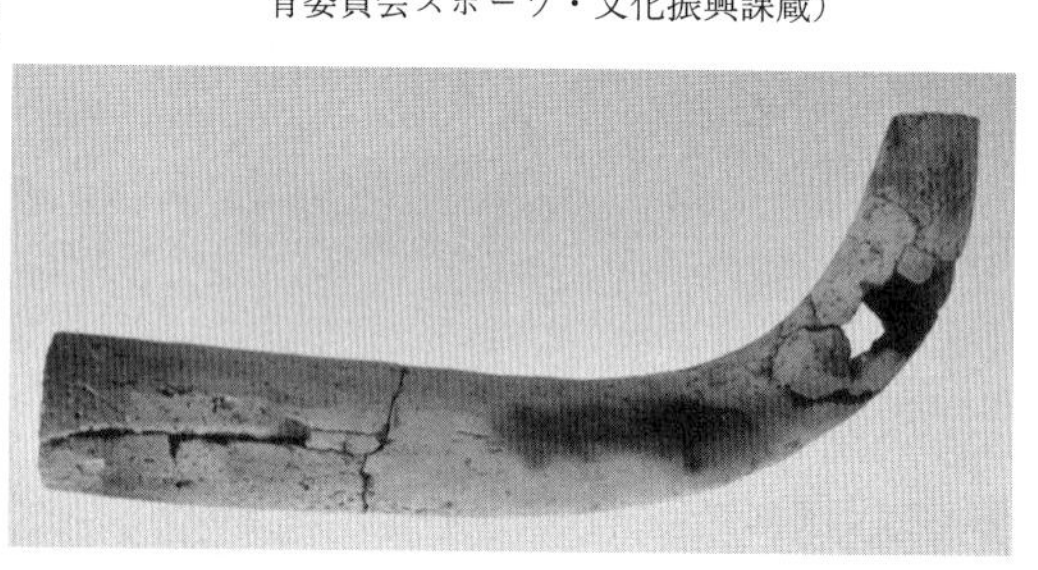

図18　石田遺跡出土送風管（東近江市文化スポーツ部歴史文化振興課蔵）

いるが、近年これが重さを測る道具「環権」であることがわかった（図17）。朝鮮半島の韓国慶尚南道昌原市茶戸里遺跡でも同様な遺物が発見されており、金属などの素材の計量や物資の交換の際に使用されたと考えられている（武末 二〇二一、佐伯 二〇一九）。青銅器生産技術と「はかり」が朝鮮半島からともに伝えられていたとすると、下鈎遺跡で銅・鉛・錫の合金である青銅製品の調合にも環権が使用された可能性がある。

　このほか、守山市服部遺跡や野洲市下々塚遺跡で、土製鋳型外枠が弥生時代後期の遺構から出土している。湖東の東近江市能登川石田遺跡では、銅剣や銅鏃・銅滓・土製鋳型外枠のほか、L字型をした送風管（図18）が出土しており、青銅器生産が行われた遺跡の一つと考えられる。送風管は、湖北長浜市の五村遺跡でも、弥生時代後期の遺物包含層から出土しており、琵琶湖北部でも青銅器の生産が行われていたことが推測される。このように、弥生時代中期後半から後期にかけて近江東南部を中心に、青銅器の生産が広く行われていたことが想定される。

近畿式銅鐸の成立と近江　難波洋三氏は、銅鐸の文様などの詳細な研究を踏まえ、大型化する突線鈕1・2式銅鐸は、大福型・迷路派流水文銅鐸A類・横帯分割型・石上型・東海派の五群に分類できるとし、銅鐸分布圏内の五つほどの有力な地域勢力に統合されていったとする（難波 二〇一一）。難波氏によると、大福型は四個のうち三個が大岩山から出土しており、近江に拠点を置く工人集団の製品の可能性が高いとしている。近畿式銅鐸の特徴を最も多くもつ大福型、次に迷路派流水文銅鐸A類、次に横帯分割型が近畿式銅鐸の特徴をもつことから、大福型製作工人集団を擁する近畿東部（近江）の地域勢力の主導のもと、迷路派流水文A類製作工人集団（銅鐸分布圏西部）との連携・連合を核とし、横帯分割型製作工人集団（瀬戸内東部）・石上型製作工人集団（大和）も巻き込み、近畿式銅鐸が成立したとの考えを示した。受口状口縁甕の近畿・伊勢湾岸地域への波及、後期初頭、近畿地方に讃岐や備前など瀬戸内中部の影響下にある土器が流入する動きを考えると、難波氏の指摘は興味深い。

五　伊勢遺跡活動期の変動

伊勢遺跡が本格的な活動を開始するのは、弥生時代後期を六段階に区分すると二段階目以降となる。それは弥生時代後期初頭に、受口状口縁甕が各地へ波及する直後にあたり、その後、後期末まで、大型建物群が造営されたと考えられる。伊勢遺跡の政治・祭祀的空間の建設が盛期を迎えた時期、野洲川流域では土器や墓制に明確な変化が起こっている。

（一）野洲川型甕の変遷とその背景

野洲川型甕の形態変化　弥生時代中期後半代（Ⅳ期）の受口状口縁甕は、口縁部が内傾気味に立ち上がり、口縁部内外面に櫛描波状文や列点文を施し、肩部から下腹部にかけて多段の文様帯が施されるものが多い。弥生時代後期になると、口縁部は垂直に立ち上がり、頸部の絞りがさらに強まるとともに、無花果型の体部をもつものが多くなる。口縁部外面に列点文、体部の施文は肩部に直線文＋列点文、中腹部に直線文、下腹部に波状文を施すものが範型となり、弥生時代中期後半に盛行した連続した多段の文様構成は、受口壺など一部を除いてみられなくなる（図19）。

伊勢遺跡が盛行期を迎える弥生時代後期中葉になると、野洲川型甕は下腹部の施文が波状文で終わっていたその下

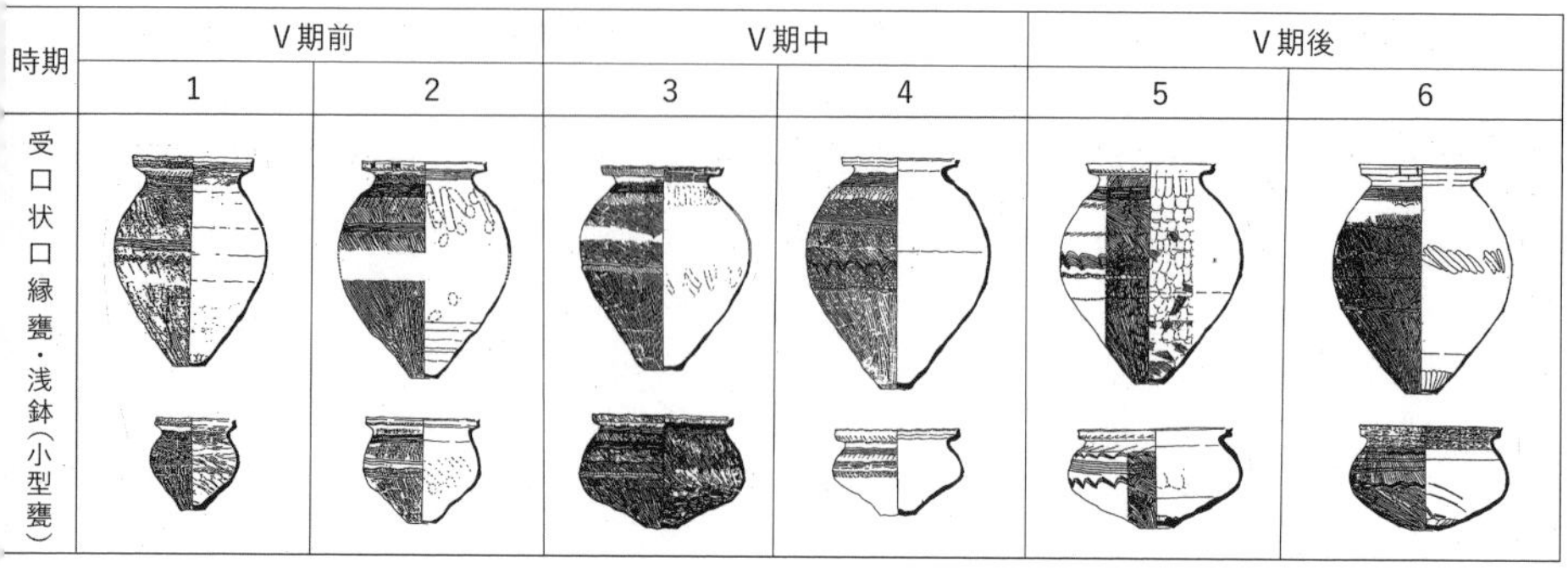

時期	V期前		V期中		V期後	
	1	2	3	4	5	6
受口状口縁甕・浅鉢（小型甕）						

図19　弥生時代後期における野洲川型甕・浅鉢の変遷（伴野2003aより転載）

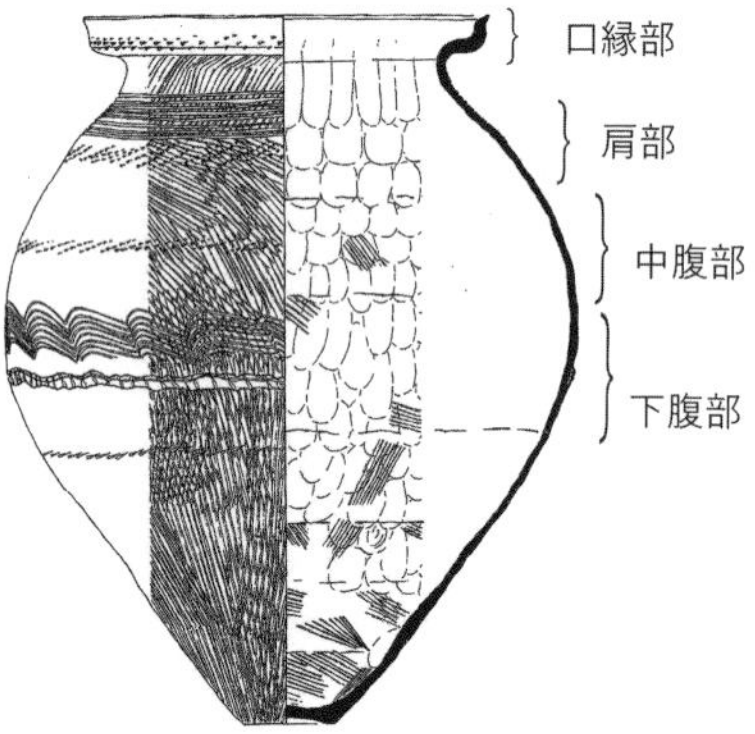

図20　野洲川型甕の施文部位

部に、貼付け突帯が加えられるようになる。この貼付け突帯文は、幅一センチ前後で中央に沈線を加え二分割した上に、縦方向の刻みを全体に加えるのが一般的である（図20）。やや古い時期の甕には列点文を加える個体もあり、野洲川流域の甕には共通してみられる。体部下半への貼付け突帯は、少数ではあるが弥生時代中期後半の受口壺や台付鉢にみられた。また、弥生時代後期前葉には、小型の受口状口縁甕の下腹部に貼付けたものが散見される。野洲川型甕は弥生時代中期後半の土器作りの技術を忠実に継承しながら変化を遂げており、前代から続く族的結合関係が根強く存続していることがわかる。

体部下半まで櫛描文で加飾し、最下半に二分割突帯を付加する受口状口縁甕を主流に生産・消費する地理的範囲は、のちの野洲郡・栗太郡を中心とする半径一〇キロほどの空間に収まり、領域的に明確化している（図21）。野洲川の支流域内での受口状口縁甕の範型には若干の偏差があるが、それは交通ルートや水利、婚姻関係など、集団間の結びつきの濃淡が現われているものと考えられる。弥生時代中期、琵琶湖南部地域周辺に漠とした近江的な地域色の広がりを示していたが、弥生時代後期中葉になると、野洲川流域を中心とする明確な領域が

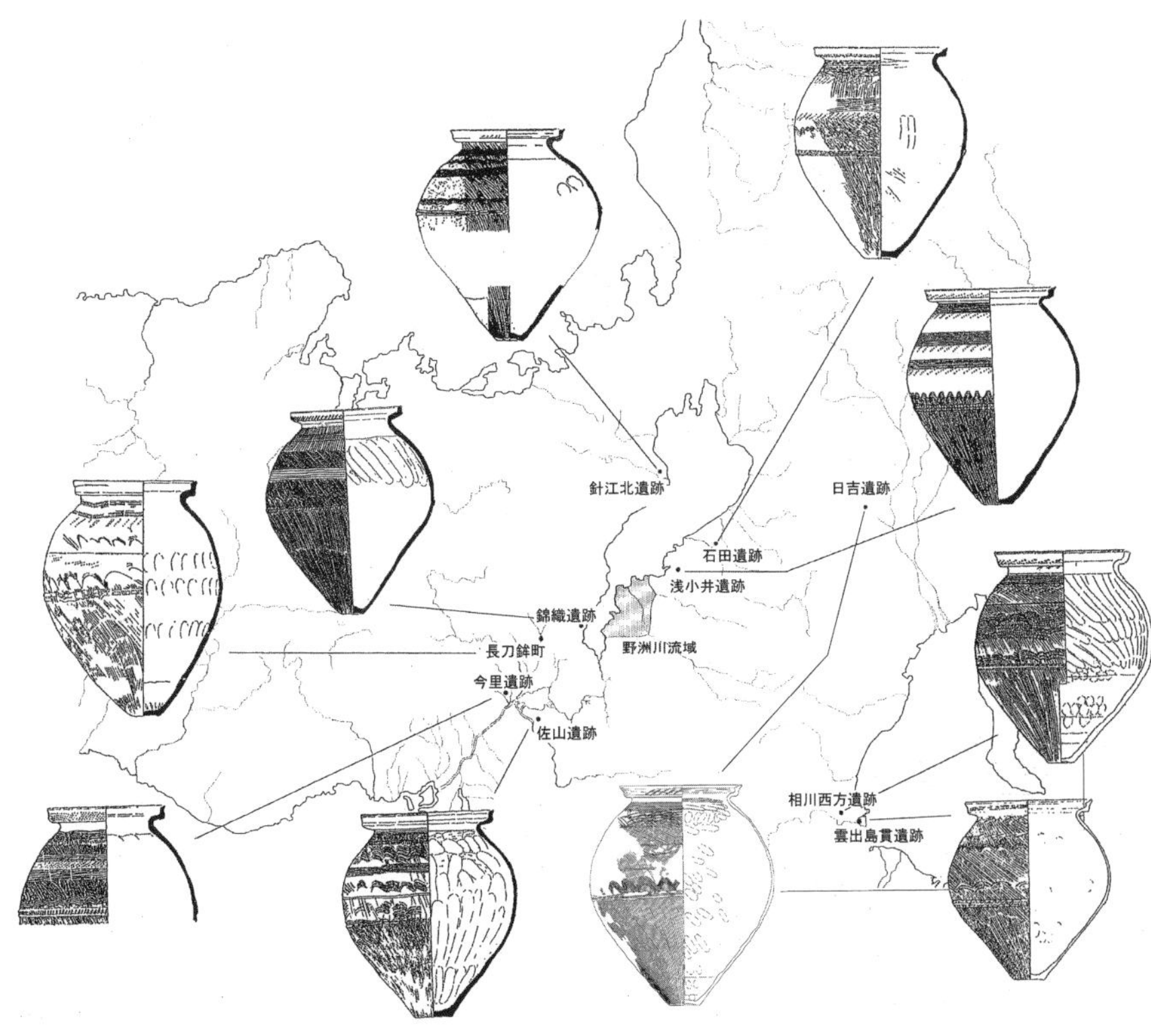

図21　弥生時代後期中葉から後葉の野洲川型甕の分布

現れている。野洲川流域から離れるごとに、近江各地域で形態的特徴や文様構成の範型が少しずつ欠落し、近江在地の地域色は野洲川流域を中心に、円錐状の広がり方を示している。

伊勢遺跡の出現と受口甕　伊勢遺跡が出現し盛行する弥生時代後期半ばから末にかけて、二分割突帯を付加する受口状口縁甕が野洲川流域で出現、発達を遂げており、近江地域には、この地域を中心に強力な求心力が働いていたと考えられる。弥生時代中期末から後期初頭の社会的変動の中、野洲川流域を中心に、近江地域を積極的に主導し、流通ネットワークを再編する動きと考えられ、そこに、のちの政治的単位となる「國」の萌芽をみることができる。

このような突帯をもつ受口状口縁甕は、琵琶湖対岸の大津市錦織遺跡、湖東の石田遺跡、近江八幡市浅小井遺跡、湖西北部の高島市針江北遺跡でも出土している。これらの甕は搬入あるいは、野洲川流域からの人の移動により現地で製作された個体とみられるが、湖上交通によって琵琶湖岸のムラと、直接的な人の交流があったと考えられる。近江各地の中核的な遺跡と野洲川流域の遺跡群との間に、人の移動を伴う親密な交流関係があったことを示している。琵琶湖沿岸地域では受口甕を主流に製作・消費しており、野洲川流域の集団が主導し、琵琶湖東部・湖西北部・湖北東部などの地域集団と連携することで、次第に「近江」というのちの政治的まとまりが形づくられたと考えられる。

また京都府長岡京市今里遺跡（SK—1224）、久御山町佐山遺跡（SH—415）や三重県津市相川西方遺跡（SK—74）、同市嶋貫遺跡（SX—491）、岐阜県大垣市荒尾南遺跡（SB—278）、養老町日吉遺跡（1区2期土器集中部1）など弥生時代中期以来緊密な交流関係にある伊勢中・南地域や、南山城・乙訓地域・美濃地域にも数量的には少ないが、突帯を持つ典型的な野洲川型の甕が出土している。野洲川流域からの搬入品、あるいは移動先の現地で製作した個体とみられ、これらの地域とも引き続き、直接的な人の交流があったことがわかる。近江内部での地域社会の再編とともに、周辺地域とも直接的な人の交流を通して連携関係にあり、近江の受口甕が各地で在地化していく動きにつながっていく。

（二）受口甕の在地化と遠隔地への波及

近江各地の受口甕の様相　伊勢遺跡の活動期にあたる弥生時代後期中葉から末にかけて、琵琶湖南部地域を離れると、野洲川型甕の規格的な範型が徐々に崩れていく傾向が認められる。琵琶湖東部の石田遺跡の甕をみると、頸部の立ち上がりや口縁部の屈曲は比較的シャープであるが、器壁がやや全体に厚く、施文部も口縁外面と肩部に限られるものが多い。少数ではあるが、中腹部にも施文する個体がみられるが、下腹部の櫛描波状文や突帯を欠くものが一般的である。湖北東部の長浜市鴨田遺跡や五村遺跡の受口甕は、頸部の立ち上がりが短く「くの字」状に緩やかに屈曲し受部を形成するものが多くみられる。器壁も厚く仕上げられた個体が多く、脚台をもつ甕も散見される。口縁部外面と肩部に施文されるものが一般的で、無文の個体もみられる。湖西北部では高島市針江北遺跡の受口甕は、頸部から口縁部への屈曲が甘く、端部も丸みを帯びて収める傾向がある。口縁部外面と肩部にのみ施文されるが、無文の個体も多い。

琵琶湖北部地域の受口甕は、それぞれの地域的特性を積極的に表現するものではなく、野洲川型甕の範型を模倣しながらも、簡略化した個体が多い点で共通している。湖東・湖北東部・湖西北部の集落遺跡では、野洲川流域の受口状口縁甕の範型を模倣しつつ、整形や調整手法、文様素などの属性が欠落する。しかし、遺跡差があるものの、これらの地域では甕全体の中で受口甕が六〜八割を占めており、近江の地域色を保持していることがわかる。

在地化受口甕の出現　弥生時代後期中葉から後葉には、近江に隣接する美濃・若狭・越前・越中・伊賀・伊勢・山城などでは、遺跡差を伴いながら甕形土器の二〜四割を受口甕が占め、各地域で受口甕を製作・消費する現象がみられるようになる（高野　二〇〇九、山中　二〇一一、山下　二〇一八）。これらの地域から出土する甕をみると、施文部位は口縁部と肩部に限られるほか無文の個体も多く、口縁部形状も明確な範型によるものではなく、体部から底部の器壁も厚手のものが多い。近江周辺地域で製作・消費された甕を観察すると、内面を刷毛やケズリで調整したり、外面をタタキにより仕上げたり、脚台を付設したりするなど、各地の土器製作手法と折衷する個体も多くみられ、近江地域の甕とも仕様が異なっている。

弥生時代中期末から後期前半にかけて、野洲川流域の人々が受口状口縁甕を携えて各地に赴き、それぞれの土地に滞在し現地の胎土で製作したのち、その土器作りが各地で一定量在地化し、さらに在地の土器作りの文化と融合し、製作されるようになったと考えられ、折衷的な土器が各地で製作されている。弥生時代後期半ばから末にかけては、琵琶湖東部・北部・湖西の地から周辺地域に間接的に伝えられた可能性も高く、野洲川型甕の範型からは違和感をもつ個体が多くみられる。近江を取り巻く若狭・越前・越中、美濃・尾張、伊賀・伊勢、南山城・乙訓などの地域では、遺跡の位置や性格によって構成率が変化するものの、一定量在地化している状況があり、これらを「在地化受口甕」

と呼んで区分しておく。在地化受口甕以外の受口状口縁浅鉢（小型甕）、受口状口縁台付浅鉢、受口状口縁壺、手焙り形土器も当該期に各地で在地化する器種群であるが、受け入れ先の地域や遺跡の性格によって、セット関係が異なっており、近江地域との親疎関係が反映される。

在地化受口甕の広範な波及　伊勢遺跡の活動期における受口状口縁甕の空間的階梯には、弥生時代中期より継承された典型的な受口状口縁甕を生産・消費する野洲川流域を中心とする琵琶湖南部地域、受口の甕を主流種とする湖東・湖北・湖西北部など琵琶湖沿岸の地域、琵琶湖地域に隣接し一定量、在地化受口甕を製作・消費する若狭・越前・加賀・越中、美濃、伊賀・伊勢、南山城・乙訓の広範な諸地域に区分することができる。弥生時代後期中葉でもやや古い段階では、琵琶湖北部・東部・湖西北部の甕は口縁部の屈曲が明確で、端部も横ナデを加え、端面を整えているが、弥生時代後期末から古墳時代前期にかけて口縁部の整形や屈曲も緩く完全に無文化しており、近江内部の受口甕と在地化受口甕の分離がさらに難しくなる。

近江周辺域で在地化した受口甕は、それぞれの地域の交易ルートに乗って、さらに遠隔地へ持ち運ばれている。近畿地方では、大阪府高槻市安満遺跡、吹田市垂水遺跡、東奈良遺跡、芦屋市城山遺跡、四条畷市河内雁屋遺跡、東大阪市池島・福万寺遺跡、久宝寺南遺跡、八尾市萱振遺跡、同市恩智遺跡、岸

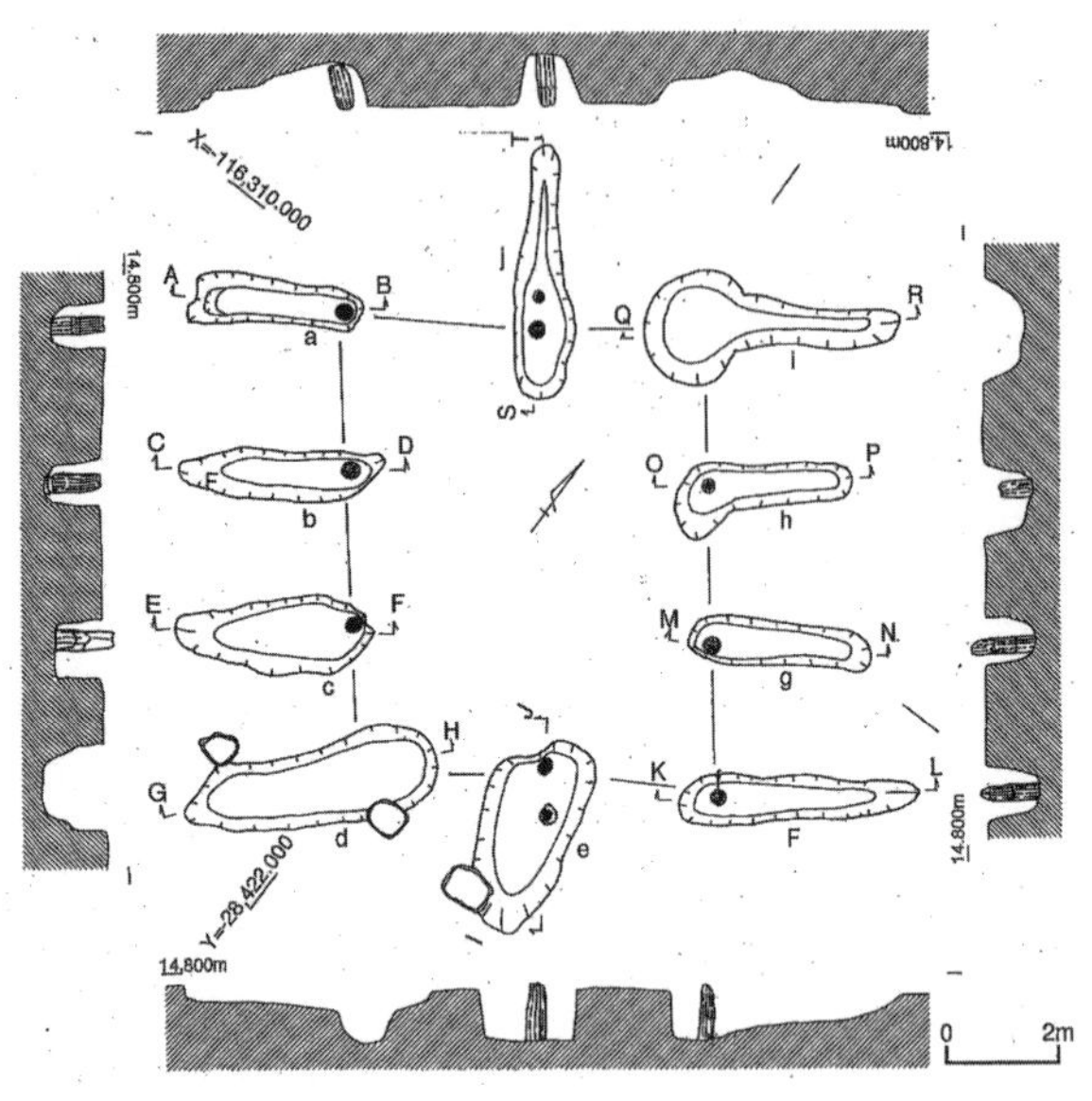

大藪遺跡大型建物（大藪遺跡発掘調査報告書 2002）

地出土野洲川型甕（大藪遺跡発掘調査団・安西工業株式会社調査部より転載）

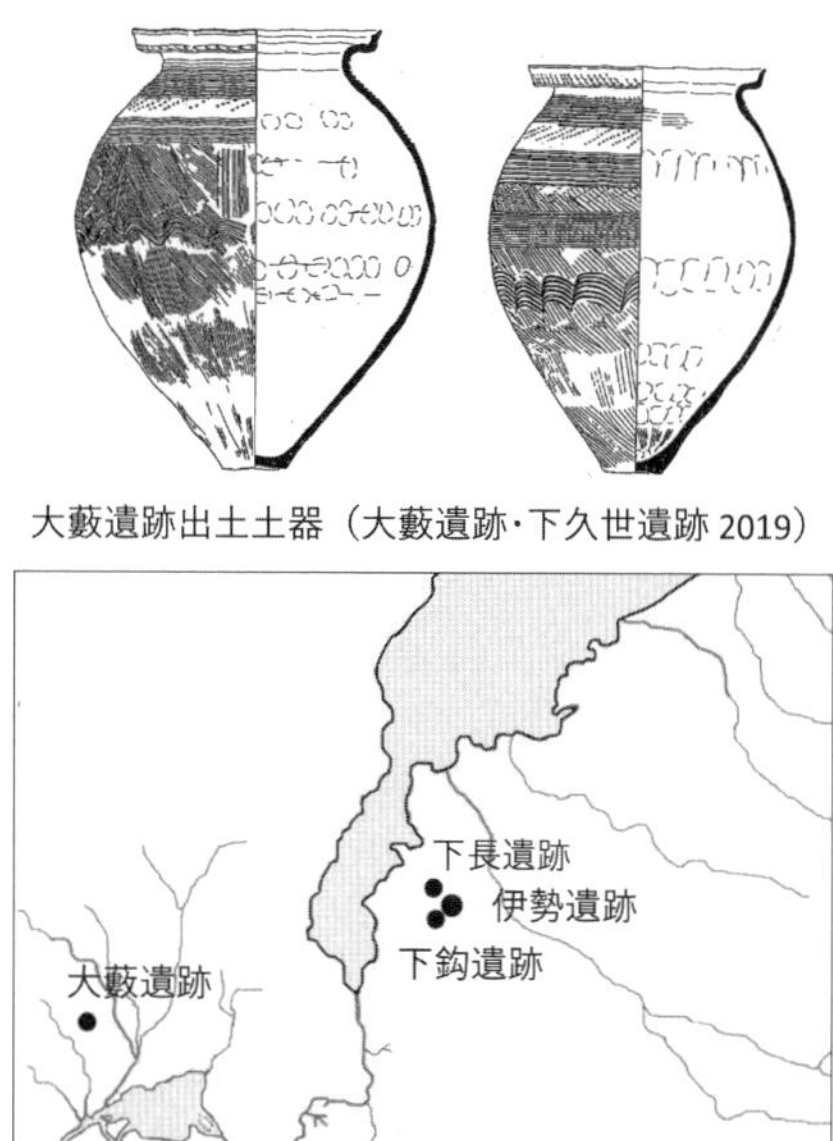

図22　大藪遺跡大型建物平面図・周辺調査編 2002、京都市埋蔵文化財研究所編 2019 よ

和田市西大路遺跡（角南　一九九七）、大和では唐古・鍵遺跡、大福遺跡、平等坊・岩室遺跡、橿原市四分遺跡、天理市和邇・森本遺跡など奈良盆地全体に広がっている（青木　二〇〇一）。丹波地域では北丹波の綾部市青野遺跡・青野西遺跡、南丹波の丹波町蒲生遺跡、京北町上中遺跡、南丹市曽我谷遺跡、亀岡市（以下同）太田遺跡、北金岐遺跡、千代川遺跡、馬場ヶ崎遺跡、蔵垣内遺跡などで出土している（國下　一九八九）。さらに丹後地域でも少数ではあるが、京丹後市古殿遺跡・与謝野市須代遺跡・舞鶴市浦入遺跡で出土例が報告されている（中居　二〇一六）。さらに在地化受口甕は美濃から尾張・西三河へ（稲沢市堀之内花ノ木遺跡、名古屋市見晴台遺跡、幸田町東光寺遺跡ほか）、伊勢から渥美半島を経由し西三河・遠江（田原市西の浜久衛森遺跡、安城市釈迦山遺跡、豊橋市西浦遺跡、浜松市鳥居松遺跡ほか）へ流入している。

伊勢型大型建物の広がり

南山城地域から乙訓地域は、弥生時代中期より近江地域と親密な交流関係にあり、後期に入っても野洲川型甕が今里遺跡や佐山遺跡から出土しており、直接的な人の交流が続いていることがわかる。また、在地化受口甕の割合が多い地域でもある。乙訓地域の京都市大藪遺跡では、屋内棟持柱付大型建物が発見されている（大藪遺跡発掘調査団ほか編　二〇〇二）。同遺跡内では野洲川型の弥生時代後期中葉の受口状口縁甕も出土するほか（京都市埋蔵文化財研究所編　二〇一九）、在地化受口甕の構成率も高い遺跡であり、野洲川流域との関係が強い遺跡である（図22）。大型建物の柱穴は長大な落とし込みの構造をもつもので、約四・六メートルもの斜路をもつ長大な柱穴も掘られている。

伊勢遺跡でも独立棟持柱付建物とは異なる地点に、有力者の居館と考えられる屋内棟持柱建物ＳＢ―6が造営され

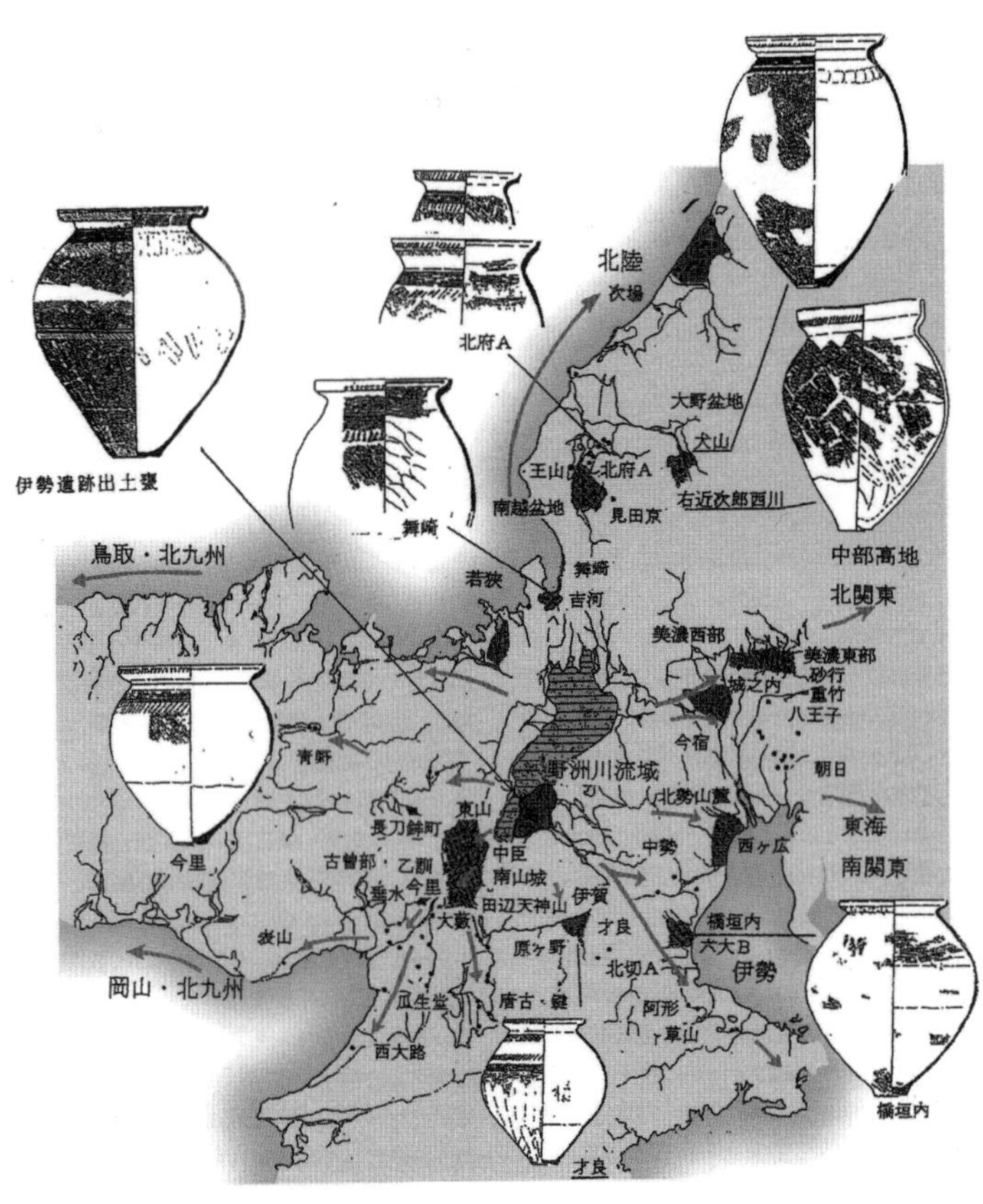

図 23　在地化受口甕の分布地域

ている。斜路をもつ柱穴構造は、伊勢遺跡の特徴的な属性であり、森岡秀人氏により「伊勢型」と命名された（森岡 二〇〇六・二〇一五）。大藪遺跡大型建物の造営工人が、伊勢遺跡と同じであった可能性もある。乙訓地域や南山城地域は、土器の動きからみても野洲川流域と直接的な人の交流があった地域であり、大藪遺跡大型建物は、伊勢遺跡と連携関係にある施設とも考えられる。今後、野洲川型甕が搬入されている地域や、在地化受口甕を積極的に受け入れた地域でも、発見される可能性がある。

受口状口縁甕とS字甕　伊勢中・南地域も、野洲川流域からの直接的な搬入と、在地での受口状口縁甕の製作がみられ、その後、一定量、在地化受口甕が根付く地域である（図23）。この地域では、受口状口縁甕の搬入・人の移動に伴う現地での製作・受口甕の在地化というプロセスを経て、S字状口縁台付甕が誕生する。赤塚次郎氏は、「S字甕は南伊勢の雲出川周辺地域の砂礫を混和剤として使用する製作上の決まりがあり、伊勢湾岸地域に極めて結束力の強い約束事が存在する」ことを指摘している（矢作・赤塚 二〇〇三、赤塚 二〇〇三)。受口状口縁甕を祖形としてS字甕が誕生する背景として、この地は近江と密接な関係をもつ地域であり、大和・河内ともつながる重要な結節点であるとともに、東海から南関東に至る東日本への窓口でもあることから、倭国形成への転換点となる政治的合意が整った地の一つであったのではないか。野洲川流域と中・南伊勢地域は古くより密接な交流関係にあり、東西日本の政治的な連携を図る上でも、きわめて重要な地域であったと考えてよい。

遠隔地の在地化受口甕　弥生時代後期、在地化した受口甕は、近畿一円から北陸・伊勢湾岸地域へと広がっている。この動きは西日本に比重を置く近畿第Ⅴ様式のタタキ甕の波及と重なっており、近畿のタタキ甕と受口甕は、車の両輪として広範な地域に広がりをみせ、人や物の交流を通して、東西日本を連結する役割を果たしている。摂津三島地域や乙訓・南山城地域では、タタキ目により整形された受口甕がしばしばみられるが、このような折衷形の土器の存在からみて、河内・大和を中心とする動きと、琵琶湖・淀川を主幹線とする広域のネットワークは交易販路が異なっていても、この時期には鋭く対立するものではなかったと考えられる。弥生時代後期に発達する突線鈕式銅鐸を共有する分布圏(図24)からみても、近畿を中心に東西日本を結びつけ、より大きな連携関係を目指した動きであったと思われる。

近江周辺地域で在地化した受口甕は、弥生時代後期後葉から古墳時代初頭にかけて、近畿各地のほか東海・北陸〜山陰・北九州・関東へと流通しており、さまざまな形状・調整が施された在地化受口甕が報告されている。西方の遠隔地での受口甕の出土例として、島根県出雲市山持(ざんもち)遺跡や福岡県福津市今川(いまがわ)遺跡などで報告例があり(図25)、近江周辺の在地化受口甕に類似し、弥生時代後期に、近江および近畿周辺地域の人・物の移動が、山陰から九州島に及んでいたことを示す事例である。また、韓国慶尚南道金海(キメ)市会峴里(フエヒョンリ)貝塚では、在地化受口甕の形状に似た土器が出土した報告がある(武末ほか　二〇一一)。出土土器には櫛描文三種(直線文・列点文・波状文)が施されており、近江および近畿周辺の施文に係る情報が何らかの方法で伝えられた可能性がある。

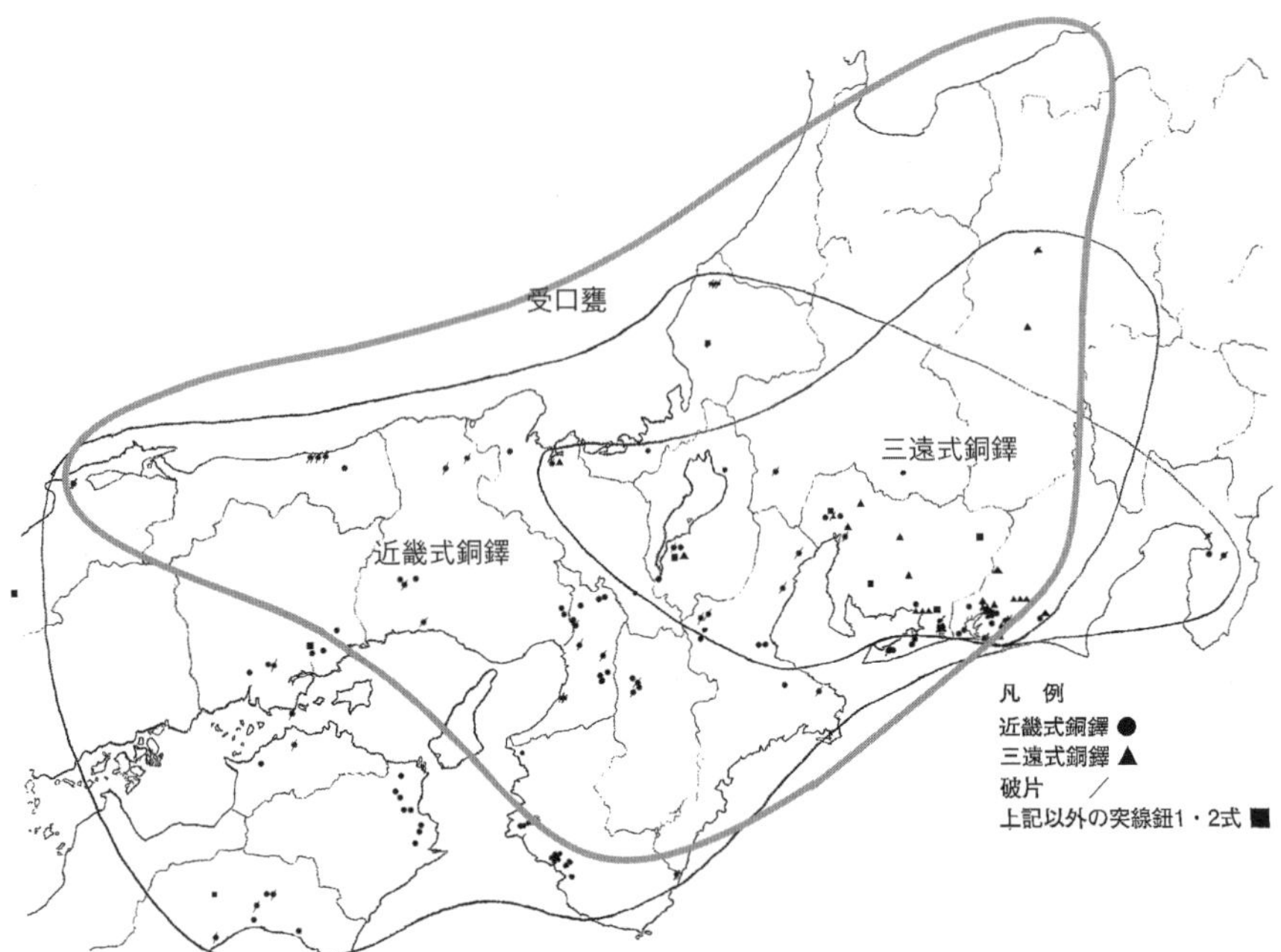

図 24　近畿式・三遠式銅鐸の分布圏と受口甕の波及域（野洲市歴史民俗博物館編 2021 より転載、一部改変）

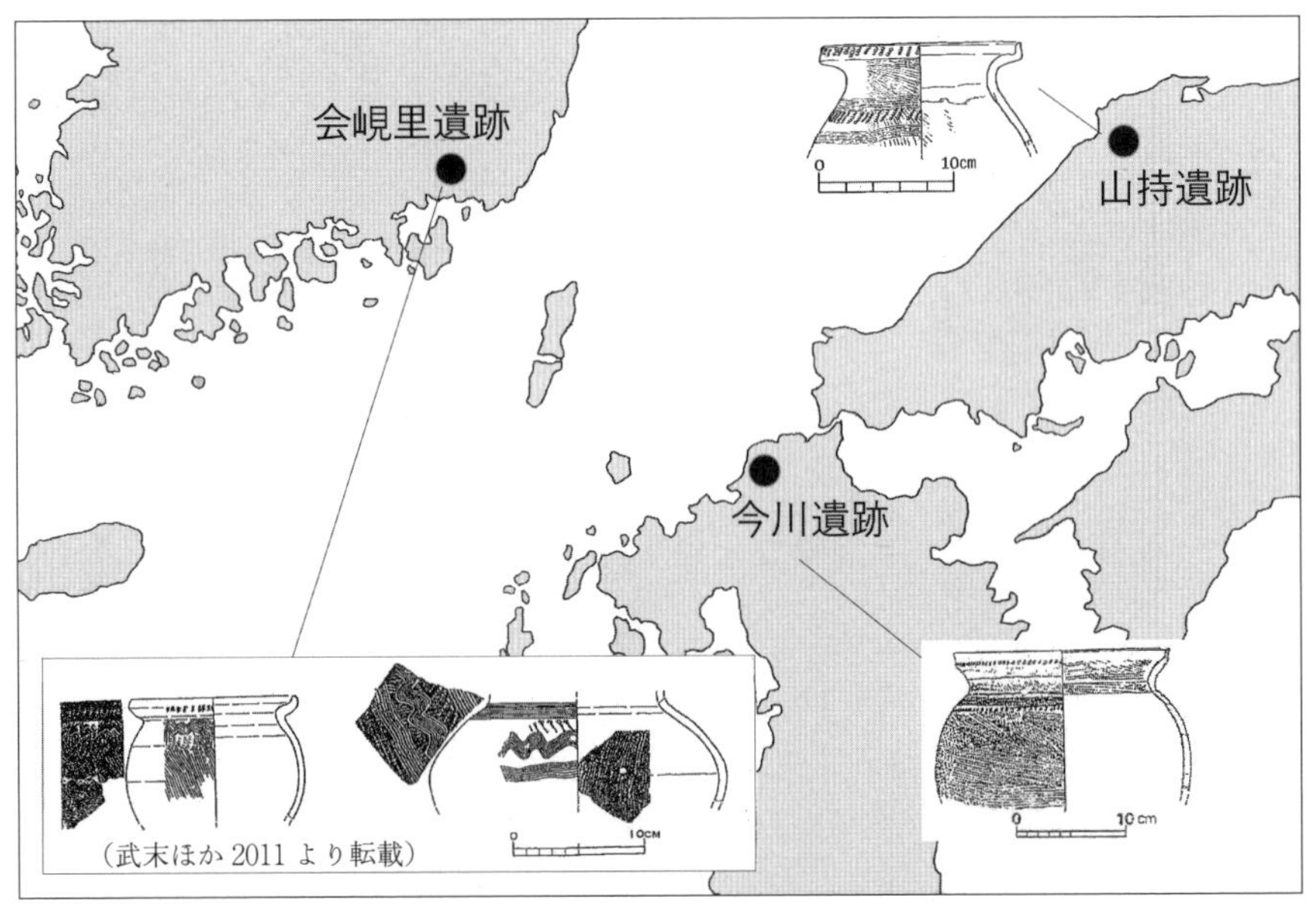

図 25　遠隔地の在地化受口甕の分布

（三）貼付け突帯の系譜と手焙り形土器の出現

貼付け突帯の系譜　前節では伊勢遺跡の活動期に入ると、野洲川流域では受口状口縁甕の下腹部に、二分割貼付け突帯を巡らせ加飾するようになることをみた。この動きとともに手焙り形土器という新しい器種が登場する。この土器の特徴は、浅い鉢形土器の上にフード（覆部）が付設される点にあり、弥生土器・古式土師器の中でも異質な形状をしている。出現期の特徴は、受口状口縁を呈し覆部・口縁部・体部に櫛描文や箆描文で加飾するほか、体部下部に突帯を巡らす点にある。これは野洲川流域の受口状口縁甕に共通する属性であり、下腹部の突帯の出現過程をみておく必要がある。

弥生時代中期後半新段階から末の二ノ畦・横枕遺跡では、在地器種である大型の受口壺や台付鉢などの下腹部に、貼付け突帯を巡らせている。粘土帯を巡らせて、帯の中央に沈線を加えて二分割し、刻目文や渦文を加えるほか、列点文を巡らせる個体もある。弥生時代後期初頭になると、小型の受口状口縁甕が製作されるようになり、体部も球形に近くなる。このような小型受口状口縁甕の下腹部に突帯が巡らされるほか、台付受口状口縁鉢の下腹部にも突帯が加えられている。突帯は中央に沈線を加え二分割したのち、刻目や列点文を加えており、中期末の仕様と共通している。後期前葉（V―1・2）になると受口状口縁甕の体部は、偏平となると同時に小型化する個体が増加し、下腹部には中央に沈線を加え二分割し、列点文を加えた突帯が巡らされる。このような二分割突帯をもつ手焙り形土器の分布は、やはり受口状口縁甕と同じく野洲川流域に分布の中心がある。野洲川流域以外の近江および周辺地域の手焙り形土器は、下腹部に一条の突帯である場合がほとんどであり、二分割突帯をもつ受口状口縁の手焙り形土器は、野洲川流域からの搬入品、あるいは人の移動による現地での製作品である可能性が高い。弥生時代後期中葉（V―3・4）になると、受口状口縁甕の体部下腹部に突帯を貼付けるものが主流になり、逆に小型受口状口縁甕から型式変化を遂げた受口状口縁浅鉢には突帯が省かれるようになる（図26）。

手焙り形土器の出自　手焙り形土器は、この小型受口状口縁浅鉢を土台に、弥生時代後期中葉から後半期（Ⅴ—4〜5）に創作された土器と考えられる（小貫　二〇一八）。おそらく、弥生時代後期の野洲川流域の集団に課せられた規制・タブーが込められた器であったとみられ、覆部背後に刻まれた格子目文や綾杉文（あやすぎもん）・鋸歯文（きょしもん）など、弥生時代中期の在地器種群である受口状口縁甕や、受口壺の中腹部などに多用された文様がしばしば用いられている。中には「竜」をモチーフとした文様も認められる。

弥生時代後期初頭、新たな建築技術の流入からみて、人とともに大陸の文物が流入し、大陸の宗教や思想が伝えられた可能性がある。手焙り形土器は墳墓から出土する事例がみられ、近江の族的規範を基盤に、神仙思想を背景とする漢鏡の流入や、水銀朱の調合（L字型石杵（いしぎね））と使用など、新たに招来した宗教思想と融合し、創作された祭器・呪具だったと思われ、器台と組み合わせた香炉のような用途が想定される（伴野　二〇〇三b）。

手焙り形土器の広がり　このように、近江の伝統的な受口状口縁甕から小型甕へ、そして受口状口縁浅鉢甕へと変化する過程で、手焙り形土器が創出されたとみられる。この過程は前節でみた受口状口縁甕の波及と、在地化の動きに連動しており、近江から近畿各地、伊賀・伊勢地域へ広がり、ほぼ同時代に製作され使用されている。伊勢・伊賀や大和・河内など周辺地域で在地化するなかで、形態的にやや変異した手焙り形土器が製作され、さらにそれぞれの交易ルートに沿って、全国各地に広がりをみせている（図27）。

大きく分類すると近江型の手焙り形土器は、受口状口縁をもつ鉢の口縁部上端面に覆部を付設するもので、全体に加飾要素が強い。野洲川流域の手焙り形土器は下腹部に二分割突帯に刻目を加えたもので、流域から離れると単純な貼付け突帯にとどまる。受口状口縁鉢の上端面に覆部を付設する手焙り形土器がその系譜からみて原型と考えられA類とする。A類は近江を中心に山城から淀川流域に点々と分布し、一部は大和・河内・伊勢湾西岸地域からも出土している。

大和や一部河内地域、伊勢地域では、受口状口縁部の内側に覆部を付設し、加飾したものがみられる。口縁部上端

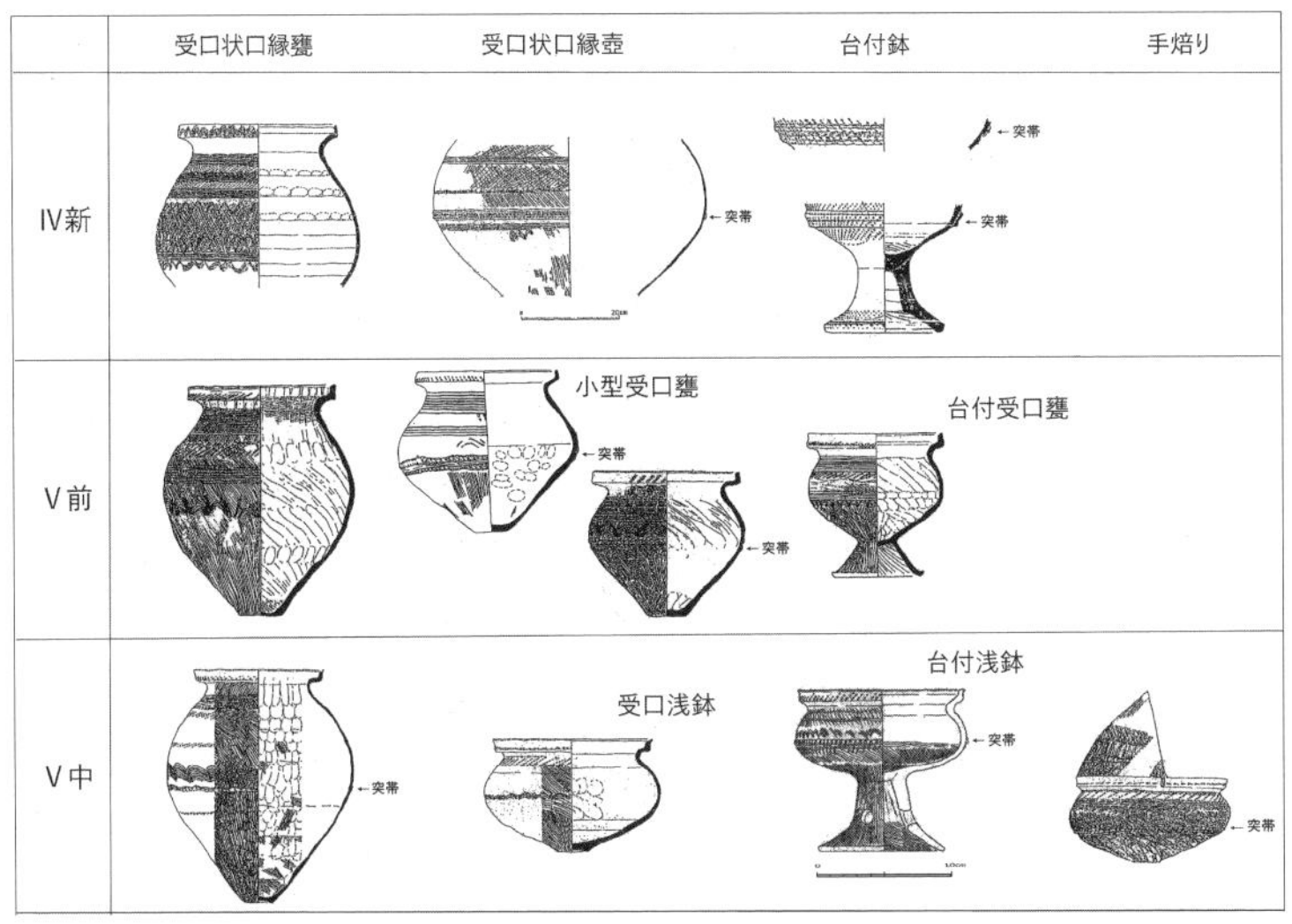

図 26　近江在地器種に見られる突帯の変遷

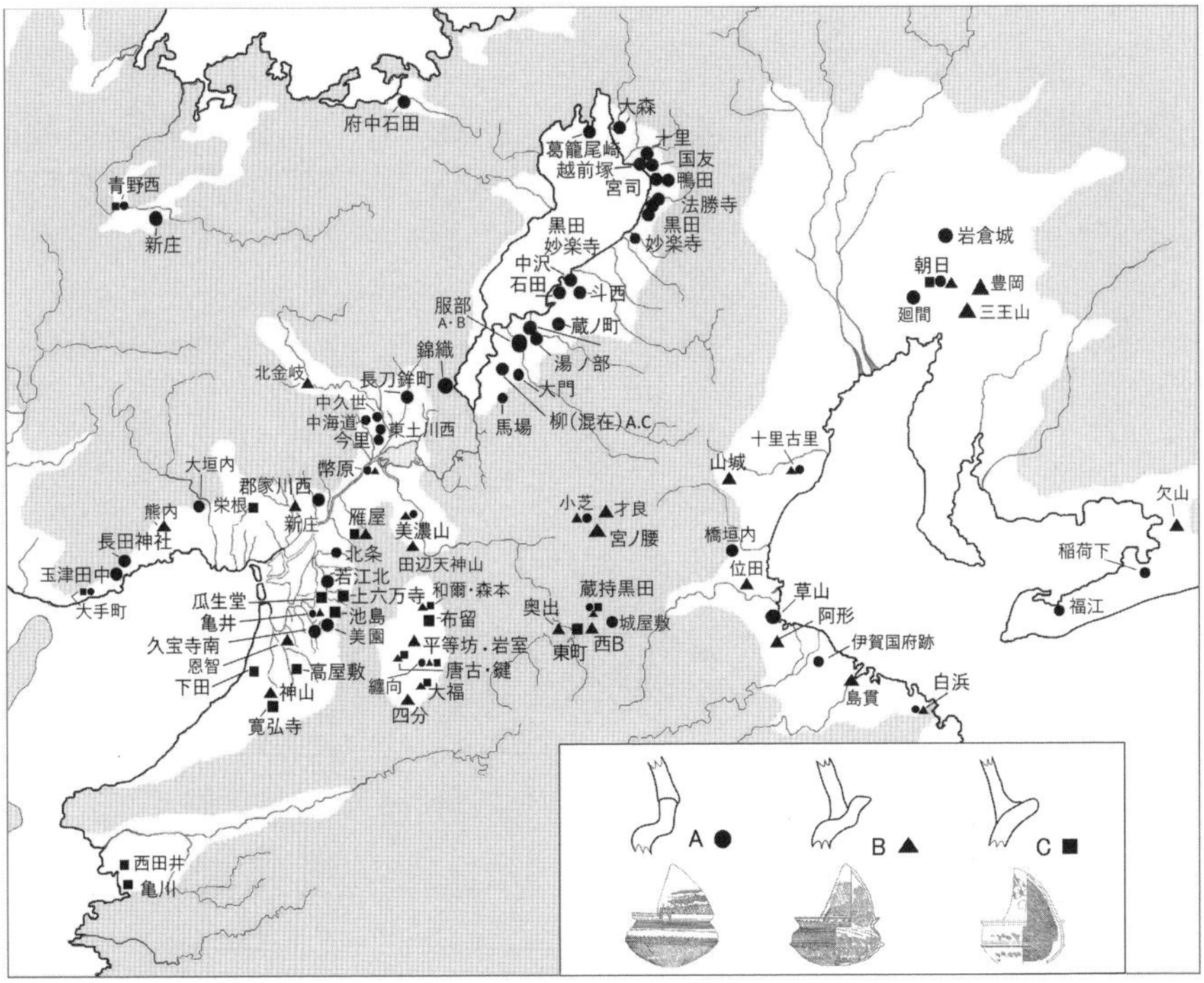

図 27　手焙り形土器の分布状況（弥生時代後期～古墳時代初頭）

面に覆部を付設するA類に比べ、整形が容易であり、A類を原型として製作された型式とみられB類とする。B類は近江ではほとんどみられず、近畿中部から伊勢、東海にかけて広く分布する傾向がある。

河内では形状にやや偏差をもつ「くの字」状口縁の鉢に覆部が付き、加飾要素も少ないものが多くみられ、C類と呼んでおく。C類も弥生時代後期後半に出現するがA・B類よりやや新しい古墳時代初頭から前期初めの個体も含まれ、瀬戸内地方や山陰地域にも広がっている（高橋　一九九八）。

大和や伊賀地域はB類とC類の両者が混在する傾向がある。少量であるが、野洲川流域でもB類・C類の手焙り形土器がみられるが、ほとんどがA類である。手焙り形土器は、近江から河内・大和、伊賀・伊勢など各地で共有され、それぞれの地域で在地化し、弥生時代後期後半から古墳時代初頭にかけて関東から九州まで全国へ波及しており、倭国形成期の宗教的価値の共有、倭国の基層形成の動きの一端を示している。

＊手焙り形土器の形態分類を小竹森直子氏が行っており（小竹森　一九九〇）、本章でA類としたものはⅠa、B類はⅠb、C類はⅡa・Ⅱbにあたる。高橋一夫氏の分類では（高橋　一九九八）、A類はⅠa、B類はⅠb、C類はⅡa・bに相当する。A類は弥生時代後期中葉から後葉の古い型式の手焙り形土器で、受口状口縁の鉢の特徴を忠実に継承しており、弥生時代後期末から古墳時代前期にかけてはB類が増加する傾向がある。

（四）列状墓群の再生と前方後方型周溝墓の発生

方形周溝墓と円形周溝墓　服部遺跡では、弥生時代中期後半代、集団墓よりやや離れた位置に一九メートル×一六メートルの大型方形周溝墓が造営され（図28）、最大幅九メートル・深さ一・三メートルを測る大規模な円形の周溝が巡らされている。弥生時代中期、東部瀬戸内から大阪湾岸に分布する円形墓を意識したものであろうか、しかし墳形は方形にこだわっている。弥生時代後期になると、琵琶湖南部地域に営まれた中期の長大な列状墓群の造営は停止しているが、新たに営まれた集落に対応し、方形周溝墓群が造営されている。野洲市八夫（やぶ）遺跡では、弥生時代後期初頭の方形周溝墓群の一角に陸橋

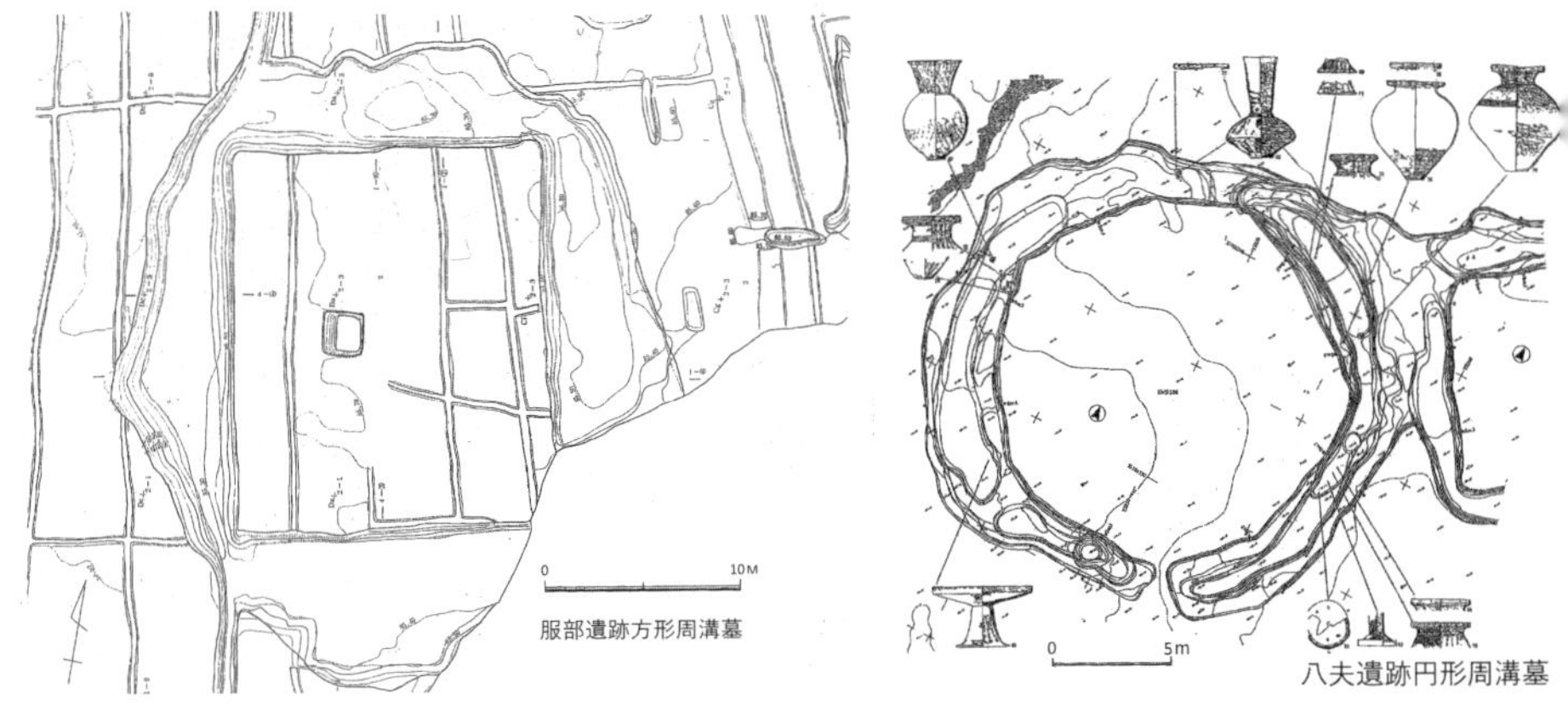

図28　服部遺跡SZ—2、八夫遺跡SM—9306平面図（右は中主町教育委員会編2003より転載）

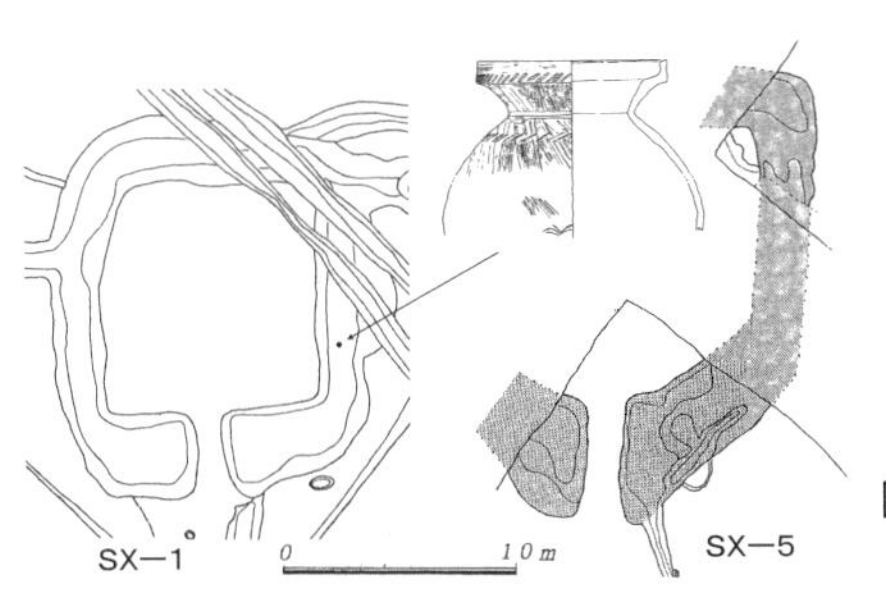

図29　綣遺跡の前方後方型周溝墓（栗東文化体育振興事業団編1990より転載）

部をもつ直径一四・三メートル〜一六メートルを測る円形周溝墓が築かれている。他の方形周溝墓より大きく族長クラスの墓とみられる。円形墓は東部瀬戸内地域を中心に多くみられ、凹線文の波及以来、西方地域と直接的な交流があったことが想定される。

栗東市綣（へそ）遺跡では、弥生時代後期初頭の方形周溝墓群のなかに明確な陸橋部をもつ前方後方型の周溝墓が造営されている（図29）。東近江市能登川の柿堂（かきどう）遺跡では弥生時代後期前葉の墓群が検出されているが、中央に陸橋部をもつものや、両サイドに陸橋部をもつ周溝墓があり、琵琶湖南部から湖東にかけて、前方後方型周溝墓の祖形が弥生時代後期前葉に出現している。

「前方後方」型の墳墓　守山市下長（しもなが）遺跡に対応する墓域である塚之越（つかのこし）遺跡でも、弥生時代後期後葉から古墳時代前期にかけて列状配置の墓群が築造されており、その一角に前方後方型周溝墓が築かれている。野洲川流域では弥生時代中期末に環濠集落が解体した後、列状配置の形態はやや崩れながらも、弥生時代後期に出現する新たな集落に対応し、方形周溝墓群が再生している。野洲川流域では弥生時代後期から古墳時代初頭の方形周溝墓群の一角に、前方後方型周溝墓が営まれるのが一般的で、強力な集団規制により各階層の首長層の自立化を抑え、共同体のなかにとどまっている首長の姿を窺うことができる（図30）。

野洲川流域の遺跡群では、弥生時代後期の方形周溝墓群も列状の形を崩しながらも、前代の造墓形態をある程度継

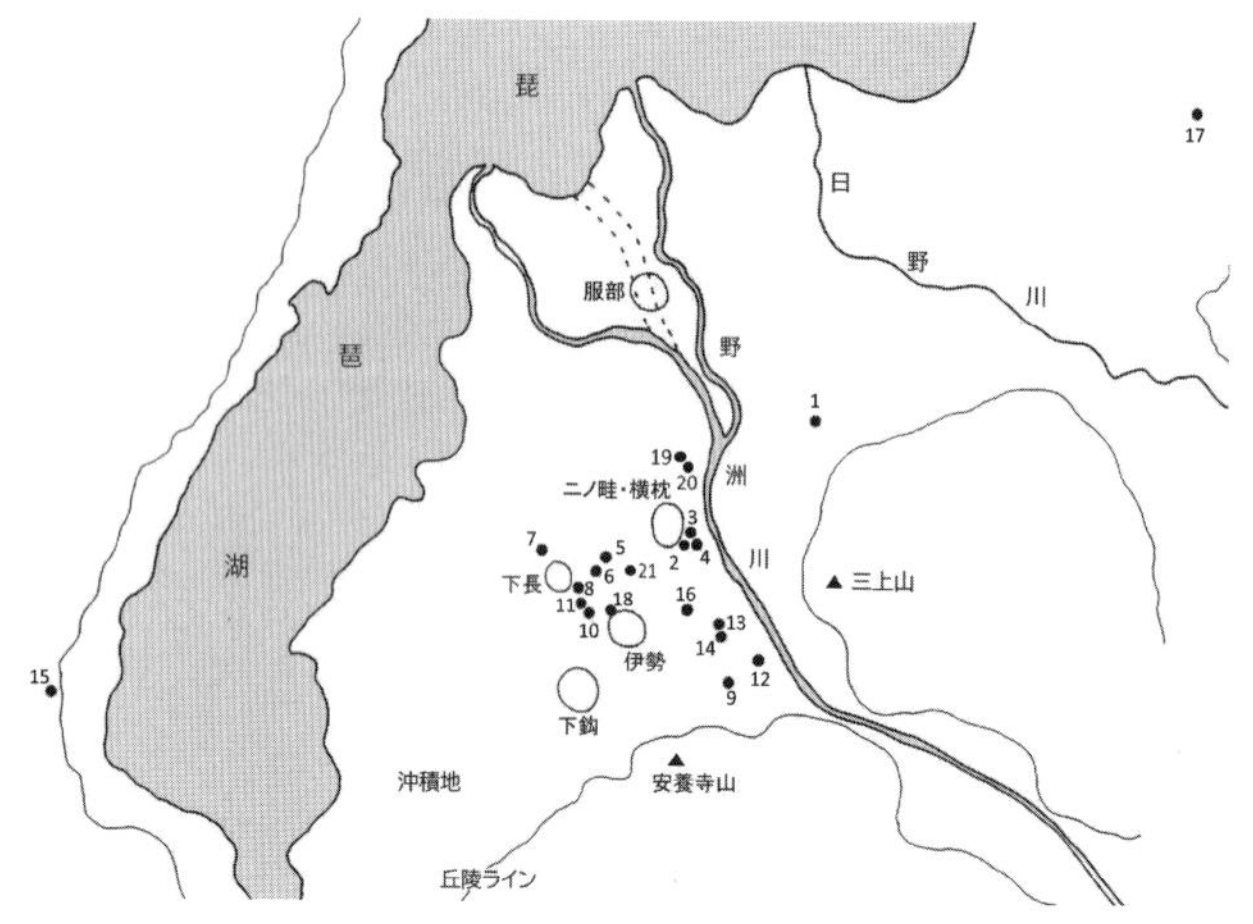

番号	遺跡	全長	前方部長	後方部長
1	冨波遺跡ＳＺ－1	42.0	20.0	22.0
2	益須寺遺跡ＳＸ－1	23.7	10.3	13.4
3	益須寺遺跡１号墓	17.4	5.9	11.5
4	益須寺遺跡３号墓	8.6	1.7	6.9
5	経田遺跡ＳＸ－3	—	7.3	—
6	経田遺跡ＳＺ－1		5ｍ以上	
7	横江遺跡ＳＸ－3	11.2	3.2	8.0
8	塚之越遺跡	推23	8.7	14.3
9	岩畑遺跡ＳＸ－2	21.0	7.5	13.5
10	綣遺跡ＳＸ－1	12.8	3.5	9.3
11	綣遺跡ＳＸ－5	16.0	5.0	11.0
12	高野遺跡ＳＸ－1	—	—	11.5
13	辻遺跡前方後方墳	推50	—	—
14	辻遺跡前方後方型周溝墓	16.0	6.0	10.0
15	皇子山1号古墳	60	25	35
16	出庭古墳群ＳＸ-1	18.5	6.5	12.0
17	浅小井高木遺跡ＳＸ０１	35.0	11.0	25.0
18	高関遺跡ＳＸ－3	9.5以上	2.8	6.7
19	播磨田東7次ＳＸ-1	推14	5	10.3
20	播磨田東16次ＳＸ－1	推26	9.5	推16.5
21	焔魔堂ＳＸ－15	19	7.2	11.8

図30　琵琶湖南部地域の前方後方型周溝墓の分布

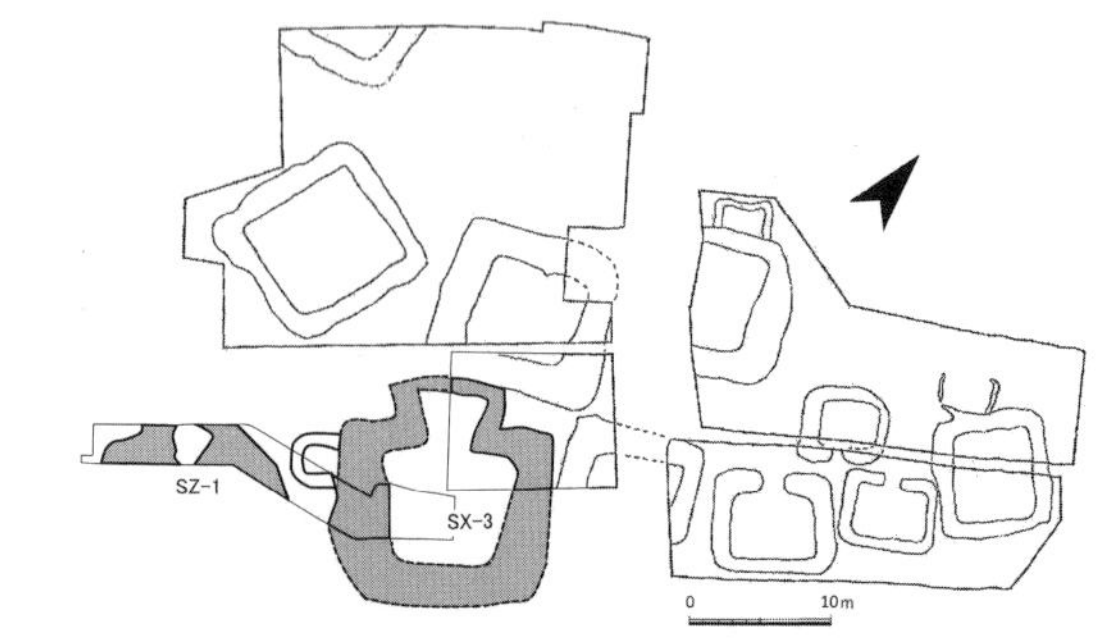

図31　経田遺跡方形周溝墓群と前方後方型周溝墓

承している。守山市経田遺跡（図31）や焔魔堂遺跡の墓群では、弥生時代後期末以降、互いの周溝を共有しないで単独化する傾向があり、その一角に全長二〇メートル前後の前方後方型周溝墓が一基〜三基造営される墓群が一般的となる。琵琶湖南部から湖東地域にかけて、現在までに二〇基近く発見されている（伴野・佐伯　一九九五）。全国的にみても前方後方型周溝墓が特に集中する地域であり、のちの前方後方墳の発生においても重要な役割を担っていた地域とみてよい。

高島市熊野本遺跡6号墳前方部から出土した野洲川型の受口状口縁甕は、弥生時代後期前半（V—2〜3）の所産である可能性が高く（横井川　二〇〇一）、米原市法勝寺SDZ—23前方後方型周溝墓出土の受口壺も、弥生時代後期の壺の系譜上にある土器である（植田　二〇〇一）。琵琶湖南部地域の前方後方型周溝墓は、弥生時代後期に再開され古墳時代前期まで継続する方形周溝墓群の一角に造墓されることから、弥生時代後期の土器とともに、古墳時代初頭の土器が若干周溝内から出土する傾向がある。出土層位や遺物の出土状況なども含め、時期決定には慎重である必要があるが、綣遺跡例などからみて、前方後方型の墳墓は近江で先行して出現し、近江に連動して伊勢湾岸地域そして東日本に比重を置きつつも全国各地で造営されたとみられ（森岡　二〇〇一）、地域を越えて各地の首長層間で墓制を共有するネットワークが結ばれていたと考えられる。このように「前方後方」型の墳墓は、共同墓域のなかで出現・発達しており、その墳形は、伝統的な族的結合による共同体の首長・族長としての性格をもつとみられる。倭国の初期政権下での「前方後方墳」の被葬者も、少なからず同様な性格を有していたのではないか。

（五）下長遺跡の出現と交易の活性化

下長遺跡の意義　独立棟持柱付大型建物を共有する伊勢遺跡群の中で、下長遺跡は野洲川支流や琵琶湖上の交通において港湾的な機能を生かし、弥生時代後期後葉から古墳時代前期にかけて、さらに発達を遂げている（伴野　一九九九）。弥生時代後期後葉の出現期には、竪穴建物群とともに大型の独立棟持柱付建物が造営されている（伴野　二〇〇

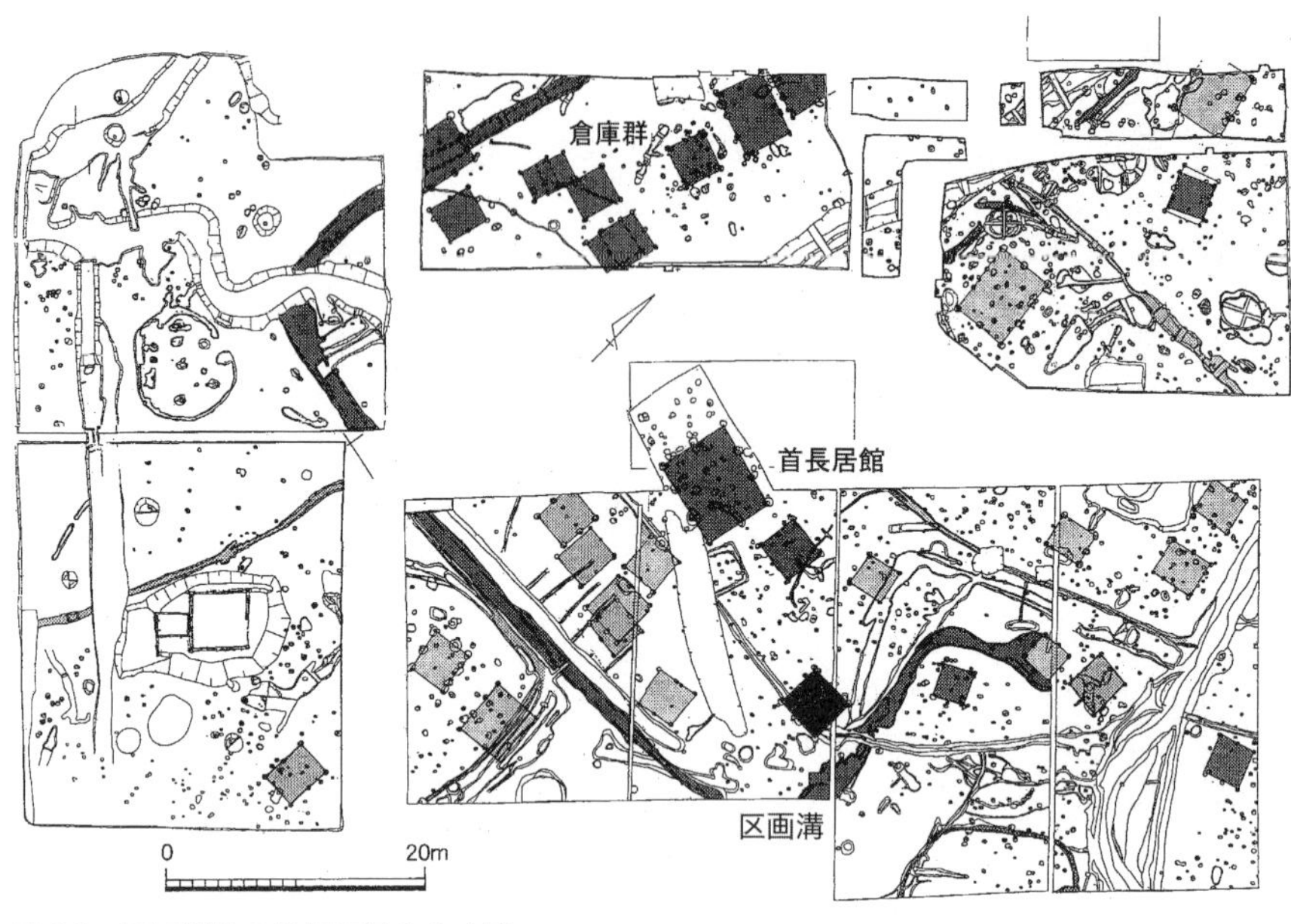

図 32　下長遺跡の首長居館と倉庫群

一）。下長遺跡もまた、伊勢遺跡や下鈎遺跡と同様に、野洲川の支流にあたる幅二〇メートル〜三〇メートルほどの河川沿いに営まれている。矩形の溝に囲まれた首長居館や、祭殿域、祭祀場をもつ広大な遺跡を形成しており、野洲川流域の遺跡群のなかでも、中核的な位置を占める遺跡である。同遺跡からは、長さ六メートル〜七メートル前後と推測される準構造船の一部や、木製の櫂などが出土している。また、近畿中部や東海・北陸・丹後・出雲・阿波・讃岐地域の特徴をもつ土器が持ち運ばれており、古墳時代の開始とともに、陸路だけではなく河川や内湖・琵琶湖を利用した活発な交易が、全国規模で開始されたことを示している。

地域間交流と下長遺跡　下長遺跡では、区画溝に囲まれた首長居館があり、区画内には一間×一間、一間×二間の小型の倉庫と考えられる建物が居館内に多数取り込まれており、富の集積とその管理が、首長にゆだねられている様子が窺われる（図32、伴野　二〇一〇）。また遺跡内からは儀仗や直弧文を施した柄頭などの威儀具が出土している。古墳時代初頭、琵琶湖沿岸で、津としての機能をもつとみられる北大津遺跡や斗西遺跡（東近江市）、松原内湖遺跡・稲部遺跡・入江内湖遺跡（彦根市）、針江北遺跡（高島市）などが琵琶湖岸や河川沿いに新たに出現する。なかには下長遺跡・針江北遺跡・稲部遺跡・米原市黒田遺跡など小型化した独立棟持柱付建物をもつ遺跡もみられる。このような交易の拠点となる遺跡は、弥生時代末以降全国各地に出現しており（図33）、各地の首長層が連携・主導することにより、地域間を結ぶ交通網が整備されていった結果と考えてよい。

下長遺跡の首長居館周辺から出土した組帯文を施した儀杖や、直弧文で飾られた刀の柄頭の出土例からみて、強大な権限をもつ首長が居住していたことが推測される。しかし、下長遺跡の墓域とみてよい塚之越遺跡では、弥生時代

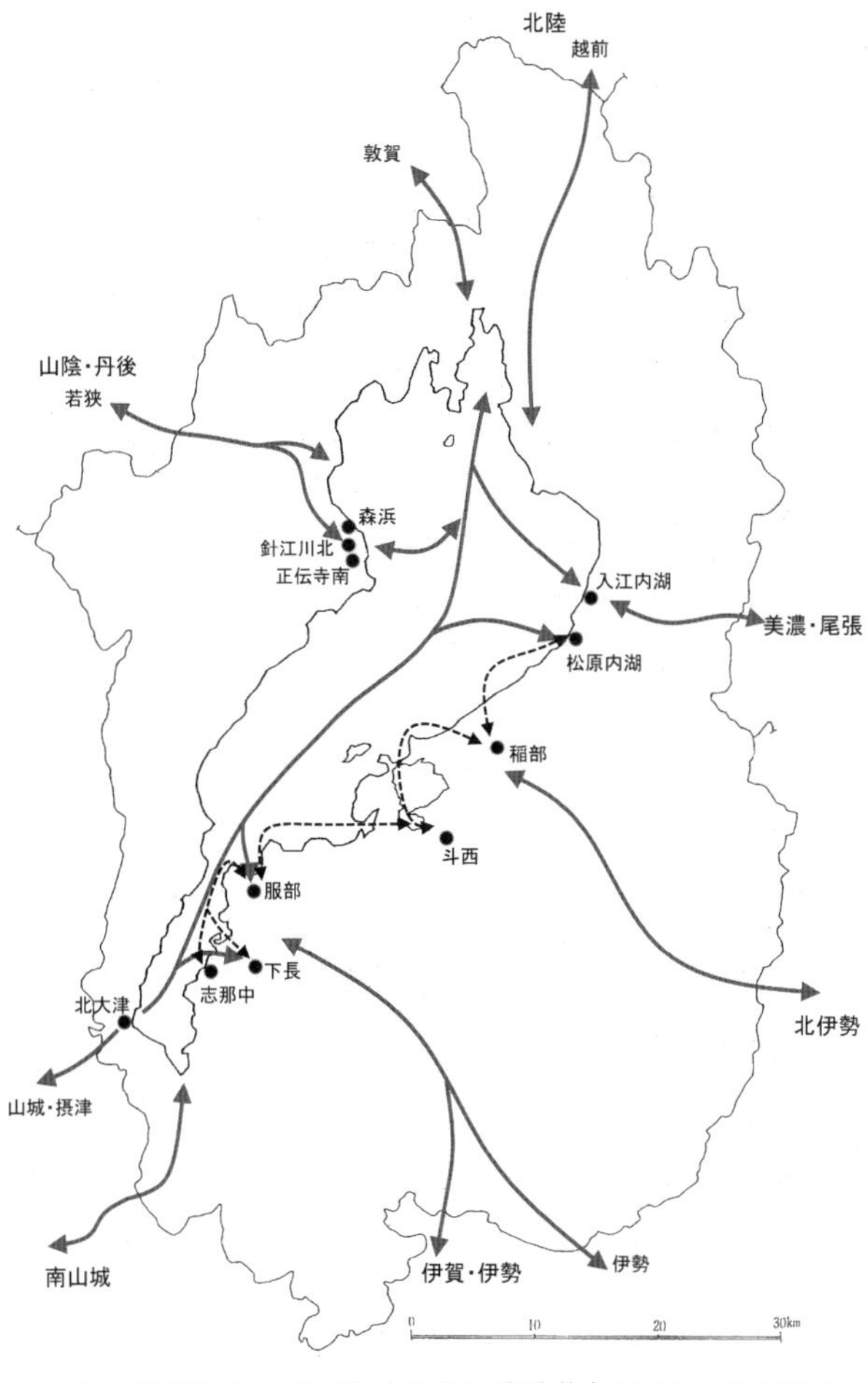

図33　琵琶湖周辺の交易拠点となる遺跡分布図（古墳時代前期）

後期から古墳時代前期末にかけて、方形周溝墓群や前方後方型周溝墓、長方墳、小型の墳丘を残す狐塚（きつねづか）・幸田塚（こうだづか）・松塚（まつづか）が造営されているが、視覚的に迫る巨大な墳丘の造営には無関心であり、共同体に寄り添う首長層の姿を窺うことができる（伴野　二〇〇五）。近江では強力な権限を有する首長・族長が存在するにもかかわらず、全長一〇〇メートルに達するような墳丘をもつ出現期の古墳を欠く点に特徴がある。倭国の初期政権成立後も、列島内には弥生時代以来の社会秩序を残す有力な地域勢力が各地に根強く存在し、突出した権力を抑止する合議制的な族的慣習が古墳時代前期まで存続していた蓋然性が高い。このことは、各地に割拠する有力な地域勢力の支配領域の外、果ての地においてのみ、より高次の新たな政治権力が始動することを示している。

以上、伊勢遺跡の活動期に近江では青銅器生産が活発化するなか、受口状口縁甕・手焙り形土器の波及と在地化にみる人の活発な移動、前方後方型周溝墓の波及が示す地域を超えた首長層間における墓制の共有、伊勢遺跡群にみられる独立棟持柱付建物の再生と存続など、野洲川流域から琵琶湖沿岸域、そして周辺地域へと、強力に情報発信が行われている。これらの動きは、古墳時代初頭にかけて継続的に発信されており、「倭国」の初期政権が安定するまでの間、近江を軸にした政治的性格を有する流通ネットワークが、政権を護持し補完するよう、機能していたと考えられる。

六　伊勢遺跡と倭国の形成

（一）弥生社会の混迷と地域社会の再編

弥生時代中期以来、野洲川流域を中心とする琵琶湖南部地域では、地縁・血縁的紐帯からなる強力な結合関係が張り巡らされていたと考えられる。それは墓域形成を媒介に重層的な「求心結節型」の遺跡群構成の仕組みから読み取ることができる。初期農耕社会において、地域集団や集団間を律する社会的秩序は、宗教として現れたと考えられる。

琵琶湖南部地域では木偶の出土や、広く出土例のある鳥形木製品の存在から、祖霊祭祀などの複合的な農耕祭祀の存在が予想される。琵琶湖南部地域の集団間に、このような祭祀が共有されていたとすれば、さらに強力な宗教的規制がそこに働いていたとみてよい。受口状口縁甕にみられる過剰な加飾と、長期にわたる持続性からみて、琵琶湖南部地域の集団間には、宗教・祭祀を共有することにより、族的帰属意識と秩序規範が根強く共有されていたと考えられる。それが、受口状口縁甕に代表される地域色を生み出した背景とみてよい。

さらに方形周溝墓の供献土器から、葬送祭祀にあたっては、琵琶湖南部と北東部や北西部などの近江地域内だけではなく、山城や若狭、伊勢湾など周辺地域と結びつき「方形周溝墓ネットワーク」ともいうべき横断的な仕組みが弥生社会に巡らされ、人や物の交流を実現していたとみてよい。伊勢湾岸、日本海沿岸、近畿各地に波及する受口状口縁甕の動きからも、近江はそのネットワークの結節点として、東西の弥生社会に影響力をもち、特に強力な族的結合関係にある琵琶湖南部地域の集団がそれを牽引していたとみられる。

弥生時代中期末から後期初頭にかけて、近畿および周辺地域では、拠点的集落の解体や高地性集落の出現、各地の墳丘墓にみられる首長層の胎動と自立化、集落形態の小規模化・散在化という現象がみられる。このような社会的変動は、琵琶湖南部地域にも明確に及んでいる。この時期、服部遺跡などの調査でも、大規模な洪水に見舞われていることがわかっている。しかし自然災害的な要因だけではなく、胎動する各地の首長層の自立的な動きは、従前の社会秩序との間に乖離と社会的混乱を生み、新たな流通の仕組みを再構築する必要が生じていた。野洲川流域の土器が広域に波及する現象は、直接的な人の動きを示しており、それは近江を軸に新たな流通ネットワークを構築する動きを示しているのではないか。

野洲川流域の密集する遺跡群には、遺跡から検出される遺構や出土遺物からみて、高い農業生産力を背景に、水運や陸路を利用した物流の担い手や、物の交換を生業とする者、青銅器や木工具・土器の製作・大型建物の建築などさまざまな技術をもつ者、司祭や呪術などの道の者を抱えていたとみられる。これらの人々も在地の民とともに、近江を起点に各地へと活発に移動を繰り返していたと考えられる。それは、交易や流通に係る活発な経済活動であると同時に、言語や宗教など、価値を共有する領域を東西日本へと広げ、倭国の基層形成を強力に牽引する明確な意思をもった活動とみられる。

（二）伊勢遺跡と倭国の形成

伊勢遺跡時代の広域ネットワークの形成　伊勢遺跡の時代、受口状口縁甕が周辺地域へと波及し各地で在地化しているが、その範囲は、近江および周辺の南山城、乙訓、若狭、越前、越中、美濃、伊賀、伊勢中・南部に広がっており、近畿中部とは異なるネットワークを形成していたことが想定される。近畿中部では徹底した無文の近畿第Ⅴ様式の土器群とともに、タタキ甕が近畿一円から瀬戸内東部地域など へ広く波及しており、両者は東西日本を結ぶ両輪の役割を果たしていたといえる。

弥生後期社会は、拠点集落がフラットな関係でつながる弥生中期社会と異なり、前方後方型の墳丘墓などの出現と共有からみて各地の首長層が連携し、広域のネットワークを再構築する過程とみることができる。弥生時代を通して、琵琶湖・淀川を基軸として広域につながる近畿東北部と、河内・大和を結ぶ大和川を軸とした近畿中部という、二つの異なる流通網は共存関係にあり、主導権を巡る対立・軋轢は矛盾を孕みつつも潜在化していたとみられる。

弥生時代後期、受口甕や手焙り形土器の在地化、およびその周辺域への波及の範囲は、大型化する突線鈕式銅鐸の分布範囲の主に東半部に重なっている。受口状口縁甕が示す人の移動、各地での在地化という動きと、東西日本への突線鈕式銅鐸祭祀の共有圏の広がりは、同時期の動きであり、そのネットワークの形成は、政治性を帯びていたとみられる。さらに、近畿式銅鐸の成立と生産・流通をも、近江東南部の勢力が主導していたとすると、弥生時代の共同体的祭器であった銅鐸をシンボルとする広域の宗教・政治的同盟を目指した新たな動きと考えられる。伊勢遺跡群に共有された独立棟持柱付大型建物群もまた、近畿弥生社会が育んだ共同体社会の象徴であり、弥生時代後期においては、東西日本を結ぶ新たな宗教・政治的同盟関係の構築の論理は、復古的でなければならなかったのだろう。

倭国の形成と伊勢遺跡　近江は、日本海沿岸や美濃・尾張、伊勢湾岸と陸路で結ばれ、琵琶湖から宇治川、淀川の水運により東部瀬戸内に接続し、東西日本の物流を結ぶ要であり、地域集団間の抗争や対立・軋轢を調整し、円滑に流通ネットワークを維持する必要があった。その流通の要衝の地に祭儀を共有する宗教的聖地として、伊勢遺跡が建設されたのであろう。さらに、政治的性格をもつ方形区画の存在からみて、異なる文化的背景をもつ地域集団・共同体社会を取り結び、秩序形成を図ることにより、その宗教的権威を背景に、初源的な政治権力を生みだしたのではないか。倭国の形成過程にあって、近江が主導する共同体的価値を標榜する流通ネットワークの再構築の動きと、各地の首長層の自立化と首長間の連携の動きは表裏の関係にあり、時代をさらに進める対立軸として、弥生時代後期を通して社会的矛盾が蓄積されていったとみてよい。

伊勢遺跡は、弥生時代後期を六段階に区分するとV―2期以降に本格的な建設が始まり、V―6期末までの約一〇〇年余りの期間、維持されたとみられ、貨泉(かせん)などの大陸系文物や年輪年代資料などの検討からみて（森岡　一九八五・二〇〇二）、その実年代はおよそ一世紀後半から二世紀末が想定される。山尾幸久氏によれば、弥生時代後期後半から末にあたる紀元一世紀後半から二世紀末の時代は、後漢帝国の隆盛・崩壊から公孫氏政権による帯方郡(たいほうぐん)掌握に至る東アジア規模での変革期を迎えており、近畿を中心とする九州以東の政治勢力が北部九州の奴国(なこく)連合にかわり、外交的優位を築く過程にあたるという（山尾　一九八三・二〇〇三）。

東アジアの政治的枠組みの地殻変動は、近畿を中心に結集する各地の地域勢力に政治的妥協を迫り、対外的に正当な代表権者を擁する「倭国」成立への起点となったと考えられる。近畿を軸に結集した首長層間による妥協と合意の結果、より広範な地域勢力による政治的連合「倭国」の成立により、伊勢遺跡はその役割を終えたのであろう。しかし、伊勢遺跡の時代、近江を軸に地域間を結ぶ流通ネットワークが構築した宗教・政治的同盟関係の仕組みは、その後の「倭国」の骨格となり、その政体の底流に深く根ざし、存続したと考えられる。

引用・参考文献

青木勘時　二〇〇一「大和の近江系土器」（香芝市二上山博物館編『シンポジウム「邪馬台国時代の近江と大和」資料集』二上山博物館友の会・ふたかみ史遊会）

赤塚次郎　二〇〇三「東海地域としての土器様式」（『古墳出現期の土師器と実年代』大阪府文化財センター）

岩崎直也　一九八九「邪馬台国出現前夜の近江」（『滋賀考古』創刊号）

植田文雄　二〇〇一「出現期前方後方墳の検討」（『みずほ』第三六号）

大橋美和子　一九七九「志那中遺跡　出土土器」（『ほ場整備関係遺跡発掘調査報告書Ⅵ―2』滋賀県教育委員会）

大藪遺跡発掘調査団・安西工業株式会社調査部編　二〇〇二『大藪遺跡発掘調査報告書』大藪遺跡発掘調査団・安西工業株式会社調査部

金関　恕　一九八六「呪術と祭」（『岩波講座　日本考古学4　集落と祭祀』岩波書店）

京都市埋蔵文化財研究所編　二〇一九『京都市埋蔵文化財研究所発掘調査報告二〇一八―五　大藪遺跡・下久世遺跡』京都市埋蔵文化財研究所

國下多美樹　一九八九「近江系土器について」（『京都府弥生土器集成』京都府埋蔵文化財センター）

建設省琵琶湖工事事務所・滋賀県教育委員会編　一九八五『服部遺跡発掘調査報告書Ⅱ―滋賀県守山市服部町所在―』建設省琵琶湖工事事務所・滋賀県教育委員会

小竹森直子　一九九〇「手焙形土器雑想」（『滋賀県文化財保護協会紀要』第三号）

小貫　充　二〇一八「出現期の手焙形土器について」（『待兼山考古学論集Ⅲ―大阪大学考古学研究室三〇周年記念論集―』大阪大学考古学研究室）

近藤　広　二〇〇一「弥生後期における受口状口縁土器の様相―近江の地域区分と他地域への影響―」（『西田弘先生米寿記念論集』同刊行会）

佐伯英樹　二〇一九「下鈎遺跡出土銅環についての新知見」（『淡海文化財論叢』第一一輯、同刊行会）

佐々木仁志　二〇二三「野洲川左岸の集落動向」（『中島・金森東遺跡発掘調査概報』守山市教育委員会）

佐原　真　一九六八「畿内地方」（『弥生式土器集成　本編二』東京堂出版）

滋賀県教育委員会・滋賀県文化財保護協会編　一九九六『烏丸崎遺跡発掘調査報告書』滋賀県教育委員会・滋賀県文化財保護協会

島根県教育庁埋蔵文化財調査センター編　二〇一〇『国道四三一号道路改築事業（東林木バイパス）に伴う埋蔵文化財発掘調査報告書6　山持遺跡 Vol.6（四、六、七区）』島根県教育委員会

角南聡一郎　一九九七「大阪府下の近江・山城系土器―巨摩遺跡出土の新資料より―」（『大阪文化財研究』一二号）

高槻市教育委員会編　一九九六『古曽部・芝谷遺跡―高地性集落遺跡の調査―』高槻市教育委員会

高野陽子　二〇〇九「弥生後期土器の地域色とその系統―丹波にみる甕の分析―」（『京都府埋蔵文化財情報』第一〇八号）

高橋一夫　一九九八『手焙形土器の研究』六一書房

武末純一　二〇二一「弥生時代の権（はかりのおもり）」（資料「令和三年度考古企画展　弥生時代の権―奴国の王都須玖遺跡群のおもり―」春日市奴国の丘歴史資料館）

武末純一・伊庭功・辻川哲朗・杉山拓己　二〇一一「金海会峴里貝塚出土の近江系土器」（『古代文化』第六三巻第二号）

中主町教育委員会編　二〇〇三『八夫遺跡第九次発掘調査報告書―湖南病院及び老人保健施設「寿々はうす」建設に伴う弥生時代後期周溝墓群・中世後期集落跡の調査―』中主町教育委員会

津屋崎町教育委員会編　一九八一『今川遺跡―福岡県宗像郡津屋崎町今川所在遺跡の調査―』津屋崎町教育委員会

中居和志　二〇一六「丹後半島周辺の受口状口縁土器の動態」（『京都府埋蔵文化財論集』第七集、京都府埋蔵文化財調査研究センター）

中西常雄　一九七九『北大津の変貌』私家版

中西常雄・丸山龍平　一九七六「草津市片岡遺跡」（『ほ場整備関係遺跡発掘調査報告書Ⅲ―2』滋賀県教育委員会）

難波洋三　二〇一一「偏平紐式以後の銅鐸」（『大岩山銅鐸から見えてくるもの』滋賀県立安土城考古博物館）

濱　修　一九九三「弥生時代の木偶と祭祀―中主町湯ノ部遺跡出土木偶から―」（『滋賀県文化財保護協会紀要』6、滋賀県文化財保護協会）

伴野幸一　一九八八「集落の構成―環濠集落と弥生社会―」（『守山市文化財調査報告書』第三〇冊、守山市教育委員会）
伴野幸一　一九九〇「弥生土器文様の地域的構造」（『守山市文化財調査報告書』第三八冊）
伴野幸一　一九九九「伊勢遺跡」（『滋賀考古』第二一号）
伴野幸一　二〇〇一「下長遺跡出土土器の編年的位置―野洲川下流域における古式土師器の変遷―」（『下長遺跡発掘調査報告書Ⅸ』守山市教育委員会）
伴野幸一　二〇〇三a「基調報告　近江地域」（『古墳出現期の土師器と実年代　シンポジウム資料集』大阪府文化財センター）
伴野幸一　二〇〇三b「伊勢遺跡の構成と五角形住居―結びにかえて―」（『伊勢遺跡七五次発掘調査報告書』守山市教育委員会）
伴野幸一　二〇〇五「境川左岸における塚之越遺跡の性格と立地環境」（『塚之越遺跡発掘調査概要報告書』守山市教育委員会）
伴野幸一　二〇一〇「まとめ」（『守山市文化財調査報告書―下長遺跡第二三次発掘調査報告書―』守山市教育委員会）
伴野幸一・佐伯英樹　一九九五「弥生時代における野洲川流域の墓制」（考古学フォーラム定例会資料）
深澤芳樹　一九九六「墓に土器を供えるという行為について」（『京都府埋蔵文化財情報』第六二号―1）
深澤芳樹　二〇一一「弥生土器の製作技術と地域間交流」（『講座日本の考古学5巻』青木書店）
福岡澄男　一九七三「中期甕形土器の一類型」（田辺昭三編『湖西線関係遺跡調査報告書』滋賀県教育委員会）
藤田三郎　二〇〇九「特殊遺物」（『田原本町文化財調査報告書第五集　唐古・鍵遺跡　範囲確認調査Ⅰ特殊遺物・考察編』田原本町教育委員会）
藤田三郎　二〇二二「唐古・鍵遺跡に運ばれてきた土器（予察）―弥生時代後期から古墳時代前期を中心に―」（『纒向学研究』第一〇号）
三辻利一　一九九六「古曽部・芝谷遺跡出土遺物の蛍光X線分析」（『古曽部・芝谷遺跡―高地性集落遺跡の調査―』高槻市教育委員会）

森岡秀人　一九八五「弥生時代暦年代論をめぐる近畿第Ⅴ様式の時間幅」（『信濃』第三七巻第四号）
森岡秀人　二〇〇一「三世紀の近江と大和」（香芝市二上山博物館編『シンポジウム「邪馬台国時代の近江と大和」資料集』二上山博物館友の会・ふたかみ史遊会）
森岡秀人　二〇〇二「伊勢遺跡群と邪馬台国連合前夜の西日本」（『徹底討論「伊勢遺跡の謎を解く」連続シンポジウム』皇子山を守る会）
森岡秀人　二〇〇六「大型建物と方形区画の動きからみた近畿の様相」（広瀬和雄・伊庭功編『弥生の大型建物とその展開』サンライズ出版）
森岡秀人　二〇一五「倭国成立過程における『原倭国』の形成―近江の果たした役割とヤマトへの収斂―」（『纒向学研究』第三号）
野洲市教育委員会編　二〇二一『市三宅遺跡発掘調査概要報告書』野洲市教育委員会文化財保護課
野洲市歴史民俗博物館編　二〇二一『令和三年度秋期企画展展示図録　大岩山銅鐸の形成―近畿式銅鐸と三遠式銅鐸の成立と終焉―』野洲市歴史民俗博物館
矢作健二・赤塚次郎　二〇〇三「八王子古宮式と近江湖南型甕」（『愛知県埋蔵文化財センター研究紀要』第四号）
山尾幸久　一九八三「初期ヤマト政権の史的性質」（同『日本古代王権形成史論』岩波書店）
山尾幸久　二〇〇三「東アジア世界における「倭国」の出現」（同『古代王権の原像』学生社）
山下優介　二〇一八「弥生時代後期における甕形土器の採用比率とその背景―滋賀県を中心として―」（『東京大学考古学研究室紀要』第三一号）
山中秀之　二〇一一「畿内から東海の古式土師器―伊賀を中心とした土器交流―」（『天理大学考古学・民俗学研究室紀要』一五）
横井川博之　二〇〇一「新旭町熊野本古墳群」（香芝市二上山博物館編『シンポジウム「邪馬台国時代の近江と大和」資料集』二上山博物館友の会・ふたかみ史遊会）
栗東文化体育振興事業団編　一九九〇『栗東町埋蔵文化財発掘調査一九八九年度年報　綣遺跡⑱⑲』栗東文化体育振興事業団

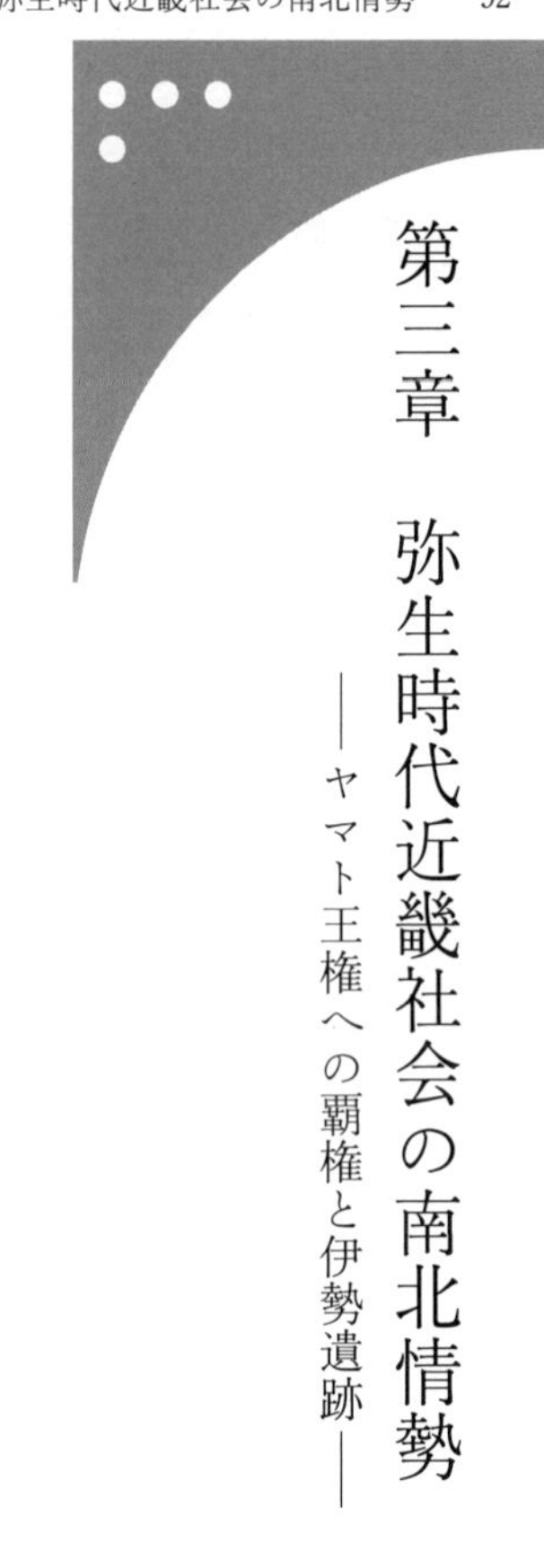

第三章　弥生時代近畿社会の南北情勢

——ヤマト王権への覇権と伊勢遺跡——

森岡秀人

はじめに——遺跡の発見から公園の開園まで——

発見と長い発掘調査、史跡指定、そして公園の開園　滋賀県守山市に所在する伊勢（いせ）遺跡は、昭和五五年（一九八〇）に住宅建設に伴う埋蔵文化財の試掘調査で初めて確認された。それを担当した守山市埋蔵文化財センター所長の岩崎茂さんにお聞きすると、それは今から察するに遺跡の中心部に相当する箇所で行われたという。すでに四四年前の昔話である。

貴重な遺跡もこうした初期調査、発見の日というものがある。伊勢遺跡はその後重大な調査成果が明るみに出て、平成二四年（二〇一二）一月二四日、国史跡になるまでに市民活動による保存運動の激化など紆余曲折があったし、それ以降こうして史跡公園の第一次整備を終えて令和五年（二〇二三）一一月に公開されるまでを含めると、実に半世紀近くになる長い歳月が経過した。その正確な時系列の整理と経過や一三五次に及ぶ発掘調査の進捗状況などは、主に現場を直接担当し、その成果を受けた史跡整備事業も主担した守山市の伴野幸一さんが第一・二章でエピソードを加味しつつ詳しく語っている。長いお付き合いのあるこの方は開園した国史跡公園の所長に就任し、伊勢遺跡の見どころや史跡地での学び方などにも細かく触れている。読み終えてから、史跡公園を歩いてみると、より一層理解が深まるし、未来に伝えられる遺跡への愛着をもつことができるだろう。

現在、基礎整備が終わり公園化された伊勢遺跡（図1）を訪れる人々は多く、この遺跡の性格や特殊なありかたを知って、現地を踏む方が日々増えている。これまでの長い調査の歴史を十分理解して来跡する方や、一過性でたまたま琵琶湖の湖岸をドライブ中に遺跡に対する好奇心で立ち寄る人もきっといるであろう。史跡である伊勢遺跡の公園は理由を問わず自由に来訪者を迎えてくれている。伴野所長は伊勢遺跡や近江の弥生文化の生き字引のような方なので、毎日多角的にこの遺跡の来歴や価値を丁寧に説明していることであろう。近江の青い空に映える、神霊が今も宿っていそうな三上山（みかみやま）も遠望しながら、二〇〇〇年前の大昔の社会や生活、そして卑弥呼の時代の具体的な政治体制などを想像しつつ、隅々まで史跡地内を歩きその真価を満喫してほしいと願う。

図１　屋外の伊勢遺跡史跡公園の整備状況（守山市教育委員会提供）　遠くに近江富士（三上山）を望む。

一　伊勢遺跡とは何かを考える手段を求めて

遺構の保存とユニークなガイダンス施設　伊勢遺跡史跡公園の現地には遺構保存施設と展示品公開を兼ねたガイダンス施設（図2）が建設されており、ドーム状の屋根の中に入ると、関連する土器・石器・木器・金属器や伊勢遺跡の構造をよく示した方形区画、建物配置構造の模型があり、主要建物の一角がその上を歩いて地下遺構の構造、大き

図２　伊勢遺跡ガイダンス施設近景（上）とその内部（下）
（守山市教育委員会提供）

さや深さを確かめられるよう工夫されている。構造材は強度のあるガラスと木製の凝った天井のデザインが中心で、中に入った瞬間からヒノキに似せたここちよい香りが漂っており、身心ともに神秘的で厳かな気持ちになっていくことを体感する。突然の雨に遭遇してもこの中に入って静かに荘厳感のある広い空間を歩き、幻想的かつわかりやすい解説の映像で伊勢遺跡の概要を学ぶことができる。一口に言って未来型の保存・普及施設であり、これまでの国史跡にはない大胆な発想や試みが伝わってくる。独特の建物の壁ぎわの天井面の一部には、伊勢遺跡の歴史解説、解明が進んだ発掘調査の過去を振り返る動画が大きく映し出されている。短いので、まずはこれをご覧になっていただき、遺跡の背景を含んだアウトラインを摑むことをお勧めする。

これら一連の施設の検討や整備に専門委員の一人として加わった私は、伊勢遺跡の過去と未来を現在のこの施設で結びつけることの意義が大いにあるのではないかと思っている。未来型と呼んだ史跡の新しい見せ方のスタートがこの守山市から始まったと言っても過言ではないだろう。

近江の遺跡を踏む—あれから半世紀　伊勢遺跡と史跡整備活用の面で伴野さん・大橋信弥さんと長らく関わってきた

私は、近江の遺跡や古墳との出会いも相当古いものになったという実感がある。最初に訪れた発掘現場は昭和四八年（一九七三）の夏、やはり守山市に所在する服部遺跡であったことを思い出す。累々とつづく方形周溝墓群が見つかり、受口状口縁甕の典型品やその成りかけ品を初めて見た発掘たけなわの遺跡では、丸山竜平さんの総括的指導のもと、守山市の山崎秀二さん、滋賀県の大橋信弥さんがおられ、河川改修事業の事前調査中の緊急性の高い発掘現場を手際よく案内していただいた。湖南の遺跡の凄さを目の当たりにした。滋賀県の専門調査員がまだ数名の頃ではないかと思われる。県の文化財保護協会もまだなかった。整理室では数多くの土器の分類や復元が行われていた。大学四回生の私は滋賀県の専門家のみなさまの懇切丁寧なことが一番印象に残った。

その後、栗東町・高島町・大津市・彦根市・米原町・長浜市・野洲町・竜王町・東近江市・安土町（自治体名はいずれも当時）など、多くのこの地域の市町の遺跡や古墳の調査と関わりができたが、近江は文化遺産の宝庫であって、近畿でも特段注目すべき遺跡や遺物が明るみになっていた。したがって、この数十年、近江の遺跡の調査動向からは目を離さなかったが、中でも伊勢遺跡は私の頭の歯車では今なお容易には律しきれない複雑で多岐にわたる要素が組み合っており、いくつもの謎が解明しきれていない遺跡の一つである。

今史跡公園に立つと、先行して史跡整備がなされていた守山市下之郷遺跡と本当に対照的な雰囲気があって、同じ弥生時代の遺跡であるといった実感がない。下之郷遺跡もぜひ行っていただきたい史跡であるが、ここは植物や小川や水田跡が復元され、まるで弥生の農村そのものである。ガイダンス施設は、土器や石器、木器生産ほか手工業、環濠発掘体験など盛りだくさんの展示物が置かれている。自然環境にも恵まれた農業労働の汗臭さや泥地を開墾する野性味さえ体感できる。そこには「國」が生まれるまでの紀元前の世界（クニ）の一つが展開する。

一方、本書も導き手となっている伊勢遺跡の方は、史跡公園内がすべて祭祀空間であり、倭国が成長していく過程で飛躍しなければならなかった紀元後の政治的な儀礼・祭礼空間が兼ね備わった静かな聖域に入った気分に浸れる。両遺跡は同じ野洲川流域に立地するが、明確に時間的前後関係にあり、激動の弥生時代へとタイムスリップして複眼的に比較することができる。そのような場所はこの守山をおいてほかにない。考古学の新しい研究成果をご自分のペースで学びつつ、二つの遺跡の間を地形の変化を体感しながらぜひ歩いてみることをお勧めしたい。新しい史跡公園では二〇〇〇年前の歴史の息吹の肌触りが感じられる。

謎がさらに謎を呼ぶ伊勢遺跡　本書の役割は、伊勢遺跡とはいったい何か、その解に一歩でも半歩でも近づくことにあるが、そのためには迂遠ながら、広い近畿の農耕集落のようすを知り、紀元前の社会にまで遡って集団の構造や特徴、その変化を含めて考察の筆を進めてみようと思う。また、特に金属器生産活動自体の発達が日本の弥生文化の水準を高めたことは確実なので、その足取り、変遷や発達の仕組みも集落構造の分析とも絡めて明らかにしたい。自然環境の面では気候変動の長周期や短周期の解析とどう関わる時期であったのか、弥生時代後期の伊勢遺跡を取り巻く周辺科学の問題も今や重要な視点となっている。近傍の大岩山銅鐸の多数埋納（二四個）との関わりもどのような形であったのか。さらに抜本的な問題として年代軸の刷新といった研究上の動きは、歴史叙述として避けて通れない基盤研究の動向の進展である。その点は次節の冒頭から述べておかねばなるまい。

二　弥生時代年代論の激変と伊勢遺跡活動の時期

（一）伊勢遺跡形成の歴史の舞台

土器型式と実年代の二刀流　伊勢遺跡を取り巻く歴史的土壌は、同じ時期に営まれた同世代遺跡の実態や相互関係の把握が基本となり、出土土器は大切な年代を測る物差しである。近江のみならず近畿、さらに西日本、ひいては日本列島の舞台で当時どのような社会関係や政治的な世界が展開したのか。もっと外の世界に広げれば、朝鮮半島や中国大陸、ユーラシア東部の広域な視座では、いったいどんな出来事と共存していたのかといった時間軸上の共時性の確保が考古学の上で大事である。

おおむね同時期かどうかの問題は、詳細な土器編年の存在である程度は判断できる。考古学上の相対時期で満足すべきではないかという意見があるかもしれないが、日本列島の外の世界で文字史料によって歴史書が記されている段階に到達しているため、やはり年代をいい加減に表すことは不都合が多い。伊勢遺跡の時代はそうしたことが要求される時代に入っているのだ。考古学は歴史学であるという意識や立場で、その暦年代をより一層精度高く模索し、背景となった出来事や地域間の関係を述べることは大きな目標とすべきことなのである。遺物の型式分類を細かく行い、その新古の組列を見出し、型式編年を組み上げることは、考古学のいわば鉄則であり、このような考古側の大切にする編年軸を相対のものだけとせず、史書に書かれた歴史的な事件、イベントとの関係性を問わなければ、遊離したまま真の歴史像には近づけない。

伊勢遺跡の活動期のイメージが歴史の上ではいったいどうなるのか。その点に関してもまずは考え、整理しておくことにしたい。なぜかといえば、研究の進展によって先史・原史の年代比定は驚くほど大きく変化しているからである。単刀直入にいえば、弥生時代後期という伊勢遺跡の相対的な位置づけは今後も動かないが、年代の方はこの数十年の間に大幅に更新されている。年表の上で、伊勢遺跡は確かに大きな動きに翻弄されたのである。

旧来の年代観にみる伊勢遺跡の歴史的評価

この数十年の学史を振り返ってみよう。かつて弥生時代の後期といえば、紀元三世紀の一〇〇年間があてられ、「邪馬台国の時代」と称されていたことをご存じだろうか。近畿では、数人の著名な考古学者がそのような説明を論文や著書で行い、定説と化していた（小林　一九五九・一九六七、佐原　一九七〇、田辺　一九六八、田辺・佐原　一九六六）。また、今日周知度の高い庄内式土器の検証例は乏しく、田中琢さんの論文「布留式以前」（田中　一九六五）が発表された頃は、四世紀初め頃に推定されていた。三世紀が弥生後期とすると、当然の年代観といえる。古墳の登場を三世紀末〜四世紀初頭と考える説は、多くの教科書類も採用していたわけである。私自身も高校日本史の授業でそう学んできた。

弥生後期前葉から中葉にかけて登場する伊勢遺跡の建物群は、後期の後葉に入って終焉を遂げていく。伊勢遺跡の

弥生期に方形状建物群
守山・伊勢遺跡で全国初確認
邪馬台国時代
王の主殿や祭殿か
周囲に柵列跡

王の居館囲む
方形の柵列跡
邪馬台国の「クニ」説強まる
守山・伊勢遺跡で出土
弥生時代で初
CGで復元された柵に囲まれた建物群（左上は王の居館）

図３　伊勢遺跡の大型建物や方形区画を大々的に報道する日刊紙
（上：平成７年１月12日付『京都新聞』、下：同日付『読売新聞』）

年代観は大型掘立柱建物が発見され始めた頃、この三世紀をカバーする年代が与えられ、邪馬台国時代のまとまった建物群や特異な方形区画、楼観のようなものが建つ風景が大和ではなくなぜ近江で発見されたのかと識者の驚きの内容が報じられた。佐原真さんも後期三世紀説の首謀者なので、日刊紙のコメントも邪馬台国論争と絡む興味深い内容となっていた。当然のことながら邪馬台国が近江にあったのではないかと力説する見方も浮上した。邪馬台国近江説である。中国史書が伝える二世紀後半の「倭国乱」の後、邪馬台国と関わる卑弥呼が諸国の擁立を経て女王となり、倭国への統合が急速に進められたが、その地が近江の湖南地域と深く関係する。このような考え方も当然のことながら流布した。

伊勢遺跡の出現は年代的にも内容からみても諸条件を満たすもので、好都合の遺跡として一躍知られるようになった。類例のない長大な斜路をもつ掘立柱建物の柱穴、豪壮な大型建物跡の類、また方形区画なども脚光を浴びた。その一端は、報道された日刊紙の一部を瞥見しても如実に伝わってくる（図3）。当時の考古学の年代事情が直接反映されている。伊勢遺跡の保存に向けての市民運動の機軸は、この旧来の年代論の土台に乗っかっての歴史的な評価を伴っていた。民間の邪馬台国本も近江へのこだわりをみせるものが滋賀県下でその後複数出版されており、著者たちの関心の高さが察せられた。

弥生年代観の変貌と科学年代の普及、浸透　しかしその後、年代論の風向きは大きく変わってくる。問題の近畿弥生後期の始まりの実年代は、一九八〇年代には紀元一世紀の第1四半期の終わり頃に大きく修正が加えられることになったからである（森岡　一九八四・一九八五など）。それまでは東方波及を示していた最も古い中国鏡は、漢鏡五・六期（以下、期区分は岡村　一九八四・一九八九など）の内行花文鏡が中心であったが、その頃から漢鏡三期、四期、五期の鏡が近畿圏・東海西部圏に到達しており、出土例が増加しながら、発見の東限ものびる。とりわけ虺龍文鏡のような漢鏡四期鏡や浮彫式獣帯鏡などの漢鏡五期段階の銅鏡が弥生後期前葉に近畿縁辺部に達することが確認され、後期初頭の土器とともに初期貨泉など中国銭貨も大阪平野を中心に出土するようになった。土器を伴出した大阪府東大阪市巨摩廃寺遺跡、八尾市亀井遺跡、大阪市瓜破遺跡などが挙げられよう（森岡　二〇〇三）（図4）。

また、北部九州で後期前半に製作された小形内行花文仿製鏡Ⅰ型や小形重圏文擬銘帯仿製鏡が、近畿西辺の兵庫県神戸市表山遺跡や青谷遺跡、大阪府南部の和泉市惣ヶ池遺跡などから後期前半の土器を伴う遺構を中心に確認されている。

西から入ってくる大陸系文物の早期伝来に対応して、共伴する弥生土器も後期前葉以前に上昇していった。中国大陸における製作年代に接近する速さで北部九州の福岡県や佐賀県に流入する事例が認められるが、それに近い伯仲するものが近畿や東海西部でも確認できるようになった。一世紀前葉の段階に弥生後期が始まり、中期の終焉が紀元一世紀第1四半期にある。そのような年代観を私は先鋒に立って提唱した（森岡　一九八四・一九八五）。それより五〇年ばかり年代を下げるが、寺沢薫さんも同じ頃、後期開始年代を古く一世紀の中で見積もった（寺沢　一九八五）。これらの年代観は北部九州で採られてきた弥生時代の時期区分年代に近似しており、それまで存在した九州・近畿両地域

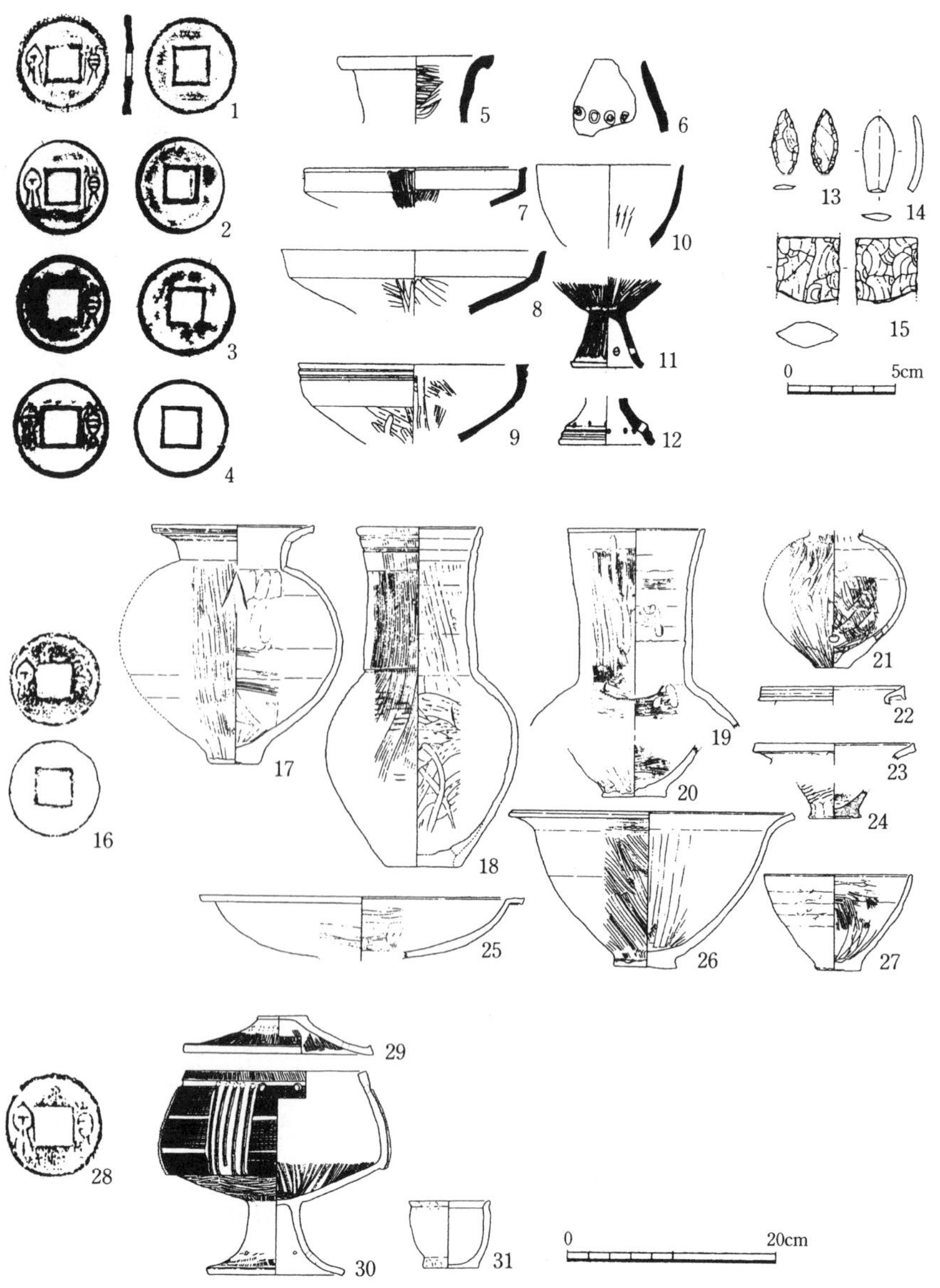

図4　大阪府亀井遺跡・巨摩廃寺遺跡・瓜破遺跡出土の貨泉と土器　1～15：亀井遺跡、16～27：巨摩廃寺遺跡、28～31：瓜破遺跡（寺川・尾谷編 1980、広瀬・畑 1983、文殊 1986 より作成。中国銭貨のスケールは任意、土器と石器はスケールを表示）

の実年代上の齟齬（そご）もかなりの部分において解消することにつながった。

さらに一〇年が経過して、奈良国立文化財研究所の光谷拓実さんがスギやヒノキを用いた年輪年代を発表し始めた。年単位に樹木を切り倒した年代を求める手法で、佐原真さんや田中琢さんらは自らの提示年代の確認にも不可欠とみて、ヨーロッパのドイツから最新の計測手法を導入し、とりわけ前期から後期の実年代の測定の急がれる弥生時代の木製品に適用するよう、農学部出身の光谷さんにその試行を要請していた。光谷さんは本当にやりたかった一生の自分の仕事を投げ捨てるようにこの年代測定に注力したという。

図5　池上曽根遺跡の大型掘立柱建物跡の紀元前52年伐採の年輪年代測定値を出した側柱（右）と、その埋土から出土した弥生土器（左）（和泉市教育委員会蔵）

平成八年（一九九六）には多くの人々が関心をもつ大阪府和泉市・泉大津市の池上曽根（いけがみそね）遺跡の中心部にある大型掘立柱建物の柱材の年代が紀元前五二年や同五六年の伐採年代を示した。柱掘方内を埋めた土には都合良く弥生土器片が含まれており、柱を樹立させた時期を示す最新時期の土器は中期後半第三段階（Ⅳ―3小様式）を示した（図5）。さすがにこの段階に至ると、中期の土器が終わる段階が紀元一世紀と二世紀の交わりの頃とする都出比呂志さんの暫定案が提出されていたが（都出　一九八九）、年輪年代測定値はそれをさらに遡らせる森岡案や寺沢案の年代観に近いものであることを示唆した。年輪年代では、同様の大型建物の中期後半でも古い様相の土器を伴う兵庫県尼崎市武庫庄（むこのしょう）遺跡の大径木材の例（三号柱根、図6）が測定されており、凹線文開始期の時期が紀元前二四五年＋αという伐採年代が報告されている（半澤

図6　武庫庄遺跡出土の年輪年代が判明した大型建物主木柱3の出土状態（右）、輪切りの年輪測定面（中）、共伴した弥生土器片（左）（尼崎市教育委員会蔵）

一九九七）。この年代と土器は初期凹線文出現期という点で、後述する守山市下之郷遺跡環濠掘削期の集落開始年代と対比しうるものである。遠隔の地で親和性のみられる年代が提示されたとみるべきであろう。

実は年輪年代測定の先駆地だった守山の弥生遺跡

だが思い出してみると、この池上曽根遺跡の年代値が発表される前年、光谷さんは近江でも弥生時代の年輪年代を調べていた。それが守山市の下之郷遺跡と二ノ畦（あぜ）・横枕（よこまくら）遺跡のデータである。下ノ郷遺跡の環濠下層の全形がよくわかる木製盾は紀元前二〇〇年の伐採年代、二ノ畦・横枕遺跡の井戸枠に使われた木製品は紀元前六〇年や同九七年の伐採年代が出ている（光谷　一九九九）。前者は凹線文が弥生土器に導入される中期後半の始まりの年代と、後者は中期後半でも中期末に近い年代と関係しており、池上曽根遺跡の大型建物木柱の建立年代値とも整合的である。この守山発信のデータは伴野幸一・川畑和弘両氏より測定遺物を拝見しながら事前に年代値のご教示を得ていたので、池上曽根遺跡からの報道はけっして唐突なものではなかったし、むしろ自己の刷新年代ともよく符合するものなので、まったく違和感は起こらなかった。以前にこうした年代値を確保していたにもかかわらず、守山市が公表を控えていたのは蓄積の少ない年輪年代に多分に慎重な対応を採ったからかもしれない。発掘関係者にはそれほどに衝撃的な値を示していたわけである。あの時、公表をもっと後押しすればよかった。そんな思いもよぎるし、学史が大きく変わったのかもしれない。しかし、光谷さんの測定側にも一定の弥生時代中期資料の蓄積が必要だったのであろう。発表に先後関係を生んだ正確な事情は未だ私にはわからない。

年輪年代測定法を用いた弥生時代の年代研究はその後、一定の普及を示した。中期の年代の多くが紀元前の測定値を示し、後期の年代も紀元一〜二世紀に遡る情勢となっていったのである。三世紀に収まっていた伊勢遺跡の年代も趨勢から推して二世紀以前に上がることは必至となり、一世紀後半には掘立柱建物が順次建ち始めていたと考えられる。隣接する京都市大藪(おおやぶ)遺跡では、弥生後期の大型掘立柱建物の年輪年代が調べられており、一世紀後半の中に収まる推定年代値と弥生土器（高坏）が出土している。この土器は形態からみて後期中頃より新しそうなので、樹皮に至るまでの辺材の年輪がまったく得られないことが大きく影響しているかもしれない。

活発となった科学的年代の測定と激変した弥生年代観

二一世紀に入ると、自然科学的な方法で遺跡・遺構・遺物の年代を測る動機と機会は飛躍的に増大した。炭素年代はβ線法ではプラス・マイナス一〇〇年程度の誤差があって、弥生時代の年代測定にはおよそ不適とされてきたが、AMS法の導入によって、耳掻き一杯程度のカーボン量採取でも測定が可能となり、現在弥生時代に限っても数千を超える分析値が公表されている。条件的に問題あるものを除いて、土器との共伴関係の良好な資料を点検すると、土器の広域編年における併行関係や地域編年の型式変化と前後関係において大きく齟齬を生むものは少なく、また、年輪年代の動きとも整合する例は着実に増加している。さらに近年では、樹木セルロースを用いた年輪酸素同位体比による高精度、高分解能の年単位の年代測定が実施されており、木製品の樹種や大径木によらない杭などの年代が測定され、京都府城陽市下水主(しもみずし)遺跡の流路の変化などでは、中期と後期の過渡期の年代が測定されており、紀元一世紀初頭の値が移行期年代の一端として興味深いものとなっている（京都府埋蔵文化財調査研究センター　二〇一八）。後期の始まりが紀元前一世紀に遡る可能性がないことを示唆している。

近畿では酸素同位体比年輪年代測定法やAMS法による放射性炭素年代、年輪年代法などを複数加味して精査すると、弥生後期の期間などがより精度高く解明されてくる。確かに後期が紀元前に遡って始まったとみる意見も存在するが（都出　二〇一一）、それは対外文物と後期土器との伴出関係から無理といえ、紀元後に入って二〇〜三〇年ほど経ってからのこととみられる。中国鏡でいえば、漢鏡四期新段階の鏡がことによればストレートに近畿に流入してもよい時期であるので、注意される。三期の異体字銘帯鏡はことごとく後期最末から庄内式期、ときには布留式古段階まで下がって近畿に入ってくる。遺跡出土中国鏡にみられる九州的な流入の状況は、愛媛県松山市若草町遺跡あたりの重圏日光鏡が東限なのである。徳島市庄・蔵本遺跡では近畿と同様、かなり年代が下降する。しかも鏡片や破鏡といった存在形態であり、完鏡の前漢鏡東伝は実に乏しい。

（二）活動の全盛期をめぐる伊勢遺跡——帥升から卑弥呼の時代へ——

卑弥呼前夜—二世紀、王帥升の牽引力とは

『後漢書』の「倭国王帥升等」の世界観は領域も限定的であるが、小国組織も同調するものが少なかったと考えられる。帥升らが活躍した時期と場所は、弥生後期の中頃であり、近江を含む近畿北部を中心とする集団が複数関与していたと思われるが、散発的には近畿以西の集団も一部結合関係に入っていた。近江の野洲川流域を中心とする遺跡群が節目を迎えた頃、中倭の交渉は朝貢の内容も飛躍を遂げており、史料にみえる一六〇人もの生口（奴隷）を後漢王朝に届けている。中国金石文によれば、生口も等価的交換物になりえ、物資の獲得と深く関わっていたと考えられる。難波洋三さんや私は、生口の交換対象が大型化した青銅器の金属原料である可能性も想定域とし、近畿式銅鐸・三遠式銅鐸の発達過程とも不可分な関係にあるとみる。

近畿の弥生後期は、大別土器様式としては広く、器種の分化や基本的製法はよく類似している。時間的小様式の変化を鋭敏に表す器種は高坏であり、近畿全体で段階的な変遷を遂げる六つの小様式を掌握することができ、近江湖南地域で試行されている伴野幸一さんによる後期土器編年六段階とおおむね合致する（巻末年表参照）。前半と後半、前葉・中葉・後葉といった細別区分の叙述も土器の小様式変化をメルクマールとしている。量的多寡がみられる広口壺や長頸壺、鉢・器台なども形態は近畿圏では全体としてよく類似する。最も容姿の異なる器種は甕形土器であり、弥生後期型のタタキ甕と近畿北部に分布の重心をもつ受口状口縁の甕は、煮沸容器として機能の上でも区分することができる。その祖形となる鉢も自ずと形態を異にする。近畿中心部の土器より、近江野洲川流域の甕の方が中期中葉あ

たりの時期からは器形変化が理解しやすい面がある（伴野　二〇〇三・二〇〇六）。詳しくは第二章で論じられている。

伊勢遺跡では始まったばかりの後期様式の土器は出ておらず（前葉前半）、出土するのはその次の段階（前葉後半）からであり、中葉以降に出土量を増す。『後漢書』に記された男の王、帥升の活動期と重なる時期である。漢鏡など銅鏡はまったく出土していないが、最も古い時期に鏡が入ってきた場合でも、漢鏡五期段階の中国鏡とみてよい。今後、そのような青銅鏡の入手状況に関する成果も期待されるが、それが発見されるのは大型銅鐸の圧の強い地域と考えられる。鏡は近畿地域では墓への埋納の風がなく、土坑・溝・河川・竪穴建物・遺物包含層などの生活跡で確認されている（図7）。古墳副葬鏡は複数面まとまることが地域首長の実力を示すことにもなるが、列島産の集落出土鏡は一面ずつ見つかるケースが一般的で、かつ一面一面が土製鋳型製であることもあってか、個性豊かである。中国鏡の方は前漢代に遡るようなものが近江でも存在するものの、遺跡で放棄された年代はかなり下降する。

卑弥呼の登場と伊勢遺跡の終焉　この遺跡の終わりはどうなろうか。『三国志』魏書東夷伝倭人条（以下『魏志倭人伝』）、『後漢書』東夷伝などには、国中で争い事が絶えず続いたため、「歴年主無し」という事態となった。その混乱を脱するため、卑弥呼を倭の女王として共立したという記述が登場する。列島の歴史の転機ともいえる有名な一節である。

さて、卑弥呼は人名のように受け取る人が多いが、私は卑弥呼尊称説に立つ。かつては東京大学の白鳥庫吉が唱えて以降、何人かの学者が同説を支持する。中国側からみれば、稀にみる女性の大首長が半ば宗教的な尊崇を一身に受けた信頼のもと擁立されており、その政治的社会的な地位も包括した上でそう名づけたのであろう。個人の名前ではないと考える。「卑」は倭人伝中、何ヵ所かに職官制で登場している。邪馬台国では四等官制、他の国でもすべてではないけれど、二等官制が採用されている節がある。無論「倭人」が任用されているから、中華からはその職掌に「卑」を付けて呼ぶ道理があったものと思われる。卑弥呼は各小国の政治中枢にいたであろう実務的な長官・次官級の人物たちのトップに躍り出た特別な女性大首長であり、「女王」であると同時に大司祭者でもあった。本質的な統合ではないものの、邪馬台国を盟主とするような緩やかな連合組織が誕生し、内政的な争いは廃して、喫緊の課題と

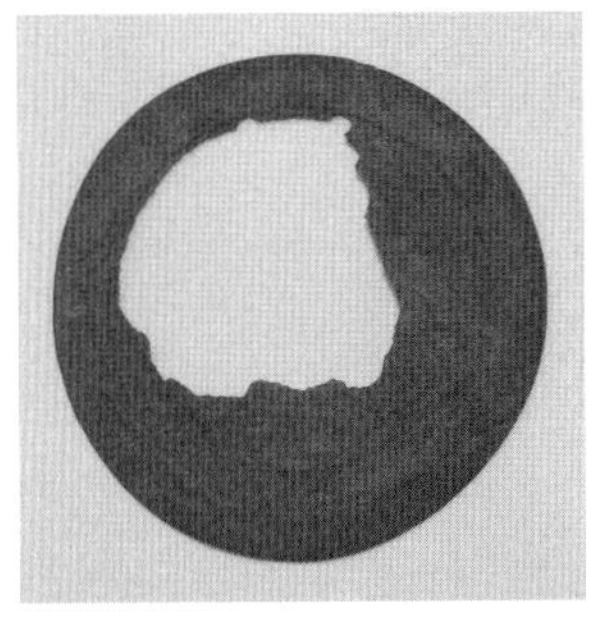

九里氏館遺跡出土近畿系重圏文小形仿製鏡（近江八幡市教育委員会蔵）

十里遺跡出土後漢内行花文鏡片（滋賀県蔵）

下鈎遺跡出土前漢異体字銘帯鏡片（栗東市教育委員会蔵）

下長遺跡出土近畿系重圏文小形仿製鏡（守山市教育委員会蔵）

南田遺跡出土北部九州系内行花文小形仿製鏡（近江八幡市教育委員会蔵）

中国の前漢鏡や新・後漢鏡の大型鏡・中型鏡などが完全な形態で、近畿の弥生時代集落に早々と流入していると説明する考古学者も存在するが、近江に限らずその大半が破鏡・破片鏡や列島産の小形仿製鏡で検出されるのが実情である。

図７　近江地域集落出土の各種銅鏡（縮尺不同）

もいうべき大陸交渉に少しでも有意かつ一統的な姿勢を示そうとした。大陸側からは陸つながりのない海中の対照的な存在といえ、隣国同士の怖れとは別に、情報の少ない島国に対して想像以上の脅威もあったと思われる。魏・蜀・呉の三国と朝鮮半島の公孫氏は倭情勢に深い関心を示しつつ、二世紀末〜三世紀の激動の東アジアにおいて、覇権争いの現実と向き合っていたのである。

卑弥呼が登場した時期は、旧年代観では弥生中期末に勃発した倭国乱の後で、社会的にも政治的にも大きな画期との想定を生んだ。日常の土器にも画期が認められるとする立場からは、この段階以降はより土器が無文化する後期で、土器作りは意識的に省力化が図られ社会の変革も予知されうる。しかし、今日的な年代観では卑弥呼の治世の始まりは庄内式期にほぼ併行し、その終わりは三世紀中頃前後と考えられるようになった。その変革を裏づける科学年代は、庄内式土器段階の甕形土器に付着した炭化物の放射性炭素年代や樹木酸素同位体比測定による年代から、詳しい科学的検討が加わっており、伊勢遺跡の盛行期間とはまったくオーバーラップしないとみられるように変わった。

紀元一〜三世紀の科学年代の問題点　ところで、弥生時代後期の終わり方には、昨今、庄内式併行期が経過した時間的問題がある。また、このような土器固有の問題以外に、較正年代の採用対象による年代値の差違の生じ方がある。そのような動静を少しみておきたい。大阪公立大学の岸本直文さんはさらに年代値の平盤に推移する箇所の遊動性のうち、古い部分に注目しようとするので、後期と庄内式期の境を紀元二世紀前半まで遡らせることを妥当とする。その時期に奈良県桜井市纒向遺跡の出現もリンクするという思い切った考えを提示している（岸本　二〇一四・二〇一八）。庄内式期の長期編年化とも映る科学年代の読み解きである（図8）。

一方で、国立歴史民俗博物館は年輪年代の判明している日本産樹木の年輪年代を測定しているが、その場合はこの期間の年代がイントカル（放射性炭素14による年代較正の国際標準）よりも一〇〇年ばかり新しくなることがわかりだした。日本版の較正年代曲線構築の完成が急がれるが、列島最古の前方後円墳と考えられる奈良県桜井市箸墓古墳の放射性炭素年代を日本版で計測したところ、紀元二四〇〜二六〇年の間に確率高く築造されたというデータが発表されてお

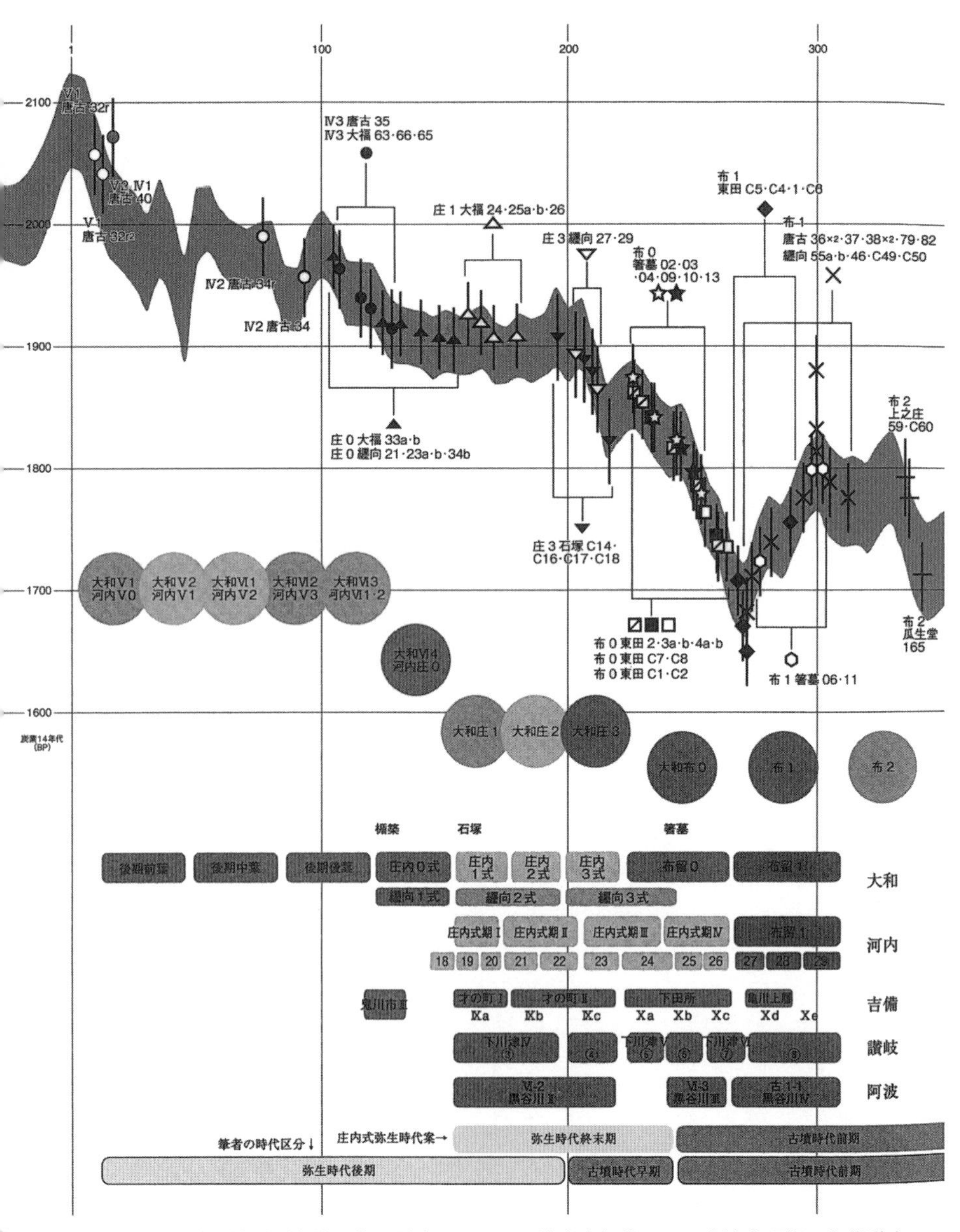

図8　国立歴史民俗博物館が測定値を集め発表したAMS法炭素年代による古墳出現期の年代動向（岸本直文2014「倭における国家形成と古墳時代開始のプロセス」〈『国立歴史民俗博物館研究報告』第185集〉より転載）

り（春成ほか　二〇一一）、これは古墳時代前期の布留式土器の上限年代としても重要である。布留式土器の年代が庄内式土器のように二世紀に食い込むようには上がらないことは、名古屋大学の放射性炭素年代測定でも三世紀中頃で限界線が示されており、私はその部分を動かない一つの定点と想定している（森岡　二〇〇七）。

いずれにせよ、伊勢遺跡が土器の上で勢威をみせる期間は、このような科学年代とも深く関わりをもつのであり、私の現在の年代観では、伊勢遺跡のこれらの建物が消長した時期を紀元六〇〜一八〇年頃と一応の推定を下している（巻末年表参照）。それは考古学の相対的な時期では、弥生後期前葉の終わりから、中葉を経て後期の終わり頃になる。野洲川流域の弥生後期を六つに区分して時間推移のメルクマールとする伴野幸一さんの編年（伴野　二〇〇三）では、三期〜五期に土器量の中心が認められ、開始時期は二期あたりになる。紀元直後はまだ弥生中期の終わり頃であり、さらに一小様式分の後期最初頭が空くと考えられる。前漢・新の王朝との触れ合いはない時期にまで下って、伊勢遺跡は形成され始めたといえるだろう。そのように整理しておきたい。

（三）活動期からみる伊勢遺跡の時代

新年代観では伊勢遺跡はどう評価されるのか　以上の経緯をみて明らかなように、伊勢遺跡の活動期間はきわめて流動的なものとなり、存続年代が動き始めた。旧来の年代観では、倭国がかつてない抗争に直面し、新しいリーダーとして鬼道に長けた卑弥呼の擁立を多くの勢力の合議的な仕組みによって企てたが、伊勢遺跡はその後になって三世紀代に現れ、クニグニの統合に向けた役割をもつものと考えられた。佐原真さんはこの時期を静かで平和な三世紀と強調している（佐原　一九七〇）。大きな争いもなく、古墳の造られる時代が目指されたとみたのである。無論、卑弥呼の死後、宗女壱与（台与）の擁立をめぐる争乱が勃発しており、ヤマト王権が順風満帆で誕生したわけではない。

このような構図を背景として伊勢遺跡の重要性が語られた時期があったが、昨今はその情勢が劇的に変化した。遺構や遺物の相対的な時期は変わらないが、実年代が大きく変化したからだ。新しい年代観は私が唱えたような考古学サイドの年代だけでなく、複数の科学年代に頼ってみても、伊勢遺跡の年代は変更を迫られることになった。すなわち、二世紀末頃の政変より以降に出現した遺跡ではなく、その前に位置づけることが正しい理解となった。卑弥呼を倭人社会の女王に推戴した諸国共立との因果関係は認められるが、それは遺跡形成の始まりではなく、むしろその終わり頃と接近することになった。その様変わりは、この遺跡の保存運動に力を注いでいた皇子山を守る会事務局長の松田常子さんにも大きな衝撃を与えた。遺跡の価値は正しい年代の骨格があってのことだからである。

倭人伝に登場する卑弥呼の対中国外交が実現する邪馬台国の時代に伊勢遺跡がその存在を顕在化させたとして、国作りに向かう近畿の弥生後期社会像を描く中で遺跡の価値づけを理論武装的に行ってきたが、その遺跡の年代が大きく変わるとなると、保存運動の目標とする遺跡保護の理念にも大きく影響する。「伊勢遺跡の歴史的な意義はいったいどうなるの」。考古学の年代論の進化と変貌を真摯に受けとめ、松田さんは「遺跡の年代がもつ意味」という新たな問題に対して、真剣に向き合うようになった。全国各地の発掘調査で土中より姿を見せる遺跡の歴史的価値は、正確な年代を有することでその意義や評価が定まり、後世に残していく価値が生まれる。遺跡の保存運動に欠かせない歴史の真理の普及という指針の根幹に関わる問題として、この考古学の世界の変動は大きなものとして目に映ったに違いない。

まだ炭素年代が普及する以前のことだが、松田さんから「今から芦屋に行くので、相談に乗ってください」という切実な電話連絡があった。「弥生時代の年代論に新しい視点を打ち出している森岡さんと、常に考古学の発する型式主義を批判され、暦年で物事、歴史動向を矛盾なく考えようとされる山尾幸久先生と二人で持論をぶっつけ合ってほしい。ぜひとも滋賀でシンポジウムを開催したいの。伊勢遺跡をめぐる歴史はいったいどうなるのか。今が正念場です。そのためには、弥生の動いている年代を私は見過ごせない。お二人から年代の刷新というものをとことん聞き、基礎から学び、市民に正しい歴史像を伝えたいの。伊勢遺跡の本当の役割を突き止めたい」。松田さんは捨て置けない問題なので急がれると、少し焦り気味の口調であった。

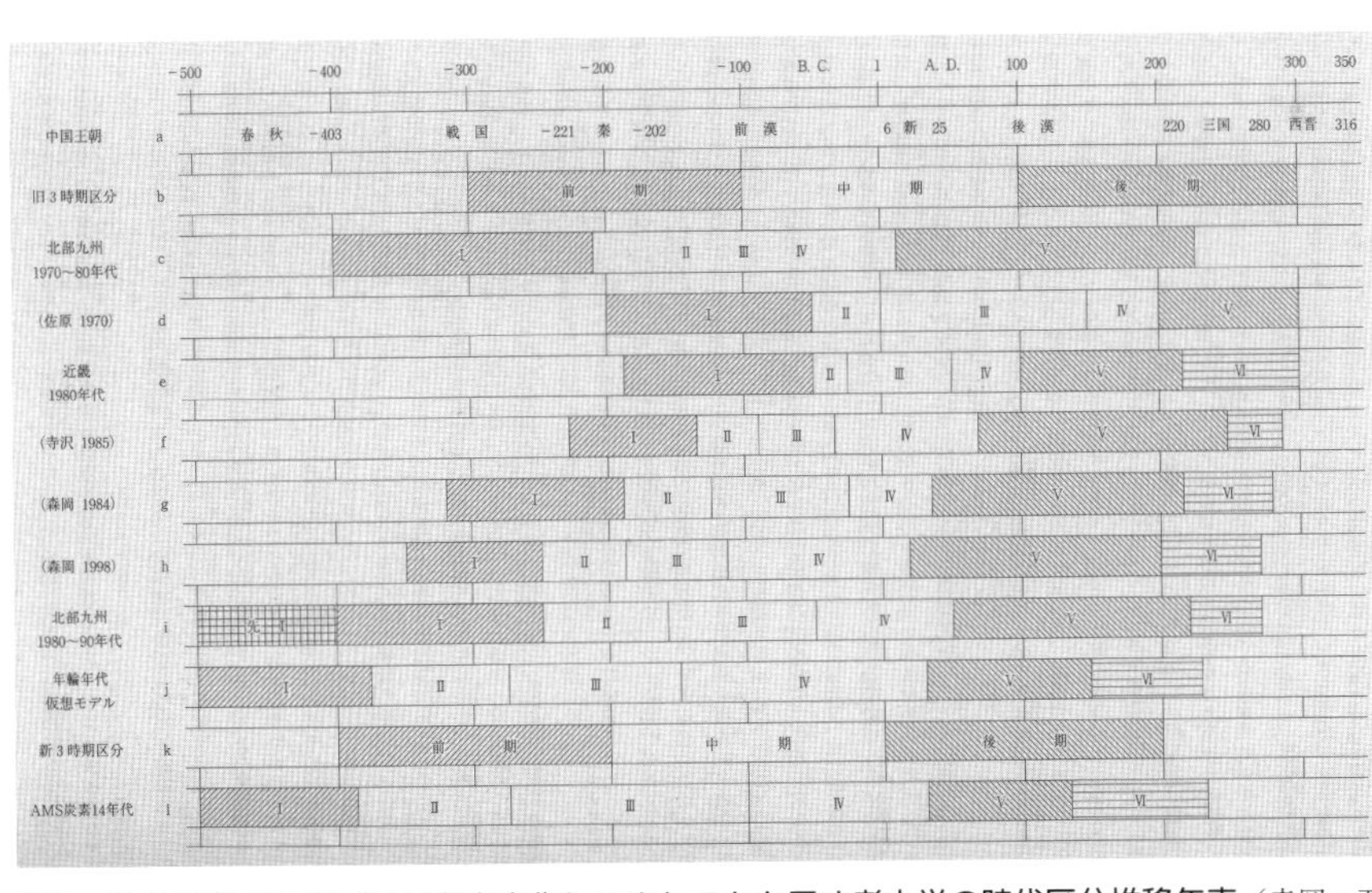

図9　弥生時代の位置づけが順次変化してきたことを示す考古学の時代区分推移年表（森岡・西村編 2006 第11表を転載）

弥生年代論争をめぐっての山尾・森岡対論　平成一〇年（一九九八）秋、皇子山を守る会主催の弥生時代年代論をめぐるシンポジウムは滋賀県高島の地で実現した。日本古代史の泰斗山尾幸久さんと考古学の私との対論は、滋賀県立安土城考古博物館学芸課長の大橋信弥さんがコーディネーターを担当して、三つ巴の興味深いものとなり、さらに伴野幸一さんも伊勢遺跡調査の最新現状を報告した。会場には大勢の市民・研究者が集まり、年代に関することだけに、熱気が感じられた。

企画した松田さんは大変喜ばれた。その内容は会誌録を見ていただくとして、その時一番印象に残ったことは、山尾さんがしみじみと語った言葉だった。

私は、旧版の『魏志倭人伝』（講談社新書、山尾　一九七二）を書くに際して、弥生時代の年代観は佐原真さんの年代論に誘引されて、その信頼のもと筆を進めた。年代に敏感な私は、『新版　魏志倭人伝』（山尾　一九八六）を執筆したが、その要因の一つに佐原さんの編年が現行の弥生時代論と合わなくなってきたことが挙げられる。旧版での叙述では嚙み合わないので、全体的に年代を上げる形で東アジア史の展開を見つめ直し、書き改めている。都出比呂志さんの中期・後期の界線を大きく変更して紀元一〇〇年頃にもってきたことに対応して、中期後半や後期の始まりを考えるベースとし、記述を新たにした。弥生前期の開始年代も上昇させる歴史原理として、朝鮮半島南部からの移民集団が水稲農耕を携えて北部九州に入ってくる流れも改訂を余儀なくされ、紀元前二世紀ではなく、紀元前三世紀初頭の難民、亡命者の存在を想定した。そして今、後期の始まりが一世紀の初頭から前葉という森岡さんの話を聞いて、再度検討を余儀なくされている。考古学は年代学としても一定の信頼をしてきただけに、ここまで変わると、倭人社会はいったいどのように整理できるのか。年代の根拠をはっきり言ってこなかった考古学をどこまで信じてよいのか。大変懐疑的になる。

再編される弥生土器編年

以上のごとく、考古学に対する手厳しい意見を拝聴している。「実年代でものを言え」と語ってこられた山尾先生だけに、私の方も文献史学との接点が曖昧になることに大変恐縮した。

弥生時代近畿の土器のある様式と次の様式の新古の関係が逆転することは、小様式レベルでもありえない。確かに西ノ辻（にしのつじ）D地点式の弥生土器が同I地点式土器よりも古くなるという指摘や、D・N地点のこれらの土器を独立の様式とすべしといった奈良盆地での考え方は頭を擡（もた）げており（藤田・松本　一九八九）、土器編年表が変わる部分は否定しがたい。今の私の認識では、後期を前半と後半の二つに分かつ場合は、紀元八〇年頃をその転換点と推定している。歴史的な関係は一切ないけれど、地球の裏側ではヴェスヴィオ火山が大噴火し、ポンペイの市街が廃墟と化す頃であるという説明は、年代観を世界史的に示すために、しばしばたとえ話として出す。後期前半は後期後半より短い期間であり、後期に後続する庄内式期は想像以上に間延びさせている。

滋賀県で噴出した伊勢遺跡の存続年代をめぐる問題は、この遺跡の保存運動の渦中にあって活動していた松田常子さんの発案によって催されたシンポジウムを通じて整理が進み、関係者間では共有されるようになった。伊勢遺跡は卑弥呼共立以降に発達した特異な集落ではなく、卑弥呼治世時にはその役割を完全に終えていたという年代観であり、それは三世紀史から一・二世紀史への組み換えが不可避であるということであった。

年代論をめぐる「邪馬台国の時代」と「邪馬台国前史」　国立歴史民俗博物館がＡＭＳ法による放射性炭素年代について、日本産樹林を基盤にする方針で計測年代の修正作業に入っていることは前述した。つい先ごろ令和二年（二〇二〇）には更新データベースを集約して発表し、考古年代との枠組みにも影響を与える科学年代の再検討を始めている。世界標準のイントカルから日本版のジェイカルへのＡＭＳ法較正年代法の移行である。それはその差違を明瞭に示した較正値の比較表であるが、落差の大きい部分があって、これまで公表されてきた年代もどうなるのか大変気になっている。伊勢遺跡の活動の時期を最新の時間軸で正確にとらえ直すことは今後に課せられた問題の一つであり、科学年代全体の動きをさらに注視するとともに、大陸から早期に伝来して近江に達するような考古文物と弥生土器との一括出土資料の発見も将来に期待を寄せている。

三世紀の末には完成していた『三国志』魏書東夷伝倭人条の記載は、直接一〜二世紀や紀元前の日本列島のことに関して多くを語っていない。それは後継の正史や歴史資料、あるいは伝聞の増加などに基づくものであり、総括的叙述の意味合いはあってもけっして前史には力点が置かれていない。『三国志』なので当然かもしれない。しかし、『漢書』地理志や『後漢書』東夷伝の倭に関する情報は外交的な部分のみ注意が払われてきたが、倭人伝とも異なる点があり、これまでは通時合体的に記載の流れが重視されてきた。

伊勢遺跡建物群の消滅以降についての不可欠な事項は、西晋代における同時代史である三世紀のいわば「倭国乱」という重大事件以降の倭人列島の実情であり、陳寿（ちんじゅ）らの史家プロジェクトは魏の史的正統性をいかに記録させるかという関心から倭の政治情勢をも巧みに取り込んでいる節がある。ところで、邪馬台国論争上で焦点をなす「邪馬台国」は、一定の方向的な連なりと解する狗耶韓国（くやかんこく）以下の八国とネット的存在の「その余の旁国」を併せた「三十国」の一つにすぎないが、注目すべきは中国からの通交使節団の行き着く目的地となっており、ここに至るまでの交通形態や距離の数値が常々問題視されるわけである。しかしながら、倭国の盟主的位置を卑弥呼の輩出や官制の内部構造、戸口によって窺わせるものの、その出自・前段史の類や倭国との領域関係、末裔の姿、集落形態をほぼ語らず、まことに不分明な点が多い。一世紀中葉の「奴国(なこく)」王の時代や二世紀初頭の倭国王「帥升」などの時代の『後漢書』の記述(五世紀)をみる限り、二世紀代を邪馬台国前史と仮称しておくことは許されようが、ヤマト王権成立との年代関係や位置論も別途考証を要する問題であることを強調しておくにとどめたい。

伊勢遺跡との関係で積極的な主張が可能なことは、この遺跡が繰り返しになるが「邪馬台国の時代」には活動しておらず、「邪馬台国前史」の時期の所産であり、史上に卑弥呼が出現する頃に時間的接点をようやくもちえたことであろう。その活動の盛期を終えていたかもしれないが、伊勢遺跡の最終段階が卑弥呼の共立とわずかながらも時間的共有関係を有していたことは、むしろ重視されてよい。換言すれば、邪馬台国の成立していく過程とは時間軸上密接な関係があり、次いで倭国という新たな枠組みの誕生に近づく経緯に関与しつつ終わっていく。このように、倭国史の特定の意味をなす期間を共有する点が確認できるのである。

この時期を特別にとらえ、「伊勢遺跡の時代」と別称しておこう。そして、次節では、この時代を迎えるまでの近畿の一般的な農耕集落の発達を著名な環濠集落の変化を素材としつつみておく。その歴史的な流れを最新の考え方で提案し、伊勢遺跡が登場してくるまでの近畿の弥生社会の動きといったものを把握しておきたい。それは伊勢遺跡がいかに特殊な構造をもっているかの再確認につながることになるのではないだろうか。

三　伊勢遺跡誕生の前夜——近畿における環濠集落の衰退——

(一)　紀元前の「クニ」から倭国の一員としての「國」へ

卑弥呼共立前夜の考古学的動態と社会構造の再編　環濠集落の推移を基軸とする近畿地方の弥生集落変遷モデルにおいて、その終焉を迎えたのが弥生時代後期中葉と思われる。例外はあるものの、近畿圏の低地大環濠集落は急速に衰え、環濠の埋没が一気に進む時期となる。中期Ⅳ—4様式段階を目安にその動静が目にとまり始め、後期の初頭を過ぎる頃には、肥大した環濠集落が大きく変質していくさまを見せつける。紀元後の一世紀後半の時期に実年代の一点があり、対中国外交の飛躍がまず後漢皇帝光武帝からの金印授受に象徴される。おそらく奴国を盟主的小国家とする奴国連合体が北部九州に偏重した態様で勢力を成長させ、より東方の未成熟なクニグニを牽制し始める構図があったのであろう。そして、貿易や商業活動的な装置施設の管掌に加え、少なくとも大阪湾岸から博多湾沿岸までの瀬戸内ルートの安定的確保と、それを基底に据えた西岸勢力への積極的な遮蔽効能も同時に高めたはずである。奴国を倭国の極南とする理解はこうした史的背景の形成を踏まえてはじめて理解されることで、建武中元二年の朝貢は使人（使者）を専ら担う大夫層が大きな役割を果たした。

後期に入って以降、集落は大規模なものがほぼ消え失せ、沖積地における可耕地の広がりとともに、小型の集落が分散していく傾向が強まる。紀元一世紀を中心とする後期前半は、近畿各地で遺跡数が減り、霧散するかのようになくなっていく地域も生じてくる。弥生中期の社会はいったん清算されたかにみえる変化だ。しかし、この現象は細かく見れば、それぞれ変異をもって進んでおり、広い地域でまったく同じ要因が働いているようには見えないが、過密化した巨大集落が断絶しながらもその立地点で継続しようとする動きは奈良盆地の集落にはある。奈良県田原本町唐古・鍵遺跡、天理市平等坊・岩室遺跡、橿原市中曽司遺跡、御所市鴨都波遺跡などは、他地域に比べ持続性が強い。同時期には丘陵性の遺跡が増加しており、天理市東大寺山遺跡、橿原市忌部山遺跡、奈良市六条山遺跡などはその代表例である。摂津や紀伊でも後期前半は平野部の集落はかなり衰退し、代わって高地性集落が増加する。兵庫県西宮市五ヶ山遺跡や芦屋市会下山遺跡、神戸市荒神山遺跡・伯母野山遺跡などが発達し、中期からの継続を示すものも含まれる。和歌山市の橘谷遺跡や滝ヶ峯遺跡も沖積地における後期前半の遺跡の弱体化と呼応するかのように成立してくる。

弥生後期の中での土器の変化と地域性　この段階をさらなる定点の年代として、後期前葉を中心ににわかに活動の足跡をとどめた丘陵性の大型環濠集落が順次衰微し、それに先行して低地の環濠集落もその多くが解体する。環濠の機能がかなりの遺跡で不全状態となり、土器文化にみられた後期初頭〜前葉末期の開放性はその動きのルートも中継地との連係を崩壊させることによって、勢い閉鎖性へと転ずる。近畿第Ⅴ様式、河内西ノ辻Ⅰ・E式（後期中葉）の没交渉的な推移の段階を経て、いわゆる後期後葉、その最たる土器様式が淡路北部を中心として後期の中頃より庄内式にかけて消長をとげる淡路型の器種構成で、口縁部端面をタタキ調整して、胴長で口縁部外面に縦方向の調整工具を用いる特徴的な甕（淡路型甕）が海域との関係で生まれる。粗放な作りで、口縁部のヨコナデ調整も省略される。類似した甕は紀伊にも多く、紀伊型甕と呼ばれている。『纒向』遺跡報告書（石野・関川編　一九七六）において、淡路の調査がまだ少ない時期、紀伊の甕の口縁部端面に刻み目が多いことに関川尚功さんは気づき、名づけ親となったが、現状で観察し直すと淡路も紀伊も、口縁部端面に刻み目が施された甕はタタキ板によるもので、垂直方向にトントンと当てながら土器の方を回したものである。粗い作りのものは口縁が多面体となって、上から覗くと正円からは遠ざかり、頸部付近に粘土帯接合の痕跡を残したものも多い。紀伊が少し古くなる可能性はあるが、後期後半になって一斉に現れるものであり、紀淡海峡を越えて分布するので、今は「紀淡型」の甕と呼ぶのがよいであろう。後期のタタキ甕にも細かくみると、地域差があり、摂津と播磨、河内と大和でも微細な点で異なる。

広口壺の口縁部の飾りなどは、東播磨・西摂津・北淡路などではよく加えられているが、河内・大和は逆に無文化傾向が強い。反してヘラ記号は目立つ。独特の長頸壺は各地でみられるが、定型的に変遷がみられるものは河内中・南部から大和にかけて広がっている。近江は独自の受口状口縁甕を中期からの系統を引き継ぎ、後期で確立させている。その文様構成の中心に位置するのが野洲川下流域であり、広くみて、湖南と湖東、湖北、そして湖西など地域ごとにその省略や選択があって、周辺では文様帯などが簡素となる。西では山科（やましな）・京都盆地・乙訓（おとくに）の地域などが近江の影響のみられる受口甕を積極的に作っており、淀川（よどがわ）下流域では三島（みしま）と呼ばれる地域あたりまでは面的に模倣品や搬入品が確認できる。とりわけ伊勢遺跡が祭祀活動を活発化させる直前に、この近江特有の甕が東西の遠隔地へ動く点は、人のまとまった移動を伴うだけに看過できない。その行先は淀川を下るルートでは大阪府高槻市古曽部（こそべ）・芝谷（しばたに）遺跡や兵庫県芦屋市城山遺跡など、高所に立地する集落にも及んでおり、この時期に大きなピークがある。東では美濃・尾張方面や山越えで伊勢湾西岸部に定着している。

（二）環濠集落の衰亡と銅鐸製作工房の解体・移動

青銅器生産体制の発達と類別　先に述べたように、近畿全体で弥生時代後期前半の居住域や墓域自体が不鮮明になることは注意すべき現象と考えられる。伊勢湾沿岸では、後期中葉を中心に活動期に入る環濠集落が顕著であり、近畿地方の様相とは著しく異なった動きをみせる点にも留意しておきたい。大地域単位でみれば、近畿圏の集落モデルは東海や北陸、南関東に通ずるものではなく、現利根川以南の環濠集落盛行地帯では近畿とは隆盛期に相当な地域格差が生じている。この期の環濠集落で特筆すべき点は、大和・河内・摂津の近畿南部の諸地域において、銅鐸・銅剣・銅戈などの弥生大型青銅器の生産体制が解体に向かうことである。

近畿の青銅器の生産は、さまざまな農耕集落で無差別に行われたものではない。その始まりは紀元前四世紀の前半、中期初頭に遡るが、中期前葉を中心とする青銅器の生産は、主に単品を対象としていた。兵庫県神戸市の雲井遺跡（近畿型銅戈鋳型未使用品）、尼崎市田能遺跡（中細形銅剣鋳型片）、京都府向日市鶏冠井遺跡（菱環鈕式銅鐸鋳型片）などを例示するが、祭器とされる青銅器の独自生産が散発的に始まっていた。これを生産体制A型と呼んでいる。大規模集落が安定的に活動している中期の中葉以降は、肥大化した拠点性を帯びた集落で数種類の青銅器を生産していた。発達期の環濠集落の一角で見つかる石製鋳型・送風管・坩堝・取瓶など生産用具も複数種出土しており、複合的な生産段階に入ったとみられる。これを生産体制B型と呼称している。技術の維持と向上が目覚めた段階で、中期後半に遠隔地に運ぶ製品も作っている。紀元前二〜一世紀のありようであり、それらの半専業的活動は、大規模農耕集落に埋没している。その仕組みがそのまま後期には引き継がれない点が重要だ。

再編される青銅器工人の動き　具体的には中期末ないし後期初頭をもって、大阪府茨木市東奈良遺跡や東大阪市鬼虎

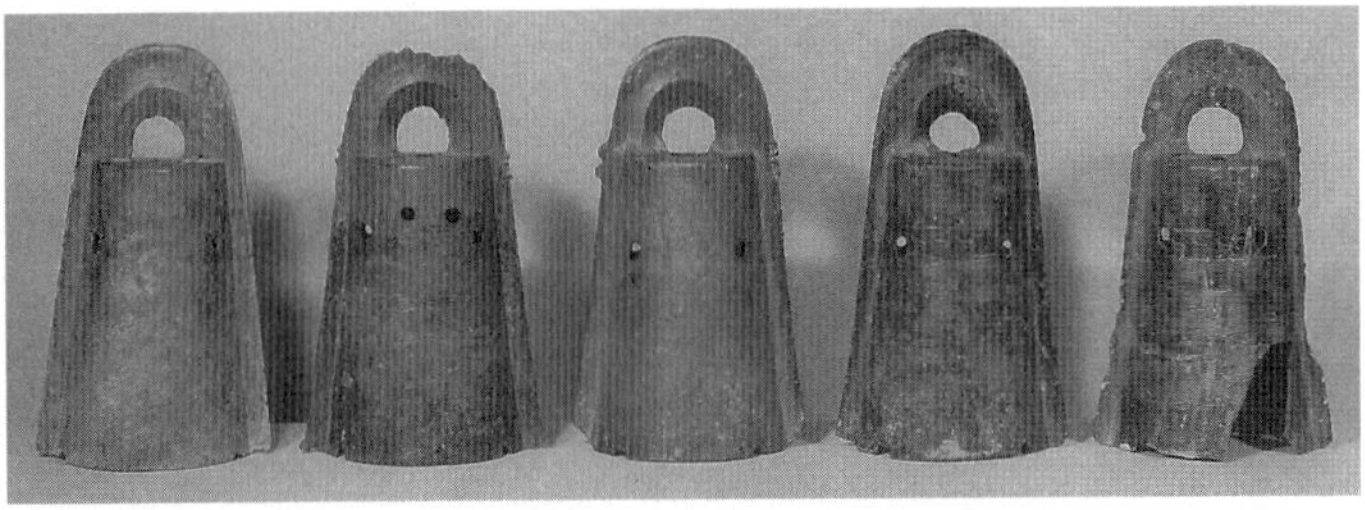

図10　新庄銅鐸を含む同一鋳型から作られた兄弟銅鐸（左から右へと製作順に並ぶ）（辰馬考古資料館提供）　左から桜ケ丘1号銅鐸（兵庫県）→辰馬405号銅鐸（出土地不明）→新庄銅鐸（滋賀県）→辰馬404号銅鐸（出土地不明）→泊銅鐸（鳥取県）の順に同じ鋳型を補修しつつ鋳造された。

川遺跡、奈良県唐古・鍵遺跡のような近畿圏を代表する一大青銅器生産地が専門工人を解いたかのように衰滅する。その裏返しの現象として、近江南部・東部、美濃・尾張などの銅鐸ほか青銅器の生産拠点の成立が予測されるので、生産体制もろとも東方に向け大きく移動したことが推察される。その証左はなお分散的ではあるものの、近畿南部から近畿北部へと青銅器生産集団を抱える社会自体の金属器生産に占める比重が移行していった様子がみてとれよう。

特に銅鐸の生産と分布状態にはその動きの一端が現れているように思える。守山市新庄銅鐸などは外縁付鈕一式の同一石製鋳型から製作されたとみられる兄弟鐸が五個（図10）あり、鋳型の傷や文様の修復、新たな付け加えなどから、三つ目に鋳出されたものであることが判明する。新庄鐸は作られた年代が古く、中期中葉以前に鋳造された可能性が高い。そして、近江で生産されたとみるより、身の横型流水文の展開と一対の飾り耳の存在から、おそらく中河内地域のアトリエで作られたものと推測される。例えば鬼虎川遺跡の近辺などが候補の一つに挙げられよう。銅鐸は製作地と祭祀を行った使用地のみならず、埋納地も別の場合が考えられてよい（森岡　一九七五）。近江ではない地域で祭器の役割を果たし、埋納の段階で新庄遺跡が選ばれたという見方も成り立つし、この新庄遺跡近辺で使用され、埋納に至るケースも想定されるわけで、銅鐸の出土地の性格は個別の吟味が欠かせない。

四　伊勢遺跡の出現と不可思議な機能・施設

（一）「國」へのまとまりに不可欠な統轄装置、それが伊勢遺跡

近江富士が日常にある遺跡　変転する弥生後期。紀元後に活動の場を得た伊勢遺跡は、今日までの遺跡の発掘調査で、弥生時代に一般的な農耕集落ではないことが判明している。まだ特異な構造の全容が明らかになったわけではないが、現状の調査成果で国史跡として学術的な意義と保存条件が認められた。際立った人口の集中は認められないが、農耕を糧とする民と無縁とも思える生活の臭いのなさが大きな特徴である。今静かな史跡公園に立ち、二〇〇〇年の長い歳月を経たその場所をゆっくり歩き始めると、近江富士の別称もある三上山がまず眼中に入って、何かを語りかけてくるような錯覚が起きる。竪穴構造の建物や掘立柱建物からなる一般農耕集落とは桁違いに異なる建物が次々と見出された遺跡であり、その空間が居住域ではなく、生活痕跡を伴わない祭祀的なエリアを核に大きな広がりをみせたすこぶる政治的な空間であることが明らかにされた。その建物の群れの建設に携った人々は一体誰で、誰がその指揮を執ったのであろうか。何の目的でそうした建物群が次々と建てられたのか。また、建物群が機能した時期はいつだったのか。こうした問題にどこまで迫れるかを、この節では考えてみようと思う。

系譜関係のない新天地　この土地は、特に大きな目立った弥生の中期集団が先行して入植し、その地が発展的に弥生時代後期に受け継がれて伊勢遺跡の登場に至ったわけではない。ただ現状ではよく理解できない多数のピット群が始まりを告げるかのように群在しており、少なくとも一世紀前半のあたりで、この土地への足掛かりを示す遺構が遺跡の最高所付近に存在したようである。しかし、この遺構も直接この遺跡の始まりを意味しない。なにがしかの初期活動の一端を伝えるだけである。手掛かりがあまりにも少ない。このように、伊勢遺跡は遺構・遺物をみる限り、唐突な形で出現し、役割を終えると、すぐさま消え去るような遺跡であるのみならず、発見時には二メートルもの長さがある長大な柱穴が複数出土して、発掘担当者や作業員を大変驚かせている。棟持柱（むなもちばしら）をもつ大型掘立柱建物の一部が近畿に姿を現した瞬間であった。以降、本邦初といってよい高度な設計と配置を有する遺構群が順次検出され、各所で調査の

担当者を泣かせたようである。しかし、主に発掘調査に従事してきた伴野幸一さんはその困難にもめげず、蓄積されていく情報を執念深く接続させ、伊勢遺跡のもつ重要性と稀少価値を明らかにしていった。

著大な柱穴と片方に造られた斜路　その後に確認された二間×四間の大型掘立柱建物（床面積八八平方メートル）は当時、弥生時代後期の建築構造物としては国内第一位を誇るものとして注目を浴びた。研究者もマスコミも看過できないものとなった。柱掘方の一部は三・五メートルの長大なものであり、この手のものにはすべて長い主柱を誤りなく立たせるためのスロープをもつ斜路付掘立柱が造作され、深い位置に柱を据え付けるための工夫が施されていた。大勢の人の力で空に向かうように長い柱を真っすぐ立てるには、それ相応の技術と分担を行い、簡易な足場も作ったであろう。

床は地面から高く、高床式の背丈の高い建築物であることが察知される。柱は同時でなく、起ち上げの順序が計画されていたようで、さらに先行する建物に遮られない方向で立柱のための集中的な労働が行われた。前後して栗東市下鈎（しもまがり）遺跡でも二間×五間の独立棟持柱付大型掘立柱建物が発掘されており、この湖南地域での集中度が注意を引くようになっていった。出土した主柱は径四五センチもあり、その太さも見過ごせなかった。前述したように、このような建物は近畿ではかなりの分布の偏りがみられる。したがって、その特異性に鑑み、「伊勢型」の大型建物と呼ぶべきとの提案を行ったわけである。この点に関しては、のちに少し詳しく説明する。

方形囲郭施設とその内部の建物　遺跡の中心部西方にある方形区画は塀で取り囲んだ形態に復元されるもので、内部には構造・機能を異にする四棟からなる掘立柱建物が作られている。ＳＢ―１が区画内の中心建物であるが、西には主軸を直交させて近接棟持柱建物のＳＢ―２が建ち、その南には大型の近接棟持柱建物が復元でき、さらに主軸を揃えてその南には小型の独立棟持柱建物が建っていたようである。円形原理の建物はなく方形の建物群からなり、互いに近接した距離を置いて共存するようで、群の中央には南面する狭隘（きょうあい）な庭空間をもっている点など、後世に引き継がれるような政治的宗教的空間を想像させるものである。中には時差を伴って大型建物同士が選地したためか、柱穴がきわどく重複するものが認められた。一見総柱とみられた柱配置も検出建物の上屋復元を指導した宮本長二郎さん

（建築史）により退けられたようである。

このような方形区画に類するものは、弥生時代中期の環濠集落などにも見出されており、遺跡の中心部に大型の掘立柱建物などが営まれている。しかし、伊勢遺跡の方形区画はそれらとは時期も役割も違うもので、後期に機能が継続しているわけではない。弥生中期と後期は、多くの要素に断絶がみられ、伊勢遺跡の段階には方形区画内部の建物が独自機能を有する建物に分化を図っているように思われる。第二章では、祭殿・倉庫・副屋といった固有の呼称で整理されているが、柱配置や規模、平地式・高床式など個別の復元案に拠るものである。

楼閣とおぼしき建物　方形区画から東方には一定の空間の空き地があったが、ここには三間×三間の正南北軸に建物主軸を置く平面形の内部に、さらに二間×二間の総柱構造を置く複層式ともいうべき高層建物が発掘されており、復元観から楼観あるいは楼閣と称されている。この略正方形の建物は独立的であり、方形区画の建物群とは性格を異にした構造と評価できる。方位に対するこだわりなどを重視すれば、太陽の季節的な昇り降りや星座などの運行、天文観測的な特殊な施設と考える人がいても不思議ではない。楼観は縦板が塡められて外からは遮蔽された内部空間があったようである。マツリゴトには祭政未分化な状態の段階があったと思われ、弥生後期の伊勢遺跡の政治的な祭祀空間の実情を明証する建物であったかもしれない。

頑丈に造られた大型方形竪穴とその用途　発掘過程で金属器の生産工房ではないかと期待を寄せていた大型方形竪穴と呼んでいる遺構が略円形に巡る外周建物の一棟、SB―9に近接して検出されている。常識的にみて、二つの建物が並存することは考え難く、この建物のプランや規模、構造は一辺一三・五メートルの破格の大きさの方形竪穴で、床面積も一八〇平方メートルを計測し、かつ壁際には幅四五センチ、高さ三〇センチ、厚さ八センチ前後の板状焼成建築材が使用されていた。日本列島では確認例のない規模・構造・部材を採る建物といえ、床下は礫層までの地盤を掘削し、厚さ三〇センチの置土施工を行っていることが判明している。厳密には置土というよりも表面は貼床といった精緻なもので、発掘担当の伴野幸一さんは現代の梵鐘工房の構造までも丹念に見学調査されて、この防湿仕様について頭を巡らしたけれども、私などが推察した鋳造関連の機能は、出土遺物からも実証できなかったと聞いている。

柱も四主柱に屋内棟持柱が伴うもので切り合う関係もなく、短期間に使用されたきわめて特異な建物と考えられるのである。近畿をはじめ、日本列島の弥生時代の建築素材としては類例のないもので構築されているため、中国大陸・朝鮮半島など外来系建築物の系譜をはじめ、発掘調査担当者の現場での想定が東アジア世界の建築技術系譜と重ねてどのように理解すべきか、これも大きな課題として持ち越されている機能の類推が難しい建物の一つである。

私は日本古代史の山尾幸久さんと一緒にこの遺構を熟覧し、伊勢遺跡の中ではある時期に限り必要不可欠であった実利的な施設と想定している。遺構の重複関係や出土土器からは伊勢遺跡の初期段階に使用されていたことが判明している。恒久施設として頑丈な壁造りの大きな施設にみえるが、伊勢遺跡全体の用途がはっきり決まった時点では、どうも不要な扱いとなったことが建物の建つ順序からわかる。機能は、一つに断言する必要はなく、例えばその防湿性を活かした保管庫、倉庫の用途が考えられる。高床構造ではないから、地下からの湿気を防ぐには、相応の厚い床を必要とする。銅鐸の原料となるインゴットのようなものを保管していたかもしれない。また、別の役割としては、迎賓館のように外来者を迎え入れ、寝泊まりに使ったことは考えられないのであろうか。さらに憶測をたくましくすれば、この伊勢遺跡の建物の配備を一から主導し、計画と建設を推し進めた首長の住まいが特別に築かれたかもしれない。多くの建物が掘立柱構造を採用するのに、この巨大なSB—10だけが竪穴構造を採っており、かなり特殊な事情を考えざるをえない。これも謎の一つである。

サークル状に建ち並ぶ祭祀棟　伊勢遺跡では、弥生時代において初めてとなる建物が多くみられる。その最たるものが遺跡の外周寄りを一周まわる略円形一列（直列）の大型建物列が見出されていることである。伊勢遺跡の名を高めた遺構であり、それらが同時に一挙に建てられたものではない点も貴重な所見といえる。その初期にはSB—8とSB—9が見つかっていた。並び建っていた二棟はほぼ等大の大きさで（四・五メートル×九メートル）、梁間一間、桁行五間の独立棟持柱付大型掘立柱建物である。柱穴の斜路は建物内に収まっている例も存在する。この発掘成果は、大型掘立柱建物が二棟単位で併存する約束事を思わせるものであり、大いに注目した。ちなみに両建物の棟持柱の芯々間の距離は、一八・四メートルと計測されており、かつ建物主軸は約八度西に振るものであった。この数字が後々問題になるもので、規則性と考えるなら、これらの建物長辺の長さの約二倍の距離をとっていることになる。設計基準尺の存在や倍数尺などの計画・原理が働いていた蓋然性は大きい。

方形区画から七〇メートル程西に離れた場所でも、SB―4と称している独立棟持柱付建物が発掘され、略円環状プランに乗る施設が類似した規模・構造をもつことが判明している。全柱穴にヒノキ材の柱の一部が残存するもので、柱の一部からは炭化米が出土している。この建物は後期後半に建てられており、略円環をなす建物の縦列配置が一斉に建てられたものではないという重要な事実がわかっている。後期後半となると、伊勢遺跡の活動のステージの終盤にあたる可能性もある。スペースがありながら、建てられなかった場所もあり、それはそれで理由や根拠を考えなければならない。目指されたのは確かにサークルであるが、後述するように完周した姿は想定し難い。

その南側一七・八メートルにも大型建物は見つかり、一部であるものの桁柱（けたばしら）と独立棟持柱と考えられている。法則性ある建物配置は地道な発掘調査の継続によって徐々に明らかになってきたのである。これがSB―5である。この建物はその後、全容が明らかにされ、一間×五間の独立棟持柱付大型掘立柱構造で四・六メートル×八・六メートルの規模をもつことがわかった。隣接する建物同士の主軸が八度傾く確認も行われ、東の対面側の建物列ときわめて類似した二棟の建物の存在が西側でも浮かび上がってきたのである。東西の対向建物との距離が二二〇メートルを測り、単純な円ではないものの、伊勢遺跡の建物計画がただならぬものであることを彷彿とさせる。それを証するかのごとく、SB―9の北側一八・四メートルの予測地点で独立棟持柱跡が確認され、このサークル状施設がいよいよ現実味を帯びてきたので、核心が近づきつつあることがありありとしてきた。それはSB―12と命名された一間×五間の独立棟持柱付大型掘立柱建物（五メートル×九メートル）であり、これまでのものとは異なって、一方の妻側に露台が付設されていたことが柱穴配置から推定できる。ここに祭祀関連の主宰者が姿を現わし、従者がキヌガサを翳（かざ）していた様子を想像してみたくなる。この点、他の建物と比べ異質な機能をもつかもしれない。

「伊勢型」と呼び慣わしてきた大型建物　伊勢遺跡でこうした規格性の高い大型掘立柱建物がいくつも検出されるようになって、私はこの規格性のみられる建物こそ、弥生時代後期の社会になった証であると考えるようになっていた。そして、滋賀県彦根市の滋賀県立大学で開催された日本考古学協会秋季大会（滋賀大会）で、弥生・古墳時代の大型建物をめぐる諸問題をテーマとしたシンポジウム会場において、生みの親の伴野さんを含む多くの学会員の聴衆を前にして、これらを「伊勢型」と称したいという提案を行った。平成一五年（二〇〇三）一〇月のことである。

現在もその呼称（建物型式名）は生きているようで、多くの研究者が伊勢型という表記を行ってくれている。生みの親の伴野さんに対して私は名付け親ということになるのかもしれない。そこで再度、なぜこの種の大型掘立柱建物に固定的な型式名、ないしは建築様式にも連なる名称を与えたのか。その定義や概念になるような整理を企てておきたい。以下に番号を付けてその枠組みを明確にする。

① 遺跡名が型式名になることは土器研究などにはよくみられることであり、その点に鑑みれば、「伊勢式」「伊勢様式」と呼んでもよいかもしれない。現状で守山市の伊勢遺跡で出土することが多い点をとらえたこと。
② 梁間一間、桁行五間の間取りが中心になること。
③ 長方形の平面形を呈し、その規模が梁間四～五メートル、桁行八～九メートルを計測すること。
④ 切妻造りで、両妻に独立棟持柱を有し、時には屋内棟持柱が検出されること。
⑤ 高床式の大型建築物であること。
⑥ 柱掘方が長く大きく、一方に柱を落とし込むための斜路を造作すること。
⑦ 近江南部から山城など、弥生時代後期の近畿北部に分布の中心がみられること。タイプサイトはもちろん早くに出現する伊勢遺跡の建物ということになる。

伊勢型の大型建物の広がり　この①～⑦の条件で縛りすぎると、摘出例にかなりの制限が加わるため、②や③には変則をもたせることも必要と思われるが、④〜⑥の三点は必須の要件としたいところである。いずれにせよ、伊勢型の大型掘立柱建物は最も多い伊勢遺跡で考案された可能性があり、後期の近江地域で発達し、周辺に伝播した可能性がある。滋賀県栗東市下鈎遺跡や守山市下長(しもなが)遺跡、京都市大藪遺跡などいくつかの例があるが、分布も遺跡も非常に限定的である。

柱の直径は二五〜五〇(チセン)の幅があって、スギなどの針葉樹材を使用している。弥生中期後半の池上曽根遺跡や武庫庄遺跡、あるいは中期の唐古・鍵遺跡のような大型掘立柱建物は、柱材の直径が六〇〜九〇(チセン)もあって、梁間・桁行

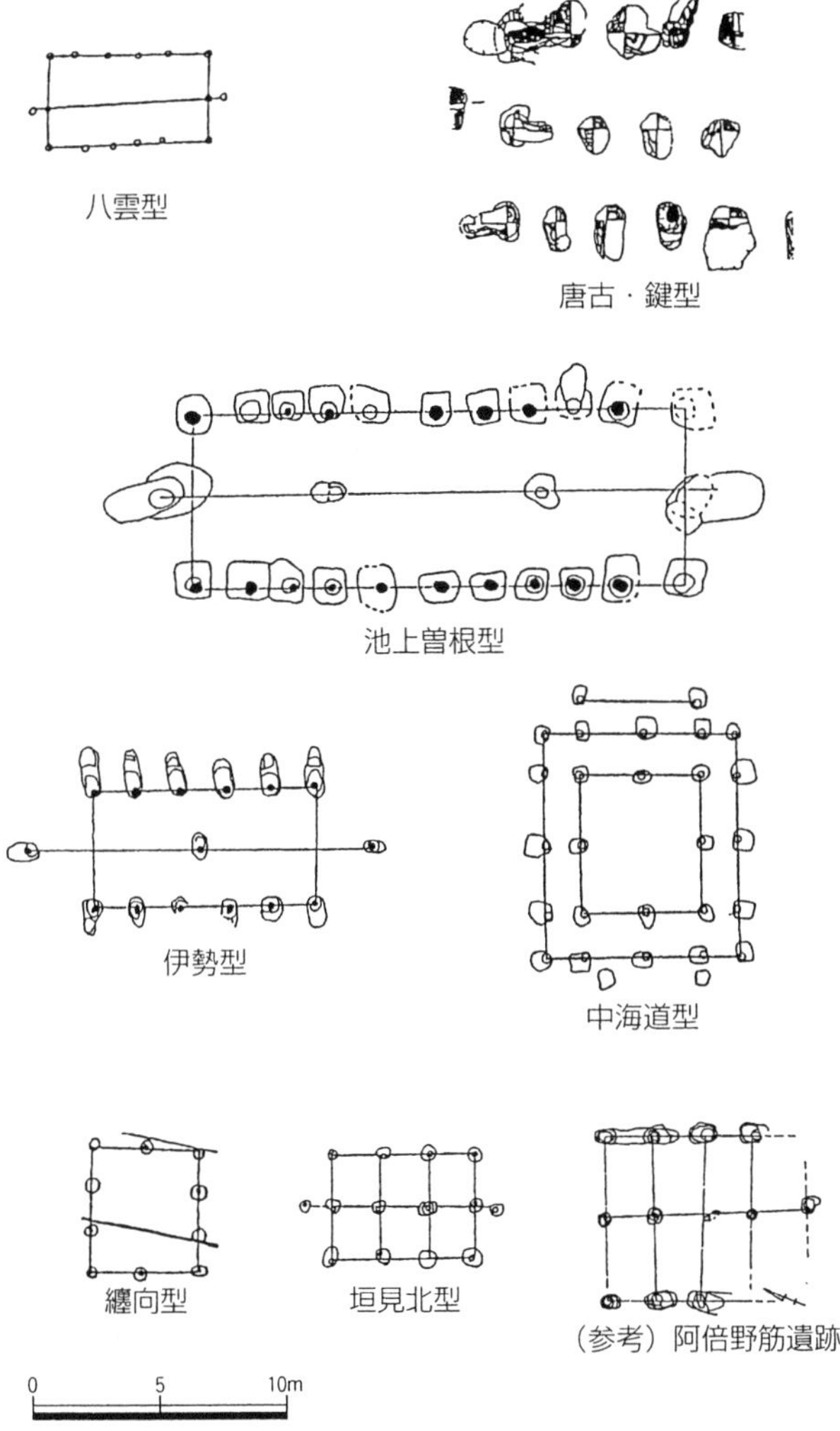

図11　近畿における弥生時代大型掘立柱建物の諸類型（森岡2006「大型建物と方形区画の動きからみた近畿の様相」〈『弥生の大型建物とその展開』サンライズ出版〉より転載）

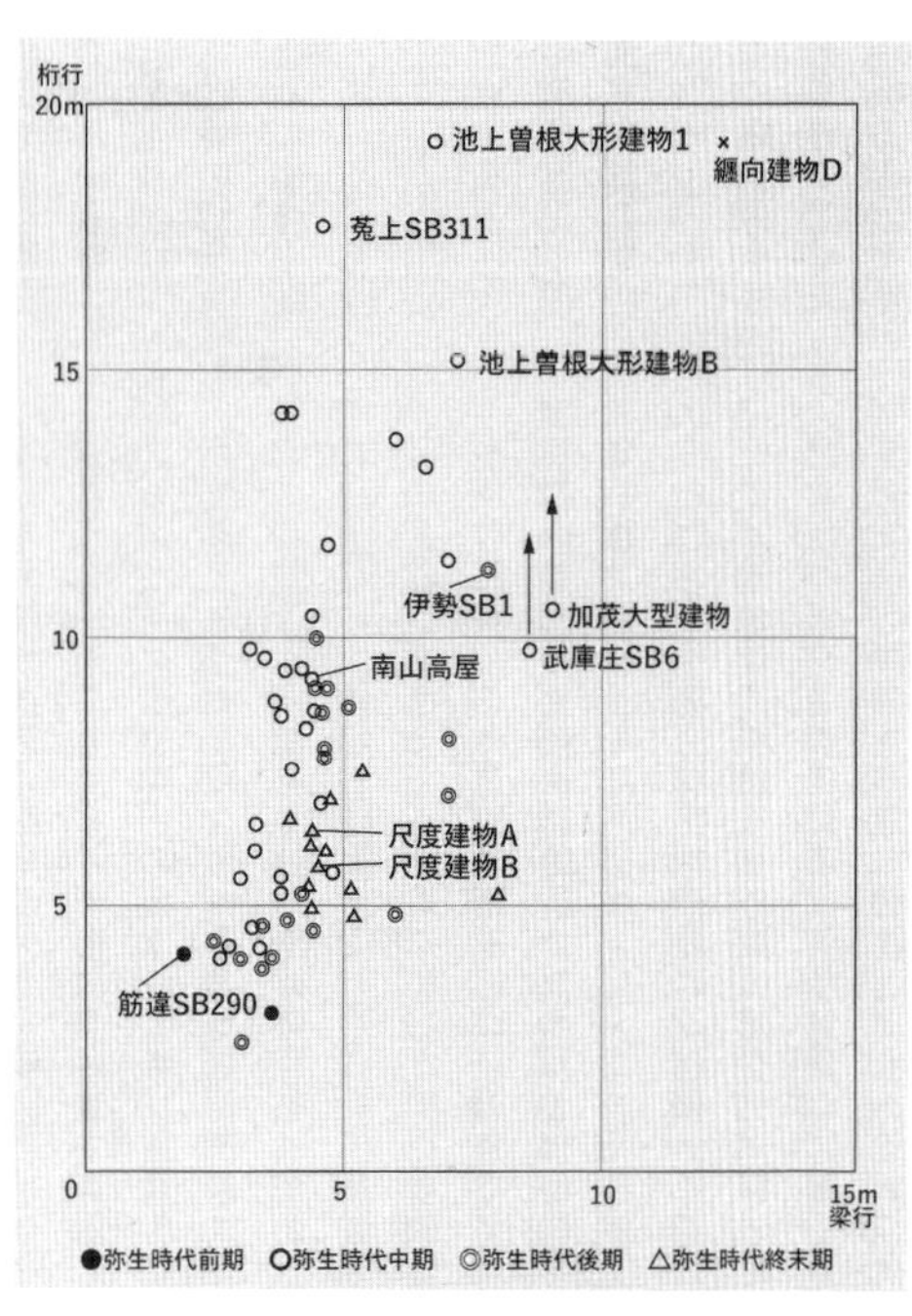

図12　大型独立棟持柱付掘立柱建物の近畿地域規模比較グラフ（禰宜田 2024a より転載、一部改変）

図13　武庫庄遺跡の弥生中期の布掘り大型掘立柱建物跡（尼崎市教育委員会提供）

ともに間数は伊勢型と様相が異なり、超大型である。樹種も針葉樹と広葉樹で、伊勢型とは異なるものが目立つ。これらはそれぞれの遺跡でバラエティに富んでおり、紀元前の大型農耕集落の中心施設として検出をみたもので、けっして規格性が広く認められるものではない（図12）。中でも武庫庄遺跡の中心施設は、桁行が布掘り構造の独立棟持柱付掘立柱建物（図13）で、超大型の態をなす。本例は地中梁があって、耐震性にも優れていたであろう。これらは紀元前一〜三世紀の弥生中期の所産で、弥生後期の伊勢型建物の盛行とは、社会背景を異にする。伊勢型は規格性の基となる造営尺が存在した可能性も高く、中国王朝も前漢ではなく、後漢に並行する建物なのである。

（二）改めて伊勢遺跡の性格を問う

伊勢遺跡の暦年代は動いた—変動した遺跡の価値観は？　伊勢遺跡の継続を示す弥生土器編年

から、これらの建物の群れが一世紀後半から二世紀の終わり頃まで継続し、その前後は断絶を示していることが確実視できるようになった。遺跡としての大きさは、東西七〇〇メートル、南北四五〇メートルの範囲に広がっている。少なくとも三〇ヘクタールの面積をもつ大遺跡の風貌を保つ。昭和五五年（一九八〇）に宅地開発により発見され、その後百数十次以上の発掘調査、確認調査を経て、現在に至っている。その試掘を担当したという守山市埋蔵文化財センターの岩崎茂所長は、四十数年前、その初の試掘を担当し、「あの時出土した遺構や遺物が契機となって今の伊勢遺跡があると思うと、大きな感慨も湧く。下之郷遺跡も前後してその頃に発見されたのです」と、当時鰻上りに増加の一途をたどった埋蔵文化財調査の積み重ねの大切さを振り返り語ってくれた。

伊勢遺跡は農耕集落ではなく、さらなる解明を待つ多くの祭祀棟からなる。中心部にある方形区画建物群や楼観には歴代の首長たちや司祭者が厳かに建物から出入りした光景が想い浮かぶ。一帯に聖域感が漂い、その空気の感触が今の史跡公園にも伝わっている。構造は単純に見えて複雑だ。その場合、円環状もしくはサークル状と表現した建物の直列構造の外側を画すように造られた大溝の存在も重要と思われる。幅七メートル、深さ二メートル以上の部分があり、分岐する箇所も認められる。容易に中に入って来られそうにない遮蔽物にもなる。弥生中期の環濠とはまた異なった存在だ。もちろん周辺の集落にとっては農業用水の水路としての役割も担ったことだろう。

邪馬台国の時代の構造物が次々と発見されたと報道されてきた伊勢遺跡は、その盛行期間を説明してきた暦年代が大きく動いた。それに伴い、伊勢遺跡を取り巻く社会背景も大きく変化しており、前述したように、現在では中国の後漢王朝とほぼ年代が並ぶ紀元一〜二世紀に形成されたことが明確になった。歴史的な意味合いはかなり変わったものの、伊勢遺跡の価値が後退したわけではない。正しい歴史のステージの中で他の考古現象と整合的に説明されることが新たに要請されたのである。

誤りだった弥生後期三世紀説　伊勢遺跡は見つかった頃の編年観、実年代観で考えられた時があった。伊勢遺跡三世紀説である。当時の日刊紙のコメントの土台となった考えだ。日本の弥生時代研究を牽引した佐原真さんの有力説であり、卑弥呼没年や宗女壱与（台与）の活動期も含んでおり、中国史書が数多く取り上げている二世紀後半の「倭国乱」「倭国大乱」後の平和な一世紀が想定されたわけである。私は一九八〇年代にこうした暦年代観に異を唱え、伊勢遺跡の相対時期は弥生後期でよいものの、後期の始まりは三世紀初めではなく、紀元一世紀初頭を超えた頃、終わりも一八〇年前後と現在は考えており、森岡説後期の年代は佐原説後期の年代とはまったく重なるところがない。再度強調することになるが、伊勢遺跡の弥生後期という時期の扱いは一切変わっていない。不動である。しかし、西暦年代は完全に動いたのである。伊勢遺跡は弥生後期単純段階で、大変短いように見えるが、地元の伴野幸一さんによる後期土器の変遷観により、始期と終期の遺構を抽出でき、建物は同時に建設されたものではなく、機能などによりこのエリアで必要になった時期に追加構築されていることが理解できるようになった。

その動きを私なりにわかりやすくすると、下記のようになる。先に建ったものとの共存関係は慎重な見極めがなお必要であるが、建物相互に認められる交替関係と全体として増加していく傾向をもつことが判明している。年代が変化したことによって、伊勢遺跡の歴史的な位置づけは大きく変わったが、下之郷遺跡も同時に紀元前の社会へと集落の年代がスライドし、遺跡の評価は変わらないものの、それぞれ新たな歴史年表の中でより重要な意義が見出されていったのである。そのことも読者の記憶の奥底には留めて置いてほしいと思う。より真相に近い歴史遺産として新たな場、ステージを得て、守山や湖南の地域のみならず、日本の歴史や東アジア世界の流れの中で躍動する歴史像の一員として加わり、弥生時代の叙述の中心的な遺跡として新たな活躍が始まったといえるのである。

伊勢遺跡における建物の想定建築時期　以下に示した伊勢遺跡の形成秩序は、出土弥生土器の伴い方や建物同士の距離、伊勢型の柱穴斜路からみた主柱の立ち上げ順序などを考慮に入れて、大きな矛盾が起こらないと判断しての遺構構築年代の進捗過程であり、いうなれば伊勢遺跡のライフサイクルである。諸画期には小期ごとにステージとしての名称を施してわかりやすくしている。発掘調査の主役を務めた伴野幸一さん（第一・二章）や東アジアを見渡す文献を柱とする検討を行った大橋信弥さん（第四章）の年代観とも大きな違いをきたさない変遷を提示しているつもりであ

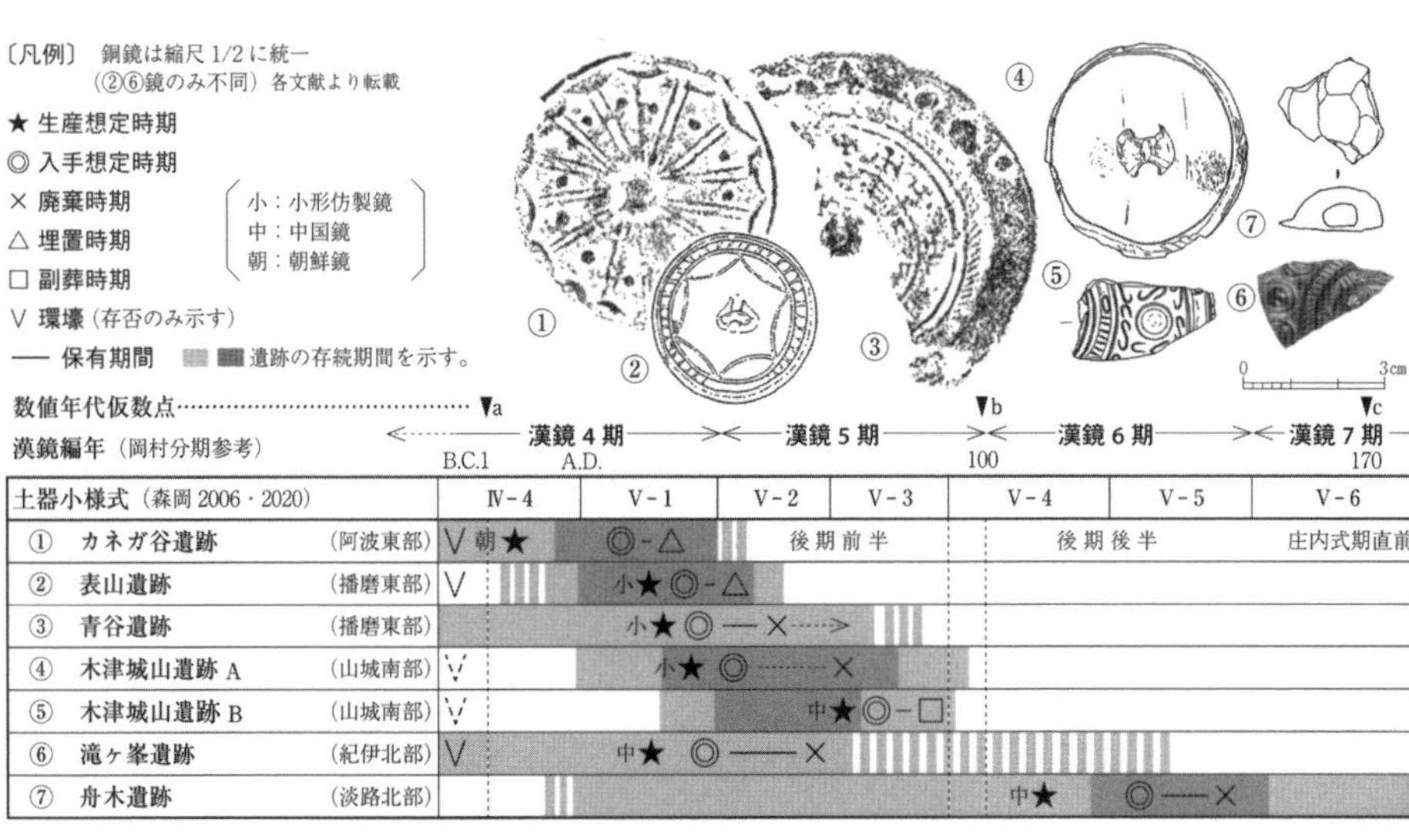

図14　弥生時代後期前後の暦年表と銅鏡の近畿流入（森岡2021「銅鏡の早期入手と高地性集落」〈『季刊考古学』157〉より転載）

るが、理解の細部では小異が起こっているかもしれない。

【選地・成立期】後期前葉後半。大洲地区高位部の三〇〇〇以上のピット密集域〈開発活動域〉が形成される。この成立前後の時期は奴国王金印期とも重なるか、直後のこととなる。↓【特殊施設建造開始期】後期中葉前半。大型方形竪穴建物・円環サークル部の大型建物SB—7・方形区画内SB—3（内外の複数地点での特殊施設の建設開始時期）。↓【政治棟中枢期】後期中葉後半。楼観SB—10の建設や方形区画内SB—1・2の建設・円環部大型建物SB—8・9・12（東側祭祀施設）が建築される。これは倭国王帥升期の前後であり、倭国治世の揺籃期といえる。↓【政治棟終焉期】後期後葉前半〜後半を充てる。円環部大型建物SB—4・5の建設（遅れて、西側祭祀施設が建設される）、野尻地区の屋内棟持柱建物SB—6の建設で締め括られる。この最後の建物は伊勢遺跡遺跡の終焉を象徴するものだ。伊勢遺跡活動期の記憶を残すための最後の記念物と伴野さんは考証している。多くの建物は残っていたとみるより、少し年代を経て、この建物だけが単発に形をなしていたとみておく方が興味深い終わり方となる。そのあたりの真相はわからず、読者の考証や想像に委ねたい。弥生特有の農耕集落像は誰もが止揚され、特殊構造の伊勢遺跡がきわめて政治的な位置を占めていることが了解されるだろう。

念のために、右記した伊勢遺跡の遺構の盛衰状況に私や伴野さんの考える最新の弥生後期年代表（巻末年表参照）をつけておこう。それには中国・朝鮮半島の主な出来事も併記している。なお、併行期には銅鏡という新たな金属器が後期の近畿社会に登場し始める。その時間的な様相を図14で示しておく。

（二）ヤマト王権誕生以前の社会と「原倭国」像

初期農耕集落からの脱皮　本章では、伊勢遺跡が出現した弥生時代後期の近畿の社会を見直すことによってその意義を考えることを目的としたが、弥生集落の水稲農耕社会における発達過程についても少し素描しておきたい。そのことで、伊勢遺跡の有する遺構属性があまりにも特殊でかつ政治的な世界に飛躍したものであったことを強調できると思うからである。

野洲川流域の下之郷遺跡をはじめとする環濠集落は、弥生時代中期後半に最も発達し、径四〇〇～六〇〇メートルの巨大化したものが近畿各地に登場している。後世の令制国に一～二ないしは二～三の割合で確認できる環濠集落は、のちに定まった畿内の領域にほぼ限られることであるが、愛知県名古屋市・清須市朝日(あさひ)遺跡を筆頭に東日本にも大きく波及し、大きさを問わなければ、東海や南関東では弥生時代後期に急速に増加していく。一方では、環濠を保持しない弥生集落も数多くあり、近畿地方では九割以上、大溝や小溝はあっても環濠を造っている気配のない農耕集落遺跡が展開している実態がある。換言すれば、環濠集落はごく一握りの集落であり、巨大化を遂げたものや環濠が多重化するものは指折り数える程度の数なのである。弥生前期からその変遷と特徴が追えるが、環濠集落のみでもって、平均的な弥生社会像を描くことはおよそできず、ある意味、弥生文化の凝集した姿や特殊化を遂げた部分をみているのかもしれない。それだけに下之郷遺跡は単純な農耕集落ではないといえる。

一級河川である野洲川の流域は、近畿地方では大小の環濠集落や関連する弥生集落が最も集中している屈指の場所である。地理的に北陸や東日本との関係でキイポイントになるばかりか、後期により個性度を増す受口甕圏の創出と維持の中枢域をなしていることは看過できない。それは墓地構造の計画性や大型墓の存在にも窺われる。琵琶湖へのアクセスを考慮すれば、水運により湖東・湖北や湖西ともつながっており、下長遺跡をはじめ、湖上ルートで活躍した準構造船などの部材も確認されている。

図15　下之郷遺跡の環濠保存ガイダンス施設（上）と景観（下）（守山市教育委員会提供）

環濠集落の実態　弥生時代の環濠集落は大陸から稲作農耕文化とともに伝来した集落構造の代表的な類型であることは疑いなく、定着段階以来、本来小規模なものとして持続していった。完周一〜二条どまりで、径七〇メートル〜一五〇メートル程度のものが弥生前期〜中期前葉に展開する。そのような趨勢にあって、多重環濠を巡らし巨大なものとなる近畿の弥生時代中期後半の環濠集落は、大変目立つ存在となる。集落としてのまとまり、住人の集団規模、内部構造・用途区分、中枢区域、大型特殊建物の構造などの諸要素には遺跡ごとの差違や自然環境の格差、地域性そのものが存在しているようで、かつて寺沢薫さんが大陸からの系統づけを行った点は西日本の環濠の大枠の理解として不可欠な視点であろう（寺沢一九九九）。その伝来の解析は今後も必要だ。防衛機能のみに特化した通り一遍な解釈だけでは済まされないことは、湿潤地をあえて選んだ例をみても明らかである。また、歴史的な景観を含めて通時的にみれば、弥生時代のみに存在したものではなく、社会背景を異にしつつも激増する時期が認められることは注目されてよい。

日本列島には、弥生時代の環濠集落が数多く確認されており、遺跡としては四〇〇例近くにのぼる。その中にあって、下之郷遺跡は規模の巨大性（東西七五〇メートル、南北三五〇メートル）、土地への執着性（環濠の多条化や環濠帯の形成）が備わり、内部構造が二〇％近く明らかになっている点で群を抜いた存在である。無論、史跡公園としての利活用も多重環濠の現地保存を前面に出して、かなり軌道に乗っている（図15）。

伊勢遺跡から臨む原倭国の台頭　一方、平成二四年（二〇一二）に国史跡に指定された伊勢遺跡では、三上山のよく見える高燥な場所を占め、居住域・墓域・生産域などを併せ持つ集落とは完全に分離した祭祀・政治域が機能分化し特殊な建物によって形成されていることが明らかになった。一三棟以上を数える大型掘立柱建物が方と円の企画原理を対照させながら存在し、建物の過半はオリジナルな「伊勢型」を構成していることは述べてきたとおりである。その土地開発と祭祀活動の始まりは、一世紀後半に遡り、連合組織的な倭国の確立へと向かう卑弥呼政権、その成立の前提となった卑弥呼の共立の段階（二世紀末頃）には消え去り、役割を終えたようである。微妙なことをいえば、卑弥呼擁立のクニグニの代表者の会談の場となったことも考えられる。器物による具体的な資料がないため、憶測の域を出ないが、この時期以降に全国波及する手焙り形土器（図16）の意義づけとも絡ませて支持できる見解である。否、むしろ共立の政治的儀礼の場としての機能を全面開花させ、その主要な役目を滞りなく終えたかもしれないと思う。

したがって、三世紀の東夷の小国が中国史料に認識される以前の列島の抗争期を含み込むプロト倭国段階の期間一二〇～一三〇年の年限を占める歴史的にはきわめて大事な時期に、活動形跡を残したのが伊勢遺跡にほかならない。その存在意義を近江一帯に、さらに西日本を中心に列島の各地に示したといえるのではなかろうか。野洲川流域発信の手焙り形土器の各地への浸透は、この地域で誕生した特有の火と関わる土器祭祀と儀礼行為の秘儀が、着実にあるいは断片的に伝わっていった証ともいえよう。その具体的な復元をいま考えつつある。竪穴建物の入口付近に二点一組で置かれたような例に出くわすことがしばしばあるが、その使われ方の一端を暗示している（図17）。想像をたくましくすれば、二世紀以降、集落には少数の巫女の家があり、夜間に火を灯して入口へのアプローチを示すことがあったのかもしれない。伊勢遺跡形成の上限の年代については、博多湾岸に中枢が所在する奴国台頭期以降、西日本に勢威の伝わる倭国王帥升らの朝貢年代以前のことと思われ、その後、九州島外へと拡大しつつある統一的政体のない未成熟な倭国が弥生後期の分立した地域勢力段階にあった（キビ・イヅモ・ツクシ・ヤマトなど）。私はその枠組みをかねがね「原倭国（げんわこく）」といった造語を用いて仮称し、西日本が次のステップに踏み込まんとする社会関係の中で統合に向けた

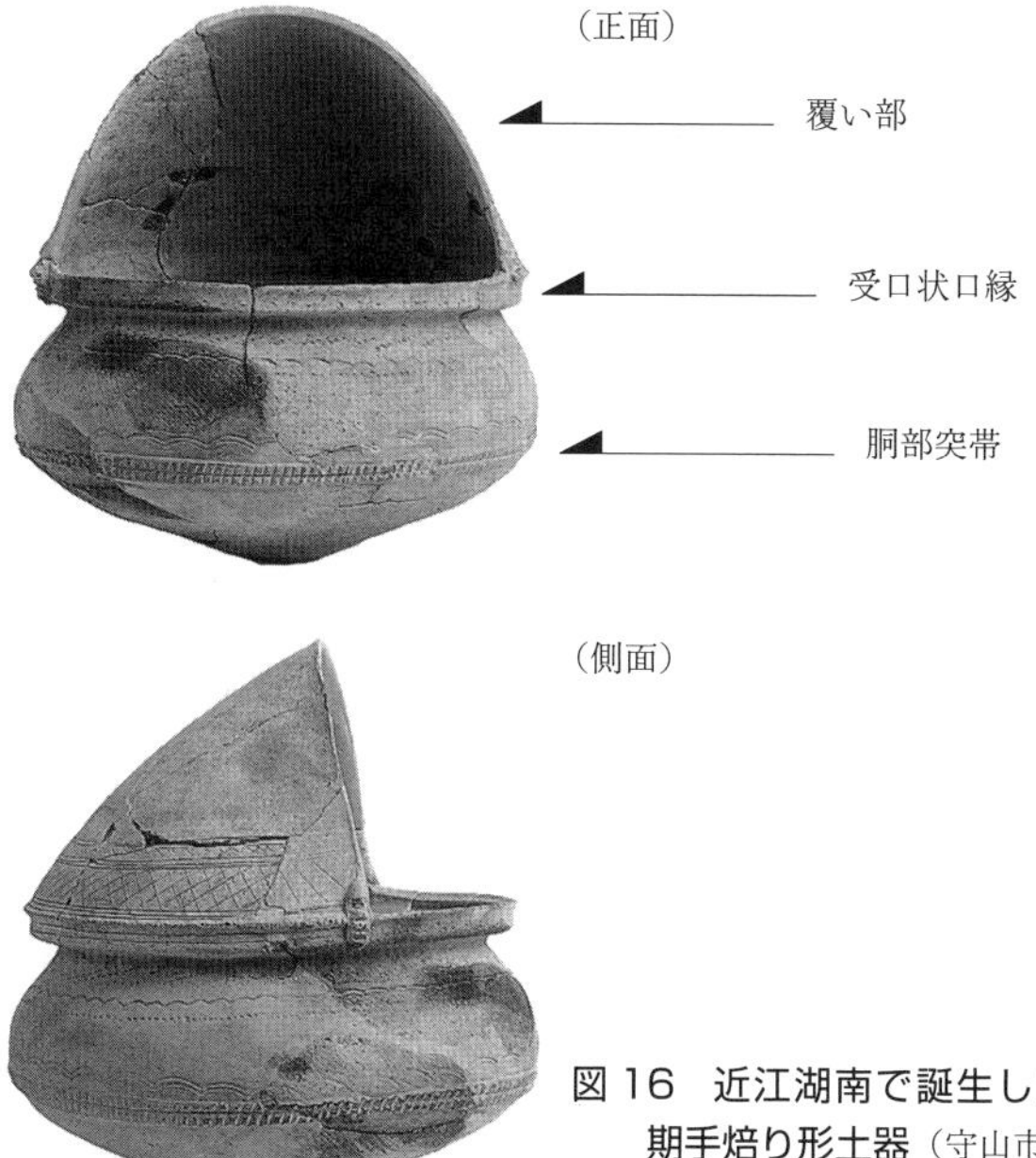

（正面）
覆い部
受口状口縁
胴部突帯
（側面）

図16　近江湖南で誕生した初期手焙り形土器（守山市教育委員会蔵）

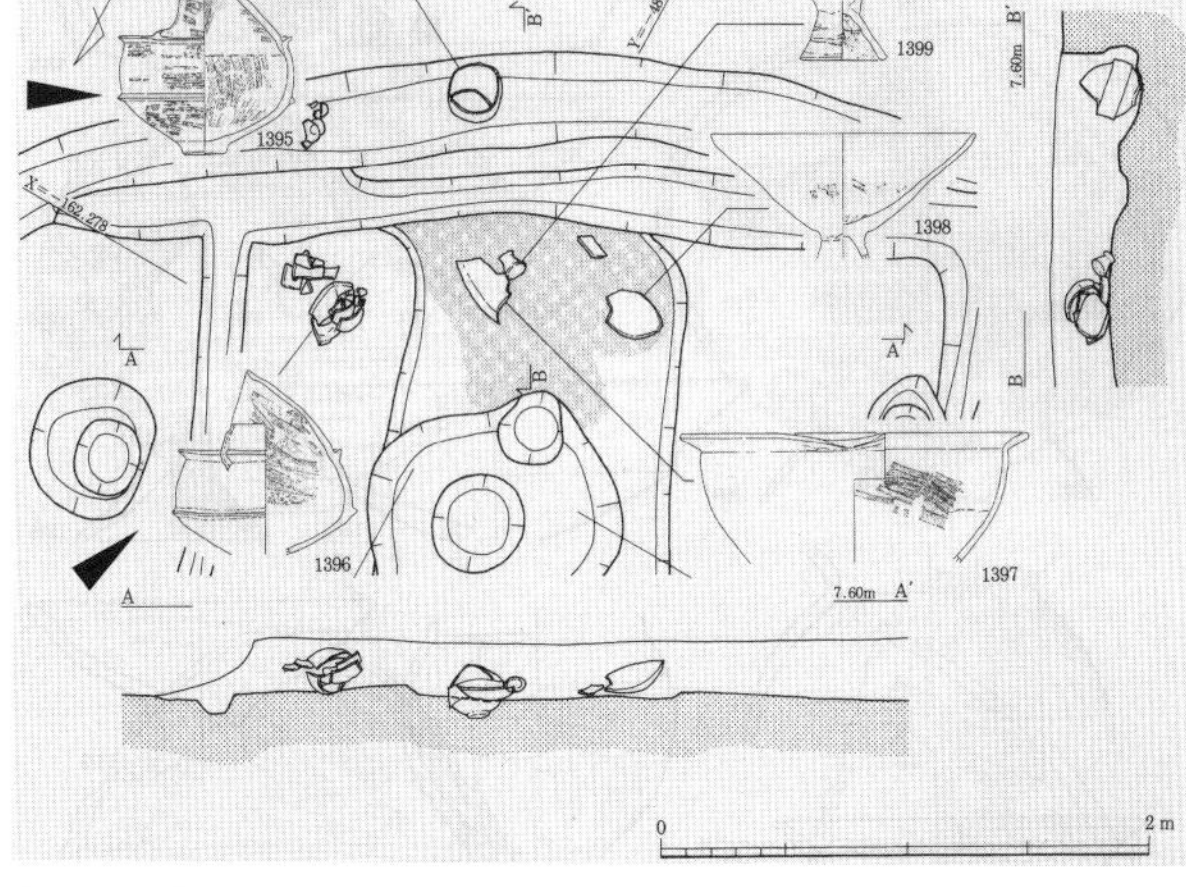

図17　大阪府堺市下田遺跡竪穴建物入口付近で確認された2個の手焙り形土器（西村歩ほか編1996『下田遺跡』〈大阪府文化財調査研究センター〉より転載）

活動を始めていたと理解している（森岡　二〇一五）。

五　王権確立への近畿北部の関与

弥生時代近畿の二つの顔つき　最後になったが、弥生時代後期の近畿について、適確な評価なくしては、倭国が一統された、ヤマト王権が誕生することの説明はうまくできない。このことについて、二、三の提言を行い、稿を閉じたい。

かつては弥生時代の社会と古墳築造を媒介に権力の核を近畿の中枢に据えたヤマト王権の形成は、一貫して大和や河内を舞台として畿内優位の社会の上昇力を要として語られてきた。弥生時代と古墳時代のスムーズな接続、連結をめぐってのこの論点の弥生畿内評価は、半世紀を経た現状では振り出しに戻った状況ではないかと思っている。確かに眼前に峻立する大型前方後円墳の連綿とした築造に帰結される次代の社会は、畿内地域の弥生後期社会がその原型を用意したとの考えが根強くある。錆び付き多くが消滅した鉄器、再利用品にすばやく化けた鉄製武器や鉄製工具、古墳時代へと継承される鉄器を過大に評価するいわゆる「見えざる鉄器」論が横行したが、二一世紀に入った頃からその揚力は急速に減衰したかにみえる。自然消滅論も再生技術論も今や無い物ねだりの論（禰宜田　二〇一九ほか）が骨格となっている。多数の青銅器・鉄器の素材の舶載、製作と保有環境の枢要を大和や河内に求めて、旧大和川（やまとがわ）水系を軸とするこの地域から各地を睥睨（へいげい）するような生得的な畿内中心部優位論（佐原　一九七〇）を立てることは、もはや今日では困難であることをここに強調する。旺盛な復活力をみせる伝世鏡論（岡村　二〇二四）もまた証明は難しい。

二一世紀に入って、日本考古学は年代の基軸を科学的年代測定に大きく頼るようになってきた。複数の方法に基づいて年代測定が行われるようになり、弥生後期が紀元一世紀第2四半期頃から始まり、二世紀第4四半期に入った頃に終焉するといった年代軸上の位置が定まってきた。この時期は中国後漢王朝とほぼ重なり、すでに従前の考古資料の検討からも後期の年代は近似した状況に落ち着いていたので、この動きはさらに整合性を高めたといえる。

述べてきたように伊勢遺跡が活動したのはこの後期社会であり、近畿で巨大な環濠集落が農耕活動を基盤として栄えていた中期の社会とは大きく隔絶する。中期の地域集団を束ねることによって、大和川を基軸とする地域を包括して近畿南部勢と呼ぶとすれば、淀川水域から琵琶湖へのルートを重視した社会集団を対比的に近畿北部勢と称することは可能であろう。ただし、このように呼び分けたからといって、近畿の弥生後期社会に明確に南北対立するような大きな政治勢力のまとまりがあって、互いに争い、競い合ったような姿を想像しているのではない。弥生後期ともなれば、連鎖する小地域の親縁度がいくつか通交の軸線となって、大河である大和川や淀川は近畿という土地柄、日本列島中央の東西を結ぶ重要な二つの動脈となり、物流の面では意図せずとも偏りがどちらかに生ずる場面が複合化していく。とりわけ列島外に原資を求めざるをえない金属器が社会に浸透した弥生後期は、いくつも存在する南北の経路の錯綜とも相まって、複雑な動向をたどるようになる。

そこで、後期のタタキの甕が示標となる近畿南部と受口状口縁の特徴的な甕の広がりをメルクマールに近畿北部といった地域の存在を漠然と考えてみよう。両者は近畿の他器種が一つの土器様式を形成するに際し、一見排他的にみえるため、地域研究でも分かたれてきた経緯をたどったが（佐原　一九六八）、互いに親縁性が高い補い合いをみせ（都出　一九七五）、友好的なありようを示すことがはっきりしてきた（伴野　二〇一二）。便宜的ながら集団の顔つきとしてこの土器の違いをとらえて、近畿を大きく南北に分けることは可能であり、摂津・河内・大和を中核としてタタキ圏が存在し、播磨や紀伊・淡路・伊賀など周辺に一定の広がりをみせる。北は丹波高原までの広い範囲に普及する。無論、先に述べたような微細な土器作りの違いは存在する。他方、受口甕は俄然近江が要であるが、やはり土着性の早い受口甕を山城・丹波・伊勢・伊賀や北河内にみることができ、越前・加賀など北方にも在地性の高い資料がかなり見出せる。政治的な勢力圏とはほぼ無縁な土器の地域性の一つであるが、こと近畿に現れるこの二つの様相の重心はそれなりに意義の違いが存在するように思われる。そのあたりをまとめることにしよう。

銅鐸生産地移動論仮説　弥生時代の後期は西日本を中心に大型の青銅器が祭器として広く選択された時期であり、その器種は各地で限られた存在になる。近畿の弥生人が好み選んだ銅鐸は、青銅器の中でも意識的に大型化が目指されており、まさにヴェブレン効果（価値の高い物の需要が上へ上へと高まる現象）やスノッブ効果（他者とは異なる物を欲する現象）が著しく働いているものといえ、生産を持続させるには膨大な金属原料を集積する必要があった。広い範囲の集団構成員が諒解、選択の上、極力対象を絞り込んで象徴化させたように思われる青銅器が銅鐸である。その形状と使い途（みち）は時間軸上では変化しつつも、広い空間において同時代を生きた弥生の人々には共有されていたように思われる。差配集団の存在を仮定して集約的な配付構造を読み取る人がいるなら、後期段階の近江はその有力な生産場所と配り手を控えていたと考える人が多いと考えられる。

一方、後期に急増する小型青銅器各種（小形仿製鏡・小銅鐸・銅鏃（どうぞく）・筒状銅製品など）はこれら大型青銅器とはこれまでに同伴例が一切なく、器種・型式の消長も後期初頭以降、一貫性がない。生産単位もいたって個別分散的である（森岡　二〇一〇）。後期の青銅器の生産構造は大型の銅鐸と小型の青銅器の二層構造となり、製作工人には大きな技術レベルの差も生じ、両極へと限りなく離れていった状況が看取されよう。一般集落に存在する後者の製作者に対し、前者の専業的工房が未発見な理由もそうした事情が少なからず反映しているのだろう。

近畿や東海西部の青銅器は質量対比において他地域を圧倒的に抜いて突出する。銅鐸をみる限り金属原料の受け入れも、製作後の使用地への運搬も、かつ特徴的な埋納行為による遠距離の再移動に目を向けても（森岡　一九七五）、その主体が近畿の独自性の内にあることはいうまでもない。これらの原料需給パイプが北部九州経由の瀬戸内ルートのものとする従来の考え方はすでに崩壊したとみており、何度も説くように、日本海側を中心とする多面的な入手活動が進行していたとみなすべきである。弥生後期以降における近畿北部の金属器を基軸とする外交姿勢は急速に高まりをみせ、近畿南部との原料や製品を求める拮抗関係は、両者に牽引関係へと変化していく経済的基盤の構築の落差を誘引したと考える。

近畿の南部と北部は外部からのアクセスが多様化する過程にあって、特に日本海側の港津が出雲・伯耆・因幡から越前・加賀にかけての海岸部に数多く形成され、継続的に鉄器・青銅器などの原材料、素材の流入門戸となった。東へのリレーも行っていただろう。のちのヤマト王権の覇権は近畿南部が握ったことを前提に考えるなら、その前史に相当する弥生後期は物流の求心力が南部の低下に対し、北部における高まりが顕著となる。大阪湾側でも大和川軸の低迷化に対し、瀬戸内→播磨灘→大阪湾北岸→淀川水系→琵琶湖南岸→同東岸から東海地域への流れが確立し、活性化する。中国鏡の破鏡や鏡片、列島産小形仿製鏡など青銅製威信財の流入自体も、中南河内・大和の地域を避けたような動きへと変わり、重心が近畿北部に動いている（図18）。伊勢遺跡で採用された独立棟持柱をもつ規格度の高い大型掘立柱建物は、中期以来の近畿南部のものが廃れたあとの再来とも説かれ（禰宜田　二〇二四b）、そこには強い刷新を伴う社会のメッセージが込められている。

最近、滋賀県彦根市稲部（いなべ）遺跡の三世紀中頃の集落の浄水溝状遺構から前期古墳副葬品の威儀具としてよく知られる靫の横帯（図19）が出土したが、桜井市纒向遺跡の辻土坑10からも半世紀前、同様に最古の靫の横帯の断片が出土していることが判明した。ともに絹製の綾織で弥生文化期の国内例はなく、集落の祭祀場で見つかったことが、この二例のみだが共通する（戸塚　二〇二二）。卑弥呼治世後半期には活発な対中国外交が執り行われているが、土器や放射性炭素年代はその時期にちょうど該当し、倭国の使者朝貢時の魏や帯方郡（たいほうぐん）経由で下賜された品々の一つであった蓋然性はけっして小さくはない。近畿の南北に分かれて同巧品が確認された意義は少なくないと思う。二つの地域の重心性の一端が露見している証左の一つとみられよう。

銅鐸群再編を契機とした工房の工人整理や製作地の変動、小型の青銅器生産の広域的な拡散状況（これを体制C型と呼び、B型の解体以降に各地で出現するとみている。大型青銅器からは別離した工人集団）を重ね、鉛同位体比分析の領域変化（領域A→領域a）との対応の意味を考えると、近畿は総体として一つにまとまっている。この鉛同位体比分析というのは、青銅器の原料の一つである鉛の同位体の配分比を比較し、産地を特定する方法で、結果はグラフによって集中ラインや集中範囲の形で示される。ラインDは朝鮮半島産、領域Aは中国華北産、領域aはその中でも画一的で狭い

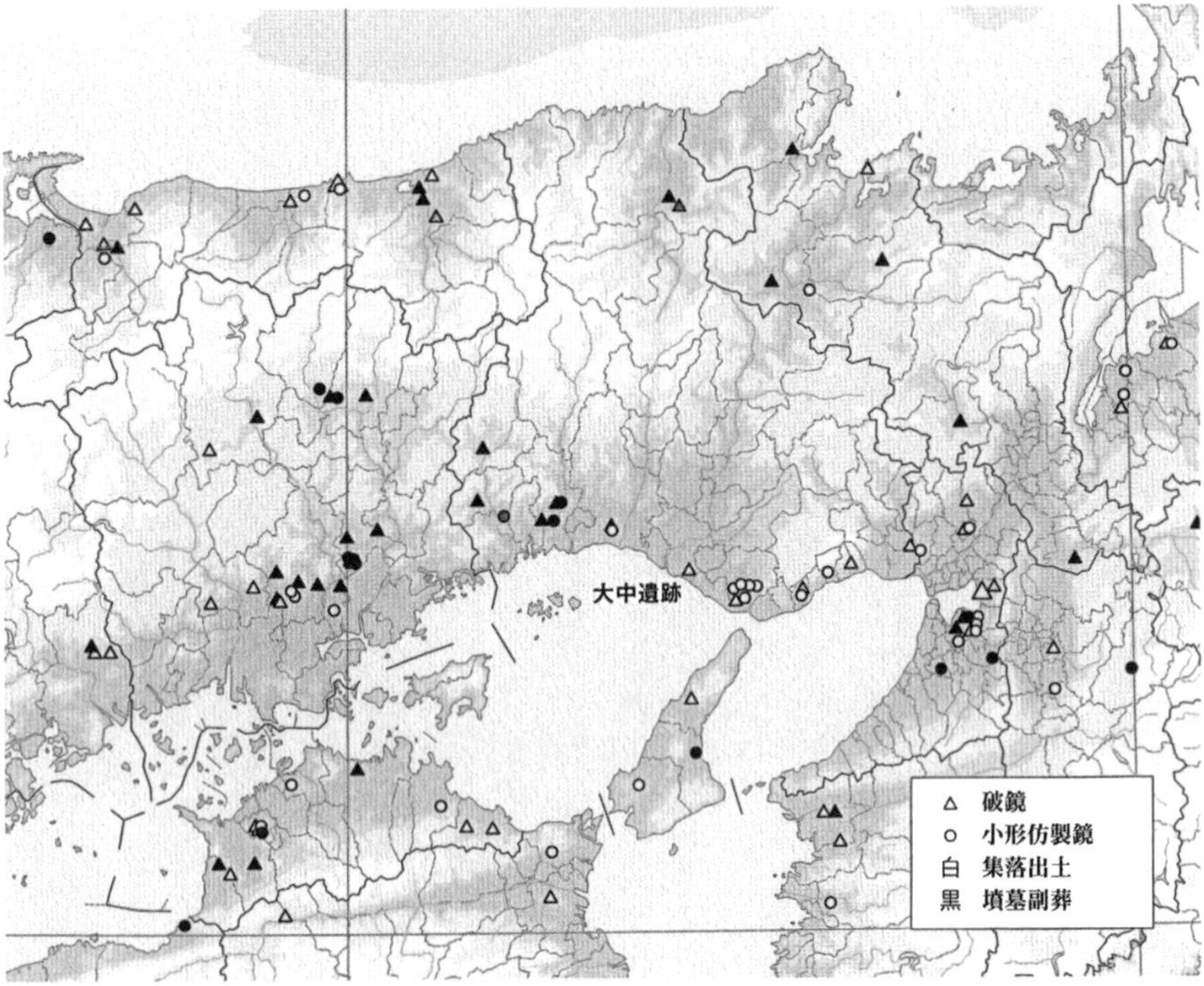

図18　弥生後期・終末期の中国鏡・小形仿製鏡の東伝状況分布図（兵庫県立考古博物館編 2022『弥生集落転生』より転載）

図19　稲部遺跡導水施設出土の威儀具のパーツ　最古の靫（彦根市教育委員会蔵）　靫は通常、前期古墳の器物としては、大変グレードの高いものであるが、その初現は古墳ではなく、集落であったことが戸塚洋輔によりつきとめられ、もう1点が初期倭国の原始都宮ともされる纒向遺跡からも出土しており、貴重な発見例となった。

領域に入るもの、領域Bは中国華南産、そして領域Cは日本列島産ということが判明している。青銅器類との型式変化からは、およそラインD↓領域A↓領域a↓領域B↓領域Cの変遷が認められ、中国華北産原料の出現とその画一化がその変化の中でも注目されている。この転換期の実態には唐古・鍵遺跡の銅鐸形土製品の時空間分析が適用され、大型建物が建つ空間との相関性、関連性を炙り出す一方、後期での模倣の減衰に後期初めまでは持続させてきた銅鐸生産の放棄を是とする見方（吉田　二〇一五）があるのも、興味深い。ここで唐古・鍵遺跡が銅鐸の生産体制を失ったのか、能動的に差し止めて工人核を社会機能からいったん解いたのかは大変難しい議論になるが、私は前者の立場で発言してきた（森岡　二〇一五）。生産系譜問題を政治的理由、経済的理由など集団関係の本質に近づく議論として再生させることも可能であろうが、先に言及した大和川軸から淀川—琵琶湖—東海軸への転向論をはじめ、近畿の南北の集団間の大枠での関係性、動態がヤマト王権成立までの確執ないしは協働性のいずれの歴史的評価と正しく結ばれるかなど、今後向かうべき課題の抽出につなげていきたい。伊勢遺跡の出現は、『魏志倭人伝』をいったん離れても、考古学上のエポックをなす存在なのである。

擬凹線文系土器様式圏と日本海沿岸地域の首長層の海民活動　北部九州との関係で、鉄製の刀や剣が幅を利かすのは、島根県から石川県に至る日本海沿岸地域であり、後期・終末期に鉄刀・鉄剣が躍進的に普及する。有力首長墓での副葬が活発化し、北部九州とは別個の広い地域で受容できる体制が着実的な物証により生じている。北部九州からのリレー式な伝播ではなく、日本海側の集落や墳墓被葬者が個別入手しており、その兆候は中期後半の集落出土の木製装具（柄・鞘）や鉄矛にすでに窺われる。前者の例は石川県小松市八日市地方遺跡、後者の例は鳥取県鳥取市青谷横木遺跡から好例が見出されており、同県倉吉市中尾遺跡の焼失竪穴建物（1号）からは儀礼で使用された半島系鉄矛完形品も出土した。中継地などは不分明であるが、韓国慶尚南道茶戸里遺跡と酷似する舶載鉄器とみられる。

弥生後期には多数の鉄製刀剣が墳墓から発掘されており、有力墓の多くは日本海を遠望し、管掌しえた船舶停留先の潟湖を見下ろすような眺望条件の良い場所に築造された。鉄剣の事例としては、近畿丹後の京都府京丹後市三坂神社3号墓・左坂墳墓群26号墓で素環頭刀、宮津市大風呂南墳墓群1号墓で多数の鉄剣が副葬されていた。鉄刀副葬は鉄剣に加え、終末期にかけて増加し、分布エリアも北陸西部で実例を増加させ、山陰では鳥取県湯梨浜町宮内第一遺跡、島根県安来市宮内遺跡3号墓などで確認されている。前者は日本最大長の大きさを誇る。近畿地方では大阪市崇禅寺遺跡の一例を除き、北部の丹後・丹波・但馬に遍在する。剣から刀への舵取りがこの地方の独自の選択ではなく、朝鮮半島南部の交流地の武器の変革に遠く根差したことは推測に難くなく、変化と画期に鋭敏に反応していった証ともいえる。多くの資料が船載品と考えられるものであり、集団的な対外交渉というよりはやはり恒常的な交換物資調達力を有する海民的な有力首長が緩やかな連帯を築きながら個別に海を越える鉄器を獲得したと考えている。そして、直刀の環頭を裁断した実例が目立っている点が現今でも追認できる。

　これらの墳墓エリアは東西に長く日本海沿岸域に細長く連なっており、擬凹線文系土器様式と重なっている。概括的には玉生産を盛んに進めていた地域であり、交換財を東の翡翠から碧玉・緑色凝灰岩・水晶とその原石調達まで取り揃えることができた地域でもあり、近畿中・南部の集団より明らかに操船技術に長けた弥生人が最小の船団を個々に編成して荒波立つ海の鉄の道を相互利用したものと考えられる。北部九州集団との広域性を元にした連携度はおそらく低く、鉄素材を入手して鉄製短剣を製作した人々や佩用刀を船載品として得た人々は全体として生産活動は分岐していたが、対外的な管掌集団を担い、首長連合体の形成は、近畿中部とはまたいくつかの点で大きく異なっていた。長距離交易を差配する長をまとめた首長層の統率者はそのまま成長すれば、膨大な鉄力を背景に権力の一統独占化を果たした立場にも移行しえたはずだが、広域な対外交渉の集団的性格は必要悪として一定期間機能させる必要があったとにらみ、その存在が倭国王帥升の段階（紀元二世紀初頭）前後の政治的機能の実態ととらえている。

二世紀以降の鉄器・鉄素材・青銅原料の獲得活動　数多くの潟湖を管轄する各地の沿岸首長層連携の代表は、プロト倭国の権益の統括者としての役割を果たすため、日本海側に必要な存在であり、中国史書に名を遺した王が北部九州から離れた地で成長を遂げたことを仮説として考えている。この交渉は朝鮮半島のみならず中国とも直接行っており、舶載の鉄器・鉄素材の入手に限らず、青銅器生産に不可欠な金属原料の各種（銅・スズ・鉛の主要金属元素）や一部合金のインゴットの獲得活動とも深く関わったことであろう。一六〇人という多数の生口数の記載があえて『後漢書』東夷伝の「安帝永初元年」にみえるのは、弥生後期内細分の時期的にも符合し（後期後半前葉と推定）、かつて原田大六によって唱えられた「奴隷貿易」を彷彿とさせる。その窓口は旧国の出雲西部・出雲東部・伯耆西部・伯耆東部・因幡西部・因幡東部・但馬・丹後などに弥生時代後期後半段階の港津の発達を想定しており、青銅器・鉄器の製品や素材の流入以外に、玉類の動きや木製品、農産物の動き、反対給付のことなども絡まってくる。

　青銅器・鉄器の近畿圏生産のイニシアティブはどのような階層の人々が担い、いかなる居住集団が採って進められたのか。青銅器生産の場合は、複数の金属元素の利用知識と合金原理と計量の知識に根差した鋳造技術・装置の獲得が、中央勢力のような上位の政治的機能集団を目指して求心的、目的的に受容されている気配はまったくない。物から窺える初期鋳造組織の形態は生産体制A型であるから、現状では単器種生産が目指されており、断片となった石製鋳型などが散見されるも、他の鋳造生産関連の道具類は僅少である。最も古い銅鐸である菱環鈕式段階関連資料は一二例ほどあって、それらの分布状態は生産母体が中心とおぼしき集中地域を形成して、周辺から伝播して亜周辺に広がっていくようなありかたを一切示さない。現状にあっては、資料が出雲・播磨・淡路・山城・越前・伊勢・尾張などに散見され、その後の銅鐸の鋳造核となるような大和・河内・摂津などには証左が確認できず、一種のドーナツ現象を呈している。近年では兵庫県南あわじ市松帆（まつほ）の銅鐸7、銅舌7の発見例が突出して製品数が多いが、洲本市中川原（なかがわら）出土例（隆泉寺所蔵銅鐸）を後継するように古い銅鐸は淡路南部の三原（みはら）平野西海岸部から出土する。これは近畿で三〇〇年近く続いた初期農耕社会がその間、中心―周辺関係を作って、出現期銅鐸の創案に関わった地域が政治的枢要集団として主導性を発揮するような成長の足取りを残さなかったことを意味している。また、金属原料の調達がすこぶる多元的であり、遠賀川式（おんががわしき）土器の伝播の余韻を残す地域に窓口をいくつも設（しつら）えていた可能性さえ感じさせる。

　銅鐸の多数埋納地は近畿西辺から山陰中部の出雲西部地域に顕著である。古い一群では島根県出雲市荒神谷（こうじんだに）遺跡や兵庫県松帆のように、新しい稲作農耕を基層として金属原料や技術を真っ先に受容した場所が意図的に選ばれているようだ。松帆は瀬戸内ルートの最東端で、大阪湾岸に入る水田稲作は、証左は今のところなくても、常識的には肥沃な三原平野にいち早く定着し、青銅器の原料などの受容も早くからあったとみるのがもっとも自然である。そのような場所は、青銅器生産の根源地であり、まさに聖地である。埋納に際しては、そこに向けて長距離移動されたものと考える弥生人の意思を読み取りたい。

かつての対立軸論　近江の伊勢遺跡の存立基盤を考えるにあたって、弥生時代の古い段階に遡って、くどく近畿の社会の立ち位置を繰り返し検討してきた。元来、近畿弥生文化の社会研究、地域性論究では、佐原真さんが鋭意進めた淀川流域と大和川流域を「畿内北部」と「畿内南部」とに括る対立軸を有効とする既往研究が周知されているが（佐原　一九七〇）、「畿内南部」を「畿内中心部」という呼称を通して暗黙の優位論を自明とする佐原さんや田辺昭三さん（田辺・佐原　一九六六、田辺　一九六八、佐原　一九七五など）、田中琢さんらの所説（田中　一九七〇など）、研究姿態はそもそもが小林行雄さんが築いた学統（古墳時代開始論、年代論、伝世鏡論、同笵鏡論など、小林　一九五九、小林　一九六一、小林　一九六七ほか多数）への執着や傾倒に基因しており、見通しそのものがその後の発掘弥生遺跡の考古学的所見に委ねられた部分が多く、ヤマト王権（大和政権とも呼ぶ場合があるが）成立前史への近道を前提としていたように思う。主唱された畿内の優位性について、具体的には、それを構成する地域および時期に佐原さんのいう土器製作における回転台使用の始まり、華麗なる櫛描簾状文（くしがきれんじょうもん）の発達、銅鐸生産の開始と展開がみられ、それらは「畿内の創造的展開」の表現に彩られたものであった。

近年は、古墳の創生やそれを導いた権力核の生誕を畿内弥生社会を持ち出して考える姿勢はきわめて低調となり、吉備や讃岐、山陰や北部九州にいくつも発想の原点や合成力のメカニズムを主唱する多くの学説が生み出されてきたように思う。本章では、対中国外交を真に担った倭国権勢の原型についてあくまで近畿北部に力点を描き、オブラートに包まれた「原倭国」の生成をイメージの下地とし、伊勢遺跡の時代を通して、その渦の中心が近畿という地域の中で非常に流動的であったことを説いてきた。年代論刷新の張本人がその後に築いた歴史像の不完全な一過程としてご理解願うものである。

引用・参考文献

秋山浩三　二〇〇七『弥生大形農耕集落の研究』青木書店
石野博信・関川尚功編　一九七六『纒向』桜井市教育委員会
大橋信弥　二〇〇一「「倭国の形成」―金印「国家」群の時代―」（第七九回高麗美術館研究講座講演資料）
大橋信弥　二〇〇二「共に一女子を立て―卑弥呼政権の成立過程―」（『平成一四年度春季特別展　共に一女子を立て―卑弥呼政権の成立―』滋賀県立安土城考古博物館）
大橋信弥　二〇〇五「倭国の形成と近江」（守山市埋蔵文化財センター講座資料）
岡村秀典　一九八四「前漢鏡の編年と様式」（『史林』第六七巻第五号）
岡村秀典　一九九三「後漢鏡の編年」（『国立歴史民俗博物館研究報告』第五五集）
岡村秀典　二〇二四a「二〇二三年度史学研究会大会講演要旨　倭奴国王冊封以前」（『史林』第一〇七巻第三号）
岡村秀典　二〇二四b「倭奴国王冊封以前の鏡と青銅器原料」（『古文化研究〈黒川古文化研究所紀要〉』第二三号）
岸本直文　二〇一四「倭における国家形成と古墳時代開始のプロセス」（『国立歴史民俗博物館研究報告』第一八五集）
岸本直文　二〇一八「倭王権と倭国史をめぐる論点」（『国立歴史民俗博物館研究報告』第二一一集）
京都府埋蔵文化財調査研究センター　二〇一八「下水主遺跡第六・九次」（『京都府遺跡調査報告書』第一七三冊、京都府埋蔵文化財調査研究センター）
近畿弥生の会編　二〇一二『弥生時代集落の実像と動態を探る―モデル論を超えて―』近畿弥生の会
小林行雄　一九五九『古墳の話』岩波書店
小林行雄　一九六一『古墳時代の研究』青木書店
小林行雄　一九六五『古鏡』学生社

小林行雄　一九六七『女王国の出現』文英堂
佐原　真　一九六八「畿内地方」（小林行雄・杉原荘介編『弥生式土器集成』本編2、東京堂出版）
佐原　真　一九七〇「大和川と淀川」（坪井清足・岸俊男編『古代の日本5　近畿』角川書店）
佐原　真　一九七五「農業の開始と階級社会の形成」（『岩波講座日本歴史第一巻　原始および古代一』岩波書店）
佐原　真　一九七九「畿内のあけぼの」（亀田隆之編『古代の地方史　第三巻　畿内編』朝倉書店）
田中　琢　一九六五「布留式以前」（『考古学研究』第一二巻第二号）
田中　琢　一九七〇「『まつり』から『まつりごと』へ」（坪井清足・岸俊男編『古代の日本5　近畿』角川書店）
田辺昭三　一九六八『謎の女王卑弥呼―邪馬台国とその時代―』徳間書店
田辺昭三・佐原真　一九六六「弥生文化の発展と地域性　近畿」（和島誠一編『日本の考古学Ⅲ　弥生時代』河出書房）
都出比呂志　一九七五「ムラと家」（坪井清足編『日本生活文化史第一巻　日本的生活の母胎』河出書房新社）
都出比呂志　一九八九『日本農耕社会の成立過程』岩波書店
都出比呂志　二〇一一『古代国家はいつ成立したか』岩波書店
寺沢　薫　一九八五「弥生時代舶載製品の東方流入」（同志社大学考古学研究室編『同志社大学考古学シリーズⅡ　考古学と移住・移動』同志社大学考古学研究室）
寺沢　薫　一九九九「環壕集落の系譜」（『古代学研究』一四六）
寺沢　薫　二〇〇〇『日本の歴史二　王権誕生』講談社
寺沢　薫　二〇一八『弥生時代政治史研究　弥生時代国家形成史論』吉川弘文館
戸塚洋輔　二〇二二「滋賀県彦根市稲部遺跡出土帯状漆塗繊維製品の発見と課題」（『古代文化』第七四巻第二号）
中居和志　二〇二二「近江地域における集落変遷と建物構成」（三好玄・田中元浩編『弥生後期社会の実像―集落構造と地域社会―　二〇二一年度古代学研究会拡大例会・シンポジウム資料集』古代学研究会）
難波洋三　二〇二一「突線鈕1・2式銅鐸とその相互関係」（野洲市歴史民俗博物館編『大岩山銅鐸の形成―近畿式銅鐸と三遠式銅鐸の成立と終焉―』野洲市歴史民俗博物館）
禰宜田佳男　二〇一九『農耕文化の形成と近畿弥生社会』同成社

禰宜田佳男　二〇二四a「独立棟持柱建物と近畿弥生社会」（『令和五年度冬季特別展図録　紀元一世紀の社会変革―弥生後期のはじまりをさぐる―』大阪府立弥生文化博物館）
禰宜田佳男　二〇二四b「前方後円墳出現と畿内弥生社会」（広瀬和雄編『日本考古学の論点　上』雄山閣）
春成秀爾ほか　二〇一一「古墳出現期の炭素14年代測定」（『国立歴史民俗博物館研究報告』第一六三集）
半澤幹雄　一九九七「武庫ノ庄遺跡」（『尼崎市文化財調査報告書』第25集、尼崎市教育委員会）
伴野幸一　二〇〇〇「湖南地域における弥生集落の動向―野洲川流域の弥生時代中期後半から後期の集落をめぐって―」（『みずほ』三三号）
伴野幸一　二〇〇三「滋賀県野洲川流域の遺跡群と受口状口縁甕の変遷―近江における古墳出現期の土器と年代―」（『古墳出現期の土師器と実年代　シンポジウム資料集』大阪府文化財センター）
伴野幸一　二〇〇六「近江地域―野洲川流域を中心に―」（森岡秀人・西村歩編『古式土師器の年代学』大阪府文化財センター）
深澤芳樹ほか　二〇二二「近畿地方南部地域における弥生中期から後期への移行過程の検討」（『国立歴史民俗博物館研究報告』第二三一集）
藤田三郎・松本洋明　一九八九「大和地域」（寺沢薫・森岡秀人編『弥生土器の様式と編年　近畿編Ⅰ』木耳社）
藤原怜史編　二〇二二『大中遺跡発見六〇周年記念春季特別展図録　弥生集落転生―大中遺跡とその時代―』兵庫県立考古博物館
光谷拓実　一九九九「付表―出土木製品の年輪年代と東アジア史関連事項―」（『埋蔵文化財ニュース』九九号、奈良国立文化財研究所埋蔵文化財センター）
南健太郎　二〇一九『東アジアの銅鏡と弥生社会』同成社
三好　玄　二〇二二「集落の様相からみた弥生後期社会の実像―河内・和泉地域の検討から―」（三好玄・田中元浩編『弥生後期社会の実像―集落構造と地域社会―　二〇二一年度古代学研究会拡大例会・シンポジウム資料集』古代学研究会）
森岡秀人　一九七五「銅鐸と高地性集落」（『芦の芽』二七）

森岡秀人　一九八四「大阪湾沿岸の弥生土器の編年と年代」（小野忠熈博士退官記念出版事業会編『高地性集落と倭国大乱』雄山閣出版）
森岡秀人　一九八五「弥生時代暦年代論をめぐる近畿第V様式の時間幅」（『信濃』第三七巻第四号）
森岡秀人　二〇〇三「貨幣」（後藤直・茂木雅博編『東アジアと日本の考古学Ⅲ　交流と交易』同成社）
森岡秀人　二〇〇六「三世紀の鏡―ツクシとヤマト―」（香芝市二上山博物館編『邪馬台国時代のツクシとヤマト』学生社）
森岡秀人　二〇一〇「弥生系青銅器からみた古墳出現過程」（『日本考古学協会二〇一〇年度兵庫大会研究発表資料集』日本考古学協会二〇一〇年度兵庫大会実行委員会）
森岡秀人　二〇一五「倭国形成過程における原倭国の形成」（『纒向学研究』第三号）
森岡秀人　二〇一九「紀元前の弥生社会と最古の銅鐸埋納」（『季刊考古学』別冊二八）
森岡秀人　二〇二一ａ「金属製品の初期特異保有をめぐる高地性集落の諸問題―銅鏡の早期入手と高地性集落―」（『季刊考古学』一五七）
森岡秀人　二〇二一ｂ「弥生文化期の高地性集落数例をめぐる銅鏡の先取短期保有問題考」（『星空の考古学　渡邊邦雄さん・尼子奈美枝さん還暦記念論集』ナベの会）
森岡秀人・古代学協会編　二〇一八『初期農耕活動と近畿の弥生社会』雄山閣
森岡秀人・西村歩編　二〇〇六『古式土師器の年代学』大阪府文化財センター
森岡秀人・三好玄・田中元浩　二〇一六「総括」（古代学研究会編『集落動態からみた弥生時代から古墳時代への社会変化』六一書房）
山尾幸久　一九七二『魏志倭人伝』講談社
山尾幸久　一九八六『新版・魏志倭人伝』講談社
吉田　広　二〇一五「唐古・鍵遺跡における銅鐸模倣の諸相」（豆谷和之さん追悼事業会編『魂の考古学』豆谷和之さん追悼事業会）
若林邦彦　二〇二〇「気候変動と古代国家形成・拡大期の地域社会構造変化の相関―降水量変動と遺跡動態から―」

（中塚武・若林邦彦・樋上昇編『気候変動から読みなおす日本史3　先史・古代の気候と社会変化』臨川書店）

〔付記〕

・発掘調査報告書・調査概報の類は、膨大な数になるため、一部を除いて割愛した。ご寛恕を願う次第である。

・そのほか、守山市教育委員会発刊の発掘調査報告書を参考とした。

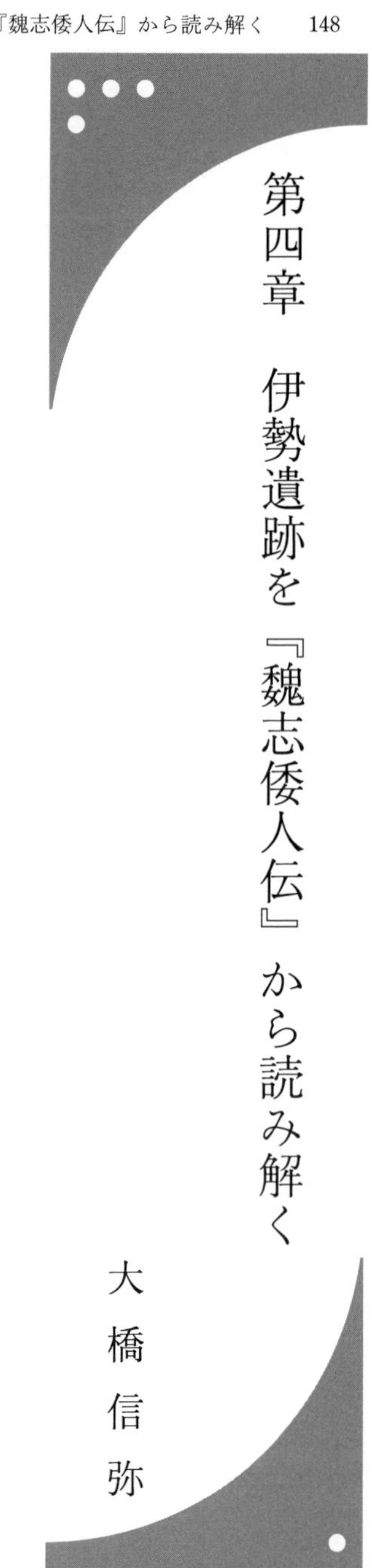

第四章　伊勢遺跡を『魏志倭人伝』から読み解く

大橋信弥

はじめに

伊勢遺跡は、第一章で詳しく述べられているように、弥生時代後期の中葉（紀元後八〇年ごろ）に、近江の中枢、野洲川下流域において突如出現し、後期末（紀元後一八〇年ごろ）には忽然と姿を消す、他に例のない特異な祭祀遺跡である。こうした遺跡はどのような目的で造営され、どのような役割を果たしたのか。本章において私は、主として文献史料によってそうした課題に迫ろうとするものである。しかしながら、当然のことであるが、伊勢遺跡そのものについてふれた文献史料はなく、かろうじて『後漢書』『三国志』など同時代を扱った中国王朝の史書に、倭国を含めた東アジア地域についての断片的な記述があり、間接的ではあるが当時の日本列島についてのひとつの手がかりとなる。ただ、それは、あくまでも当時の世界の超大国で、圧倒的な先進国であった中国王朝が編纂した政府の記録であり、その正当性と権威を示すために編纂・作成されたものであって、その理解については、それなりの考慮が必要である。本章ではそうした文献史料だけでなく、今日まで明らかにされてきた考古学による知見も限定的に参照して考えていきたい。

一　中国の史書は、「倭国」の形成をどのように伝えているのか

(一)『後漢書倭伝』の世界

『後漢書倭伝』の倭国　伊勢遺跡が史上に出現した弥生時代後期は、日本列島に本格的な「倭国」と呼ばれる政治的なまとまりが形成される過渡期の時代にあたる。そしてこの時代には、東アジア世界の中枢である中国中原に巨大な漢帝国が出現し、その勢力を周辺地域に拡大しており、結果的にその王朝の記録に、東アジア諸国に関わる断片的ではあるが貴重な情報が記述されることになったのである。

弥生後期の時代について述べた中国王朝の記録は『後漢書』であるが、現在正史となっている『後漢書』は、あまたの後漢史の中で一番最後に作成されたものである。五世紀の前期、四二四・四三二年の前後に、南宋の史官范曄がまとめたもので、彼より以前に成書化されていた後漢史を整理・参照して書き上げたものである。その中には『三国志』を参照した部分も少なくないが、直接後漢時代の記録類を参照したものではないから、そのオリジナリティには問題が残る。ただ、次にみる『後漢書』東夷伝・倭（以下『後漢書倭伝』）、光武帝紀、安帝本紀の記載は、その中でもオリジナルな後漢の政府記録に由来するものとみられている（山尾　一九八六）。

(1)『後漢書倭伝』（『後漢書』巻八五　列伝巻七五　東夷伝・倭）

建武中元二年、倭の奴国、奉貢朝賀す。使人自ら大夫と称す。倭国の極南界なり。光武、賜うに印綬を以てす。安帝の永初元年、倭の国王帥升等、生口百六十人を献じ、請見を願う。

(2)『後漢書』光武帝本紀　建武中元二年（紀元後五七）正月辛未条

二年春正月辛未、初めて北郊を立て、后土を祀る。東夷の倭の奴国王使いを遣わして奉献す。二月戊戌、帝南宮

前殿に崩ず、年六十二（三ヵ）。

（3）『後漢書』安帝本紀永初元年（紀元後一〇七）冬十月条

冬十月、倭国、使を遣して奉献する。

これより前、『史記』に次ぐ正史であり、前漢の歴史を書いた『漢書』地理志（紀元八五年ごろ後漢の斑固〈三二〜九二〉により著述された）には、「楽浪海中に倭人有り。分かれて百余国と為る。歳時を以って来りて献見すと云ふ」とあり、「楽浪海中」という記載から、前漢の武帝が紀元前一〇八年に衛氏朝鮮を滅ぼし、楽浪郡など四郡を朝鮮半島に設置して以降、漢王朝にもたらされた記録に基づき書かれたとみられ、日本列島の紀元前後の様相を、それなりに伝えるものとみられている（西嶋　一九八五）。ただここでは「倭人」という種族名は登場するが、それらは百余の「国」に分かれていたとするだけで、それを束ねる倭人種族や百余国全体を統括する「倭王」の存在は明記していない。

これに対し後漢の歴史を記した『後漢書倭伝』は、建武中元二年（紀元後五七）に後漢に奉貢朝賀した奴国を「倭の奴国」としており、倭の地にある「奴国」という小国の存在を記録しているが、「倭国」「倭王」の存在は明記していない。また、（1）に「倭国の極南界」という記述がみえ、すでに「倭国」が出現しているかのような表現であるが、これはすでに指摘があるように、『後漢書』の編者范曄が、先に完成していた『三国志』魏書東夷伝倭人条（以下『魏志倭人伝』）の記事を参照して書き加えたものである。すなわち『魏志倭人伝』の行程記事をみると「その余の旁国」二一ヵ国を列記した最後のところにみえる「奴国」を、行程記事中にみえる北部九州の小国「奴国」と同一視して考証したもので、一世紀中ごろの「奴国」について正確に述べたものではない（西嶋　一九九四）。

ただこの『後漢書倭伝』の記事によって、倭人の「国」々のひとつとみられる「奴国」の存在が明らかになり、しかもその「国」には「奴国王」なる「王」が存在することが確認され、『漢書』地理志にみられた「百余国」の大きく飛躍した姿をみることができる。そして奴国の使者は後漢の都洛陽に赴き、皇帝から印綬を賜い、漢王朝の封国として公認されたことは間違いなく、文献にはみえないが、おそらくこれより一〇〇年ほど前の紀元前一世紀後半に、のちの奴国と伊都国の領域で発見された王墓の副葬品にみえる前漢鏡をはじめ青銅器や玉類など多くの宝物は、漢王朝の皇帝から下賜されたもので、奴国王の朝献はその延長線上で理解できるであろう（春日市教育委員会編　一九九四、柳田編　一九八五）。建武中元二年に朝献した、奴国王に下賜されたとみられる福岡県志賀島出土の「漢委奴国王」の陰刻をもつ金印は、中国王朝が外藩王に与えるもので、中国王朝との外交権を認められた東夷の首長としての地位を示すものといえる（栗原　一九七二）。

倭国王帥升等の請見　その五〇年後、『後漢書』安帝本紀永初元年（紀元後一〇七）冬十月条に、「倭国、使を遣して奉献する」とあり、『後漢書倭伝』にも、「安帝の永初元年、倭国王帥升等、生口百六十人を献じ、請見を願う」とある。そのまま読めば、すでに二世紀初頭に「倭国」「倭国王」が出現していたことになる。ただこのことについては、現行本『後漢書』の「倭国」「倭国王」の異表記をめぐる問題があり、それと関わって多くの議論がなされている。というのは、『後漢書』ないし『後漢書』を引用した文献の中には、「倭国」「倭国王」と異なる「倭面土国王」「倭面上国王」などの異表記がかなりあって、従来、古本（原本）『後漢書』には、本来「倭国王」ではなく「倭面土国王」と表記していたとする見解が有力視され、「倭面土国王」をそのままヤマト国と訓んで『魏志倭人伝』の邪馬台国のこととするものもあるが（内藤　一九七〇）、「倭の奴国王」の記述に倣って、「倭の面土（イト・マツラ）国王」と訓んで伊都国や末盧国など北部九州の小国の王にあてる見解が出されていたのである（白鳥　一九六九、橋本　一九五六）。したがって、まだこの段階では、倭人種族を総称する「倭国」は、文献的にも出現していないというのが通説で

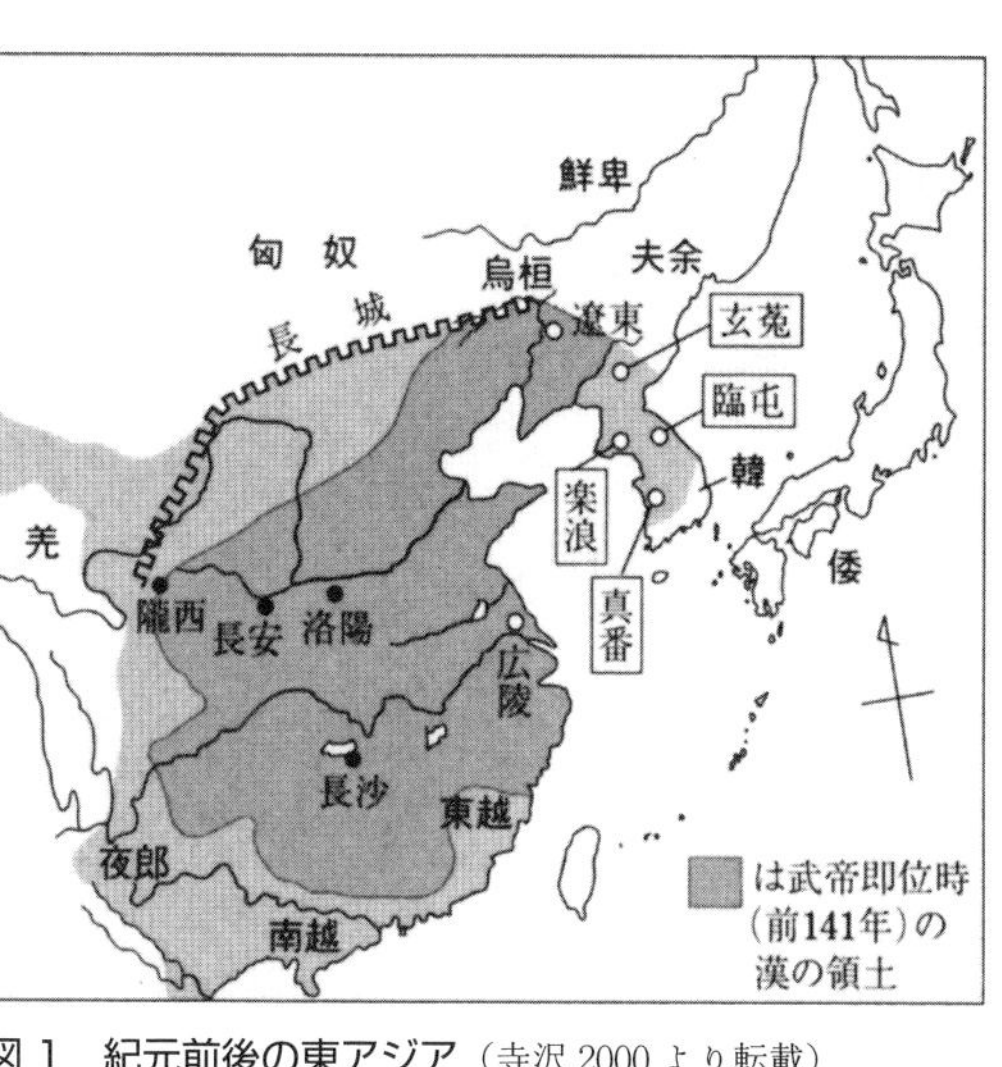

図１　紀元前後の東アジア（寺沢 2000 より転載）

あった（図1）。

これに対し、中国古代史の研究者である西嶋定生氏は、『後漢書』の表記法に関する限りと断った上で、このような現行本『後漢書』と相違する原本『後漢書』にあったとされる「倭国」「倭国王」の異表記について、その出典に遡って厳密な文献学的検討を加え、それが根拠のない誤解であると主張したのである。そして永初元年条の「倭国」「倭国王」の表記は、そのまま後漢時代に遡るもので、当時の公称であったと断じた（西嶋　一九九九）。この西嶋氏の見解については、異表記が古本（原本）『後漢書』にあったとする従来の通説を支持する論者も依然少なくないものの、近年、西嶋説に依拠して、紀元後二世紀初頭にすでに「倭国王」が出現していたとし、倭人種族全体を総称する「倭国」としてさらに具体的に論じる見解も、考古学研究者を中心に主張され出しており、支持を広げていることも否定できない。

倭国王帥升の活動期と墓

すなわち寺沢薫氏は、この段階の「倭国」は、いまだ九州島周辺にあったとする通説に近い立場を取りながらも、西嶋説に依拠して、二世紀代に「倭国」の出現、「王国」＝王権の誕生を確認し、北部九州の勢力を「イト倭国」（仮称）と呼んで、その中枢を奴国と伊都国の「イト国連合体」とみなしている。倭国王帥升の墓についても、伊都国の領域にある福岡県糸島市井原鑓溝（いはらやりみぞ）遺跡を候補に挙げている。そして、「イト倭国」の衰退後、倭国乱を経て、女王卑弥呼によって、新しい王都纒向（まきむく）遺跡（奈良県桜井市）が設置され、ヤマト政権＝「新生倭国」が形成されたと主張するのである（寺沢　二〇〇〇・二〇〇九・二〇一一・二〇一四・二〇一七）。

また、これとは別に森岡秀人氏は、「倭国王帥升」は二世紀にはすでに九州島を離れたとする立場から、帥升の活動地や墓を近畿北部と近江の範囲に想定し、近江を核とする近畿北部の地域結合を「原倭国」と仮称して、そうした勢力が中心となって、倭国乱の後に「倭国」（ヤマト王権）が形成されるとする（森岡　二〇一五）。

このほか「倭国王帥升」を吉備楯築（たてつき）墳丘墓（岡山県倉敷市）の被葬者として、帥升の活動時期を二世紀前半と解釈し、この段階の「倭国」の本拠が吉備にあったとする松木武彦氏、庄内式（しょうないしき）土器の成立年代を二世紀前半まで遡らせ、文字通り『後漢書』の「倭国」をヤマト国（邪馬台国）＝纒向遺跡であるとみて、ヤマト王権の起源をより古くみる岸本直文氏など、帥升の活動地域や墓の所在地など、「倭国」の出現をこれまでよりさらに柔軟に考える主張が出され、研究状況に大きな様変わりがみられる（松木　二〇一五、岸本　二〇一四）。こうした近年の原本『後漢書』の「倭国王」の表記と実態をめぐる議論について、「倭国」の形成を主題とする本章において、私なりの考え方を明らかにしておきたい。

（二）『後漢書』の異表記「倭面土国」をめぐる問題

北宋刊本『通典』　西嶋氏は、すでに古本『後漢書』の段階から、現行の「倭国」「倭国王帥升」という表記があったことを文献学的に考証した。しかし『後漢書』ないし『後漢書』を引用した文献の中に、「倭国」「倭国王」と異なる「倭面土国王」などの異表記がどのようにして生じたのかといった事情については、西嶋氏も『魏略』など先行する文献の検討はしているが、別に検討を要するとして深入りはしていない（なお後述）。そもそも、原本『後漢書』の「倭国王」の異表記について最初に問題を提起したのは、邪馬台国問題について「畿内説」の立場から多方面な論を展開した内藤虎次郎氏であった（内藤　一九七〇）。内藤氏は、宮内庁書陵部所蔵の北宋刊本『通典』巻百八十五倭条に、『後漢書倭伝』に基づく記事があり、そこでは「倭国王帥升」を「倭面土国王」と表記しているとし、鎌倉期の一条兼良『日本書紀纂疏』や室町期の卜部兼方『釈日本紀』にも『後漢書』の当該箇所を引用した文に、「倭面上国王」「倭面国」とあったことを指摘した。そして現行『後漢書』の表記「倭国王」は改変されたもので、本来は「倭面土国王」とあったと主張した。そして「倭面土国王」を「ヤマト国王」と訓んで、自説の邪馬台国近畿説の傍証としている。

内藤氏が自説の根拠とした北宋刊本『通典』という書物は、唐の杜佑（七三五～八一二）という人が、上古から唐代（天宝年間）に及ぶ制度の沿革について『史記』『漢書』以下の史書・文献を引用・集成したものである。そして北宋刊本『通典』は、『通典』全二〇〇巻の最古の古刊本で、現在宮内庁書陵部に所蔵される「天下の孤本」とされるものであった（長澤・尾崎編　一九八〇〜一九八一）。「倭面土国王」の記載は、北宋刊本『通典』の巻百八十五辺防一東夷上倭条に、『後漢書倭伝』を引用した部分にみえる。内藤氏は、『通典』の成立年代が貞元一七年（八〇一）とみられることから、八世紀ごろの『後漢書』には、「倭国王」ではなく「倭面土国」とあったと指摘した。

これに対し西嶋氏は、『通典』の記述がいかなる典籍から採用されたかを、書誌学的な手続きを取って詳細に検討し、『通典』は、全体の構文は現行の『後漢書』を典拠とするが、そのままではなく他書も参考に文飾しているとし、「倭面土国」の表記が『後漢書』原典にあった証拠は認められないとした。ただ、こうした異表記がその後の『後漢書』に採用された事情は明らかにできないとし、魚豢の『魏略』の可能性も示唆したがのちに撤回した。その後、『後漢書』の異表記を検討した王仲珠氏が、異表記は虚構であると断定したのを承けて、それを支持している（王　一九九四）。

大宰府天満宮所蔵『翰苑』残巻

西嶋氏は、さらに、内藤氏が異表記の存在を裏づけるとした大宰府天満宮西高辻家所蔵の『翰苑』残巻所引『後漢書』についても検討を加えている。『翰苑』も、唐代の初期に、張楚金という人が撰述した全三〇巻とされる書物で、唐高宗の顕慶五年（六六〇）以前に作成された（竹内　一九七八）。杜佑撰の『通典』の一四〇年前のことで、藤原佐世の『日本現在書目録』にもみえており、平安時代初期以前に我が国に伝来していたと考えられている。『翰苑』は、今日ではすべて失われ、大宰府天満宮西高辻家に伝わる「巻三十」の抄本一巻（残巻）が、唯一伝来する「天下の孤本」である。残巻の「倭国」の項には、「後漢書曰、安帝永初元年、有倭面上国王帥升至」とあり、『通典』の「倭面土国王」とは少し異なり「倭面上国王」とあるが、内藤氏はこれにより平安初期のころに伝わっていた『後漢書』にもこうした記載のあったことが裏づけられるとしている。

しかし西嶋氏は、ここでも湯浅幸孫氏の研究（湯浅　一九八三）を参照して、『翰苑』残巻所引『後漢書』とは部分的には一致するが、古本『後漢書』にあったとするのは疑問があるとする。その詳細は省略するが、『翰苑』残巻所引『後漢書』には、全体にわたって誤字・脱字・衍字が多いだけでなく、『後漢書』が本来扱っていない時代にまで記述が及んでいるなど疑わしい点が多く、「後漢書曰」という冒頭の書名記載も疑われるとし、文中にみえる「倭面上国王」なる記載が、古本『後漢書』にあったとする根拠は失われたと断じている。

なお西嶋氏は、内藤氏がその論拠として挙げた『日本書紀纂疏』や『釈日本紀』の当該箇所の来歴についても検証の手を伸ばしており、詳細は省略するが、いずれも古本『後漢書』にそうした記載があったことは立証されないと結論づけている。西嶋氏の内藤説の批判は、『後漢書』の詳細な書誌学的史料批判から導かれたものであり、反論の余地はないといえよう。

異表記「倭面土国」の系譜

ただ西嶋氏も指摘するように、北宋刊本『通典』や『翰苑』残巻のように、『後漢書』を引用した後世の文献に、「倭面土国王」「倭面上国王」と表記するものがあることについても、説明が必要といえよう。ただ、ごく常識的にいって、「倭面土国王」「倭面上国王」という異質で複雑な表記を、後世の知識によって、「倭国王」のような単純な表記に改定することは、それほど難しいことではないのに対し、その逆の場合はよほどの説明がなされる必要があるのではないか。王仲殊氏の説も含め、さらに検討が必要と考える。

このように、二世紀初頭に文字通り、倭人種族全体を総称する「倭国」「倭国王」の表記が中国王朝によって採用されていたかについては依然疑問が残る。そしてその表記が、原本『後漢書』に「倭国王」とあったとした場合でも、寺沢氏が「倭国王帥升」を伊都国王とし、二世紀初頭の「倭国」の領域を九州島と一部中国地方西部に限定して、いまだ九州島に留まるとしているように、「倭国」の内実については、さらに議論が必要である。西嶋氏自身も、自説に基づき具体的な歴史過程を検討しており、『魏志倭人伝』にみえる伊都国に関わる特異な記述から、伊都国が二世紀初頭に出現した「倭国」（「倭国」連合）の盟主であって、帥升は「倭国王」となって、その（「倭国」連合）都を伊都国としたとしている。また「倭国王帥升」の献上した生口の数が多いことなどを根拠として、その統治領域が『魏志倭人伝』にみえる邪馬台国をも包摂する広い地域であるとも指摘しているが、西嶋氏も依然「倭国」の主体は、この段階では九州島内で理解しており、寺沢氏とほぼ近い見解といえよう。したがって『後漢書』の「倭国」については、表記の問題だけではなく、その内実にまで分け入って実態を明らかにする必要があろう。しかしながら『後漢書』の短い記載からは、これ以上弥生後期の「倭国」について論究することは不可能であって、『魏志倭人伝』に断片的にみえている「倭国」の形成に関わる記述についての検討が必要となってくる。ただその前にこれまで明らかにされている、弥生後期の日本列島の実態を考古資料によってみておく必要があろう。

二　弥生後期の日本列島を考える――地域政権の自立と競合――

（一）　考古学からみた地域政権

ツクシ政権の繁栄　弥生時代中期末から後期にかけての日本列島は、動乱の時代を反映して、各地においてそれまで比較的フラットな分布状況にあったいくつかの「国」々が政治的なまとまり（ブロック）をもつようになり、共通の祭祀を基礎とする地域政権を形成し、多様な展開を示すようになり、それらが相互に競合するようになっている。

そして弥生後期においても日本列島の政治・文化を先進的に牽引していたのは、すでに中期後半に地域政権を形成していた北部九州（ツクシ政権）である（図2）。北部九州においては、中期後半ごろ（紀元前一世紀後半）からは、それまで盛行していた威信財としての青銅武器の副葬がなされなくなり、新しく中国大陸や朝鮮半島からもたらされた鏡を中心とする青銅製品の副葬に転換している。北部九州では、いち早く奴国と伊都国を中核として地域統合がなされ、そして青銅武器は首長の威信財ではなく、新たに形成されてきたより大きな政治的まとまりである地域の祭器（まつりの道具）としてさらに発達している。紀元前一世紀から紀元後一世紀までは、おもに中細形・中広形の銅矛(どうほこ)・銅戈(どうか)・銅剣が採用されていたが、後期には銅剣・銅戈の使用を止め、広形銅矛がより大型化して、北部九州を中心とする地域のシンボルとして一般化する。広形銅矛は大型化が進んでいた中広形のものと比べ、やや高さが大きくなっているが、その幅はさらに広くなり、文様の研ぎ出しもなくなっており、鈍重な印象を与えている。大型化が進んで実

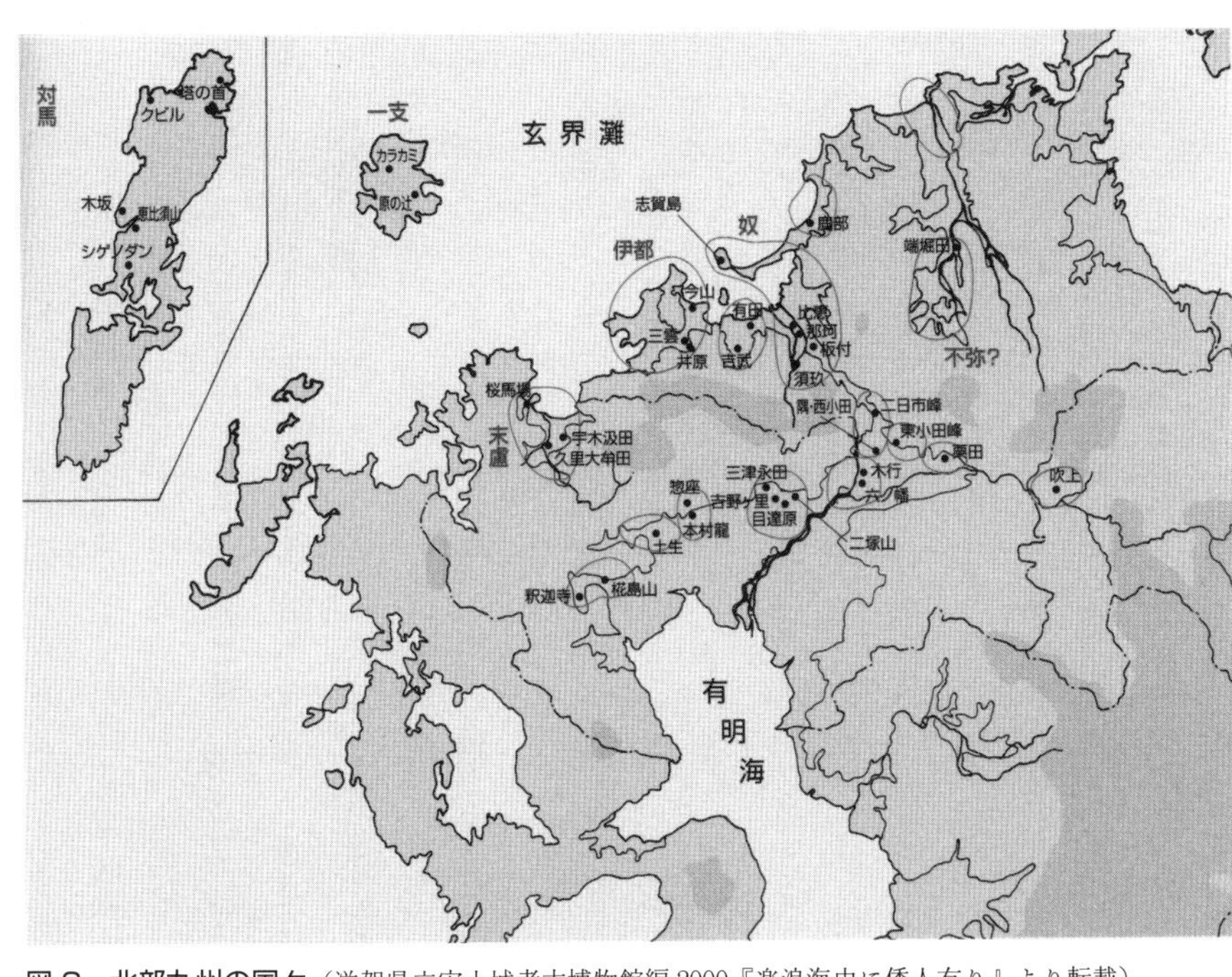

図２　北部九州の国々（滋賀県立安土城考古博物館編 2000『楽浪海中に倭人有り』より転載）

用性をますます失って、まつりの性格も大きく変化したことを示している。

広形銅矛の生産地については、それまでと異なり、鋳型の出土から、福岡県春日市周辺で集中生産されたと推定されているが、その出土場所は、製作地の近辺ではほとんどみられず、遠く離れた場所でまとまって出土しており、対馬・国東(くにさき)半島・高知・愛媛などで顕著な出土傾向がみられる。このことから広形銅矛は、それまでのムラで行われた農耕祭祀に関わるまつりではなく、もっと広い地域政権の領域を守る、境域祭祀で使用されたとする見解も出されている。ただ、もうひとつの見方として、地域政権の中心部では使用後廃棄されたが、周辺部では青銅器の生産がなされなかったため、最終的に埋納されたとする指摘もある（北九州市立考古博物館編　一九九七、大阪府立弥生文化博物館編　一九九七）。

そして、北部九州では弥生後期になると甕棺墓は衰退しているが、その中で王墓の系譜を引くとみられるのが、伊都国の領域の三雲(みくも)遺跡の南に所在する井原鑓溝甕棺墓である。後漢鏡二一面以上（方格規矩四神鏡）、巴形銅器三個、鉄製刀剣類など突出した内容の副葬品がみえ、紀元後一世紀後半に築造された「王」墓で、三雲南小路2号甕棺墓の被葬者の孫世代の「王」を埋葬したとみられる（梅原　一九四〇）。

さらに弥生後期の王墓としては、同じく伊都国の領域の糸島市で発見された平原王墓が注目される。王墓は四メートル×三メートルの長方形の墓壙を中心にその周囲に長方形に幅一・五メートル〜二メートルほどの溝をめぐらせ、溝の内側に長軸一四メートル、短軸一〇メートルの方形区画を設けた方形周溝墓である。墓壙には推定径九〇センチ、長さ二・八メートルの刳貫式の木棺を納めていた。副葬品は棺の周囲を中心に銅鏡三九面、素環頭大刀一口、ガラス製勾玉三個、メノウ製管玉一四個、多数のガラス小玉など弥生時代の墓としては他に類をみない豪華な副葬品が出土した。おおよそ二世紀後半に築造されたとみられる。武器の副葬が少なく、ガラス装身具の中に耳璫とよばれる中国貴婦人の装身具が含まれていることなどから埋葬されたのは女性とみられている（柳田編　二〇〇〇）。未発見の王墓が少なからずあるとしても、三雲南小路遺跡1号甕棺墓（紀元前一世紀後半）、同2号甕棺墓（紀元前一世紀末）、井原鑓溝甕棺墓（紀元後一世紀後半）につづく、伊都国歴代の王墓と考えられる。このような王墓の継続的な築造と、新しい青銅器祭祀の展開は、ツクシ政権の変わることない繁栄を示すものといえよう。そしてその中心は伊都国と奴国の領域であった。中国文献にみえる奴国と伊都国を中核とする、北部九州諸「国」の連合体の存在を裏づけるものといえる（図3）。

大陸文物の東漸と社会変動　これに対し、中期末以降大陸系文物の導入が急速に進んだ瀬戸内・山陰・四国・近畿・中部などにおいても、北部九州には遅れながらも、古い集落構造や物流システムが解体し、新しい展開がみられる。北九州においては紀元前二世紀にすでに起こっていた社会変動が、ようやく紀元前後に九州以東の地域に波及し、大きな画期をもたらした。すなわち近畿を中心に瀬戸内・東海地域では、中国文明の到達が遅れたこともあって、紀元前後に至るまでは自然発生的で原初的な集落構造・集団関係が保持され、いまだ共同体内流通ネットワークが機能していたことなどから、比較的安定した社会構造が展開していた（松木　二〇〇七）。大阪府和泉市・泉大津市池上曽根遺跡や奈良県田原本町唐古・鍵遺跡、滋賀県守山市下之郷遺跡、愛知県名古屋市・清須市朝日遺跡にみられるように、多重環濠に囲まれた大規模拠点集落には、大型の掘立柱建物や青銅器・石器などの生産工房、倉庫群などが機能的に配置されており、それなりに成熟した社会が形成されている。そして方形周溝墓の規模の大小や群集形態などから、一定の階層分化も認められるが、いまだプリミティブな集団関係が保持されていたとみられる。

ところが中期末から後期にかけて、近畿・瀬戸内地域と北九州との交流が進展したこともあって、関東地方も含め、武器の鉄器化が急速に東に拡大している。近畿・瀬戸内海地域における高地性集落の盛行や、各地における鉄器出土の飛躍的拡大、貨泉（かせん）・五銖銭（ごしゅせん）などの中国系文物の出土などは、それを裏づけている。この時期における高地性集落の爆発的な増大については、西日本全体を巻き込んだ大規模な戦乱と捉える見解もあったが、現在では、大陸系文物の流入にみえる、北部九州を含みこんだ物流システムの転換を反映するものと捉えられている。このような大きな社会変動は、それまで順調に拡大しつづけていた拠点的大集落を急速に解体させ、新しい拠点集落の創出など、北九州の地域的政治勢力に準ずる地域政権（近畿政権）の形成が進んだとみられる（森岡　一九九六）。

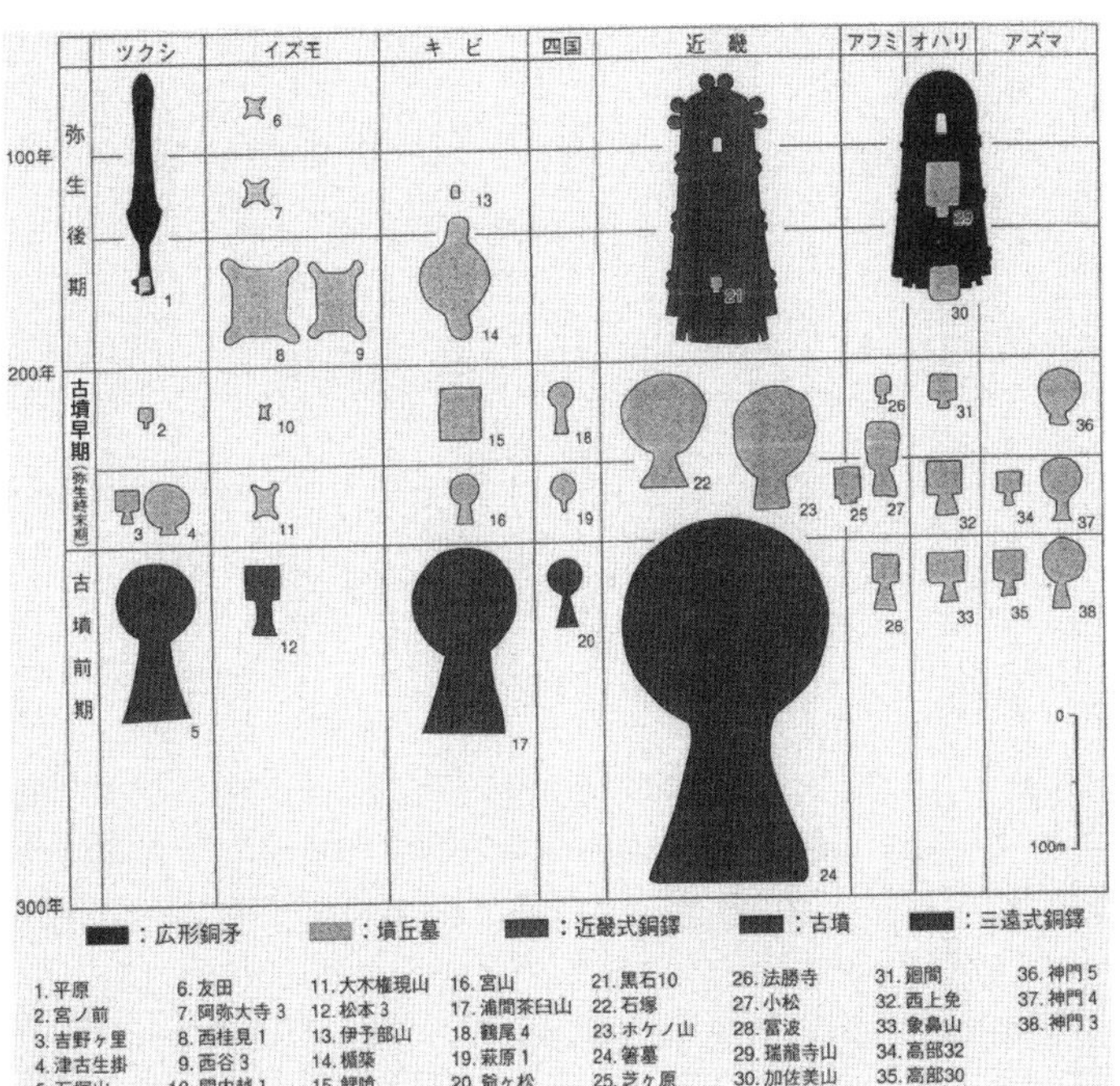

図３　地域政権とそのシンボル（国立歴史民俗博物館編 1996『倭国乱る』〈朝日新聞社〉より転載、改変）

近畿式銅鐸の成立と近畿政権　中期末から後期

にかけて（紀元前一世紀〜紀元後一世紀）は、瀬戸内・山陰・四国では、北部九州の強い影響のもと武器型青銅祭器が分布（図4）していたが、特に瀬戸内では平形銅剣が、山陰では古い形の銅剣が盛行していた。それに対し、近畿地方を中心に西は島根県・広島県、東は愛知県までの広い範囲では、引き続き銅鐸の祭祀が行われていた。銅鐸は中期後半から後期初頭には、外縁鈕式の一部から扁平鈕式、突線鈕一式が製作されていた。島根県雲南市加茂岩倉遺跡や兵庫県神戸市桜ヶ丘遺跡出土の銅鐸は、おおよそこの時期に相当する。そしてこうした複数埋納の実例やともに出土した遺物の調査により、これらは中期末から後期初頭には埋納されたとみられている。

そして二世紀以降、近畿地方と東海地方では、突線鈕二式〜五式の銅鐸が製作・分布している。それまでのものが二〇センチ〜七〇センチの小型であったのに対し、四〇センチ〜一四〇センチと大型化が進んでいる。北部九州を中心とする広形銅矛の大型化と同じく、近畿地方・東海地方の地域シンボルとしての性格が強くなっている。突線鈕二式の時期に、東海地方西部で近畿式銅鐸と明瞭に区別される独自の特徴をもつ三遠式を鋳造するようになったのは、東海西部勢力が近畿勢力とは違うという集団意識をもっていたことを示している。銅鐸が極端に大型化するのは突線鈕五式で、近畿式の最大例である滋賀県野洲市大岩山I—1号鐸は、高さ一三四センチ、重さ四五キロに達する。すなわち、銅鐸は最大になった直後に鋳造を終えているのである。

近畿式銅鐸が作られた時期は、愛知県朝日遺跡で弥生後期の山中式の土器に突線鈕五式と推定される飾耳の破片が共伴しており、おおよそ紀元後二世紀を中心として、庄内式まではくだらないとされている。その埋納時期は、徳島市矢野遺跡出土の突線鈕五式の古い段階のものが後期後半の土器と出土しており、庄内式の前後と推定されている。この種の銅鐸の分布中心は、近畿・四国・遠江であり、近畿地方で製作されたと推定されている。ただ近畿地方の中枢部（大和・河内・摂津）から、近畿式銅鐸が小破片を含めてもわずか一二個しか発見されていないのに対して、紀伊から一四個以上、阿波から六個、土佐から六個出土し、周縁部に集中しており（図5）、その性格に大きな変化のあったことが推測されている（難波　二〇一一a）。

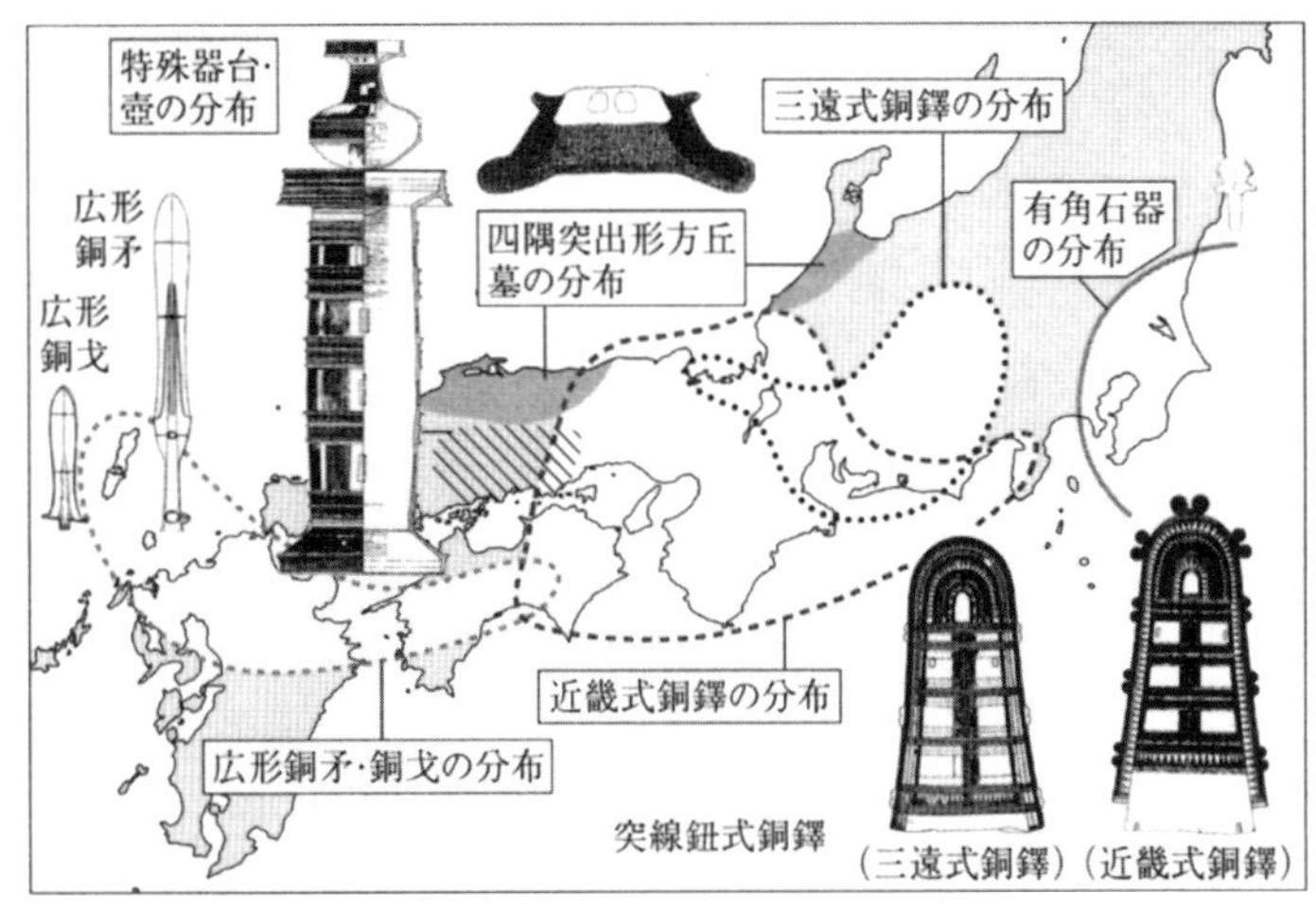

図４　弥生後期の青銅器のまつり（寺沢 2000 より転載）

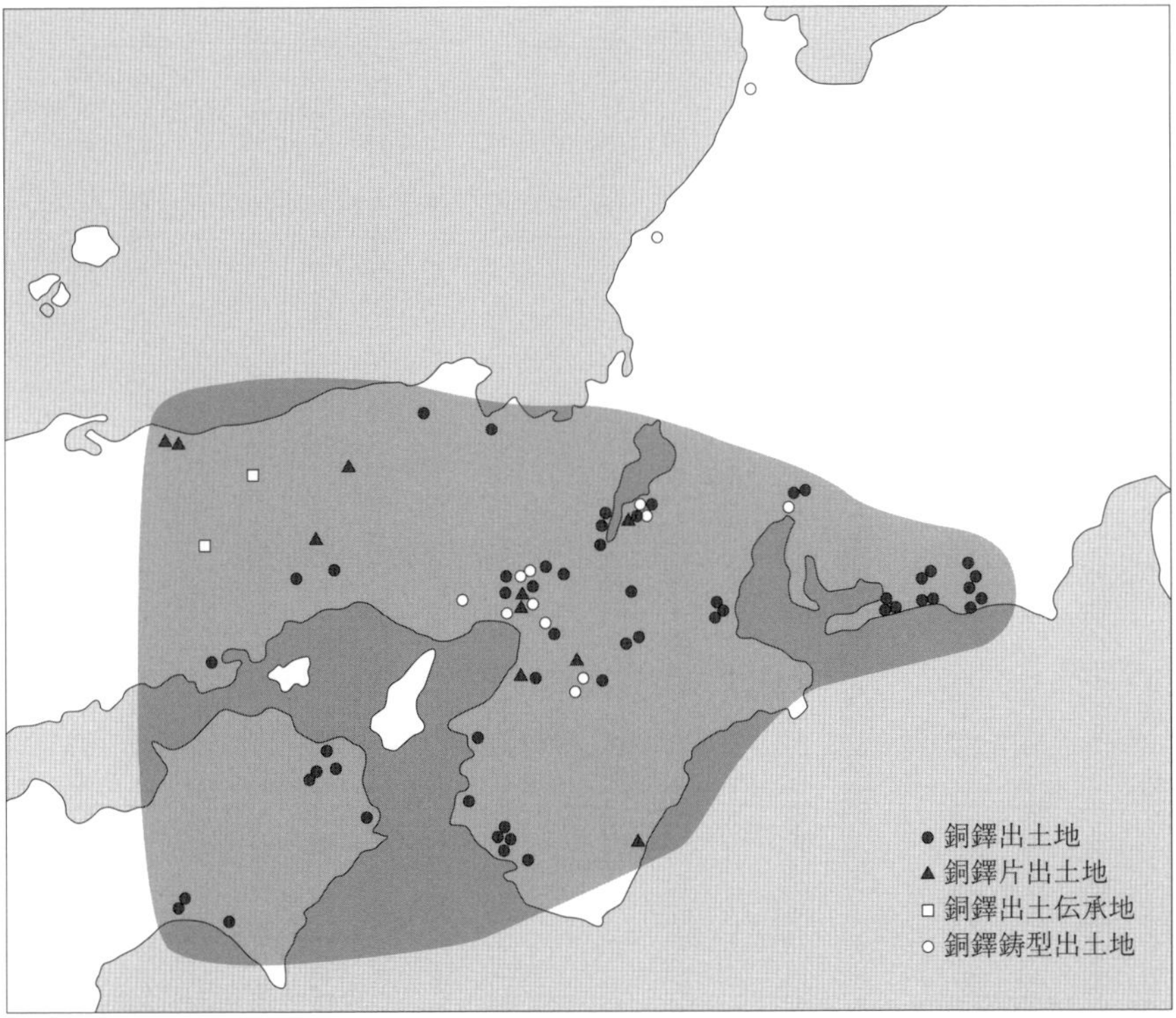

● 銅鐸出土地
▲ 銅鐸片出土地
□ 銅鐸出土伝承地
○ 銅鐸鋳型出土地

図５　近畿式銅鐸の分布（春成秀爾 1982「銅鐸の時代」〈『国立歴史民俗博物館研究報告』第 1 集〉より転載）

そして近畿式銅鐸の成立過程については、難波洋三氏によって新しい研究が示されている。すなわち近畿式銅鐸の成立について、扁平鈕式の渦森型と瀬戸内袈裟襷正統派の技法を中心に、その他の銅鐸群の影響のもとに成立したとする佐原真氏の所説を批判し、弥生後期前葉ごろには、銅鐸の分布圏内では扁平鈕式新段階末に十余りあった銅鐸群が五つほどに統合され、突線鈕銅鐸一式・二式が成立したとされている。ただしそれらの中に突出した工人集団はなく、近畿式・三遠式の成立以前に作られた大福型四個のうち三個が滋賀県大岩山遺跡から出土していることから、近江に拠点を置く工人集団の製品である可能性が高いとされた。そして近畿式銅鐸の成立は、近江の勢力の主導により大福型（近畿東部）と迷路派流水文銅鐸（銅鐸分布圏西部）を中核に、横帯文分割型（瀬戸内東部）などの製作工人が統合され、近畿式銅鐸が成立したとされた（難波　二〇一一b・二〇一二）。ここからそれをシンボルとする地域政権（近畿政権）が、近江の勢力を中核として形成されたことが窺えるのである。そしてそれが、この時期に形成される特殊な祭祀遺跡の伊勢遺跡と関わることは、後に述べる。

三遠式銅鐸の分立とオワリ政権

いっぽう東海地方を中心に、近畿式とは異なる突線紐式の銅鐸が出現している。その大部分は三河・遠江から発見されているので、三遠式銅鐸と呼ばれている。三遠式銅鐸はこれまでに四〇個余り出土しており、鋳造されたのもこの地域と考えられている（図6）。しかし、銅鐸の鋳造には高度な技術と原材料の確保が必須であり、弥生前期以来、東海地方の弥生文化の先進地であった尾張から、少数であるが三遠式銅鐸が出土していること、尾張の朝日遺跡から典型的な三遠式が成立する直前に位置づけられる四区袈裟襷文銅鐸が出土していることは、この推定を裏づけている。三遠式の最大例（愛知県手呂鐸）は高さ九八センチ、重さ二〇キロ以上で、作られた時期は、近畿式との関係から弥生後期、二世紀と推定される。製作地からはるかに離れた土地から出土することは、他の地域政権との境界付近で、相手を呪詛するまつりや戦勝のまつりを行った後に土中に埋めたとする見解が有力である。なお突線鈕三式の時期は、三遠式が完成した時期であると同時に最も多く作られた時期であったが、突線鈕四式になると三遠式の製作は激減し、さらに突線鈕五式になると三遠式の製作は完全に終わり、身を飾る横帯上の横軸突線そ鰭まで延長する三遠式の文様の特徴が、近畿式に登場する。佐原真氏は、三遠式銅鐸の製作工人が近畿式銅鐸の製作工人集団に統合され、銅鐸は最終的には近畿地方だけで作られた、と解釈している（佐原　一九七九）。

ただ、ここで見逃すことができないのは、近畿式銅鐸と三遠式銅鐸の違いを、それを使用していた勢力が対立していたとみる見解には従えないことである。すなわち、弥生後期において銅鐸のまつりを続けていたのは、列島において近畿と東海のみであって、しかもともに突線鈕式であって、細部はともかく大きくは祭祀（宗教）を共通とする勢力圏を構成していたとみるべきであろう。後述するように、私は近畿と東海は、『魏志倭人伝』にみえる邪馬台国と狗奴国に比定できると考えるが、卑弥呼の晩年に二つの国が対立し、戦争状態にあったとする記載から、その対立を遡って際立たせる見解も少なくない。しかしながら両国の対立がどれほど長期にわたるものであったかは自明のことではなく、詳しい検討が必要であると思う。「倭国乱」以前の地域政権間の一時的な主導権争いとみることもできよう。

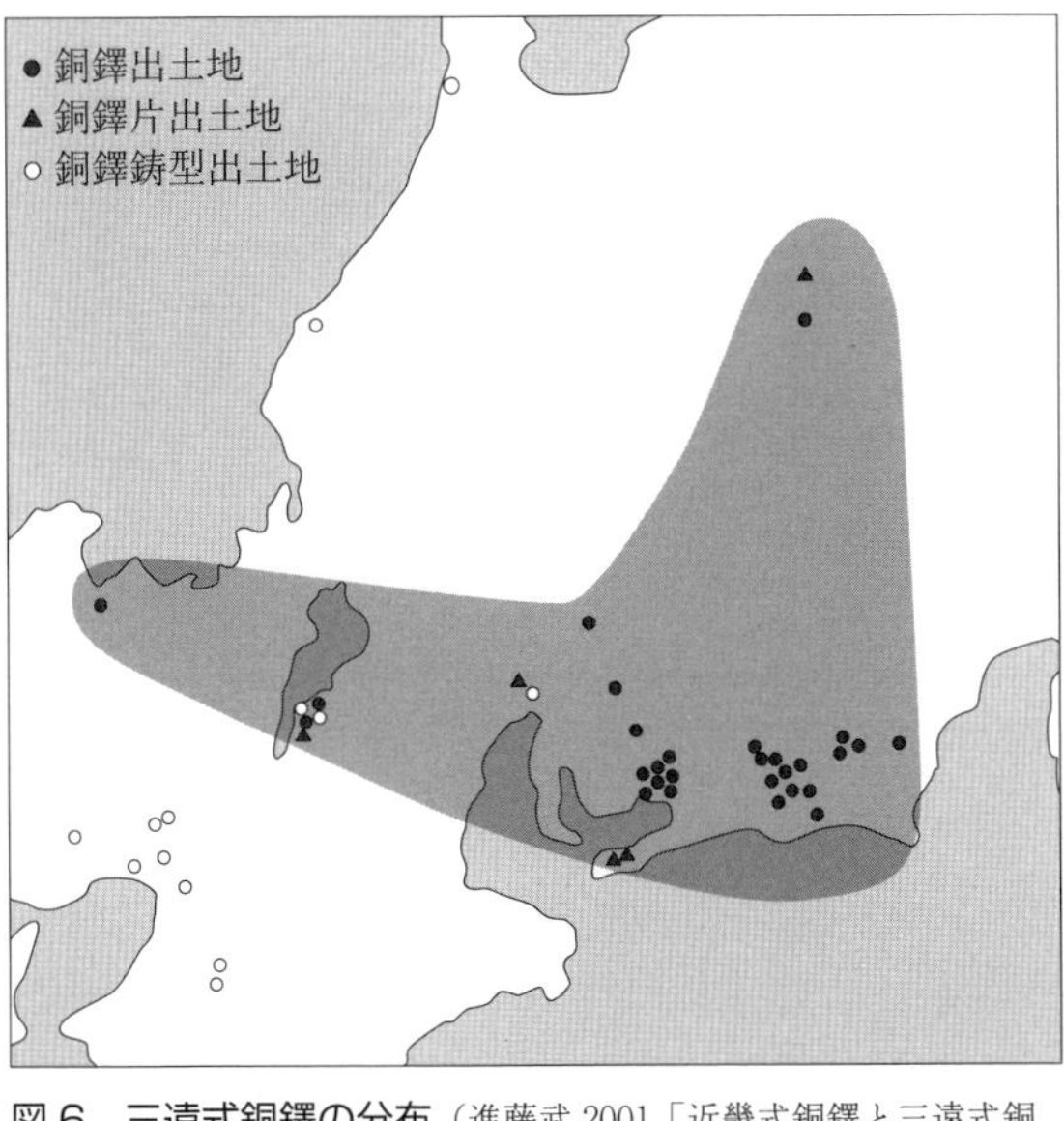

図６　三遠式銅鐸の分布（進藤武 2001「近畿式銅鐸と三遠式銅鐸」〈『銅鐸から描く弥生社会』一宮市博物館〉より転載）

墳丘墓の祭祀とイヅモ・キビ政権の成立　弥生時代の後期後半において、青銅祭器を地域のシンボルとしない北部九州や近畿・東海をのぞいた各地では、古墳と呼んでも一向に差し支えないような大きな墳丘墓が営まれる。こうした大規模な墳丘墓の特徴は、きわめて顕著な地域色をもっていることである。この時期、山陰から一部北陸にかけての地域では、方形の墳丘墓の四隅を突出させた四隅突出型墳丘墓と呼ばれる特異な形態の墳丘墓が各地に営まれる（図

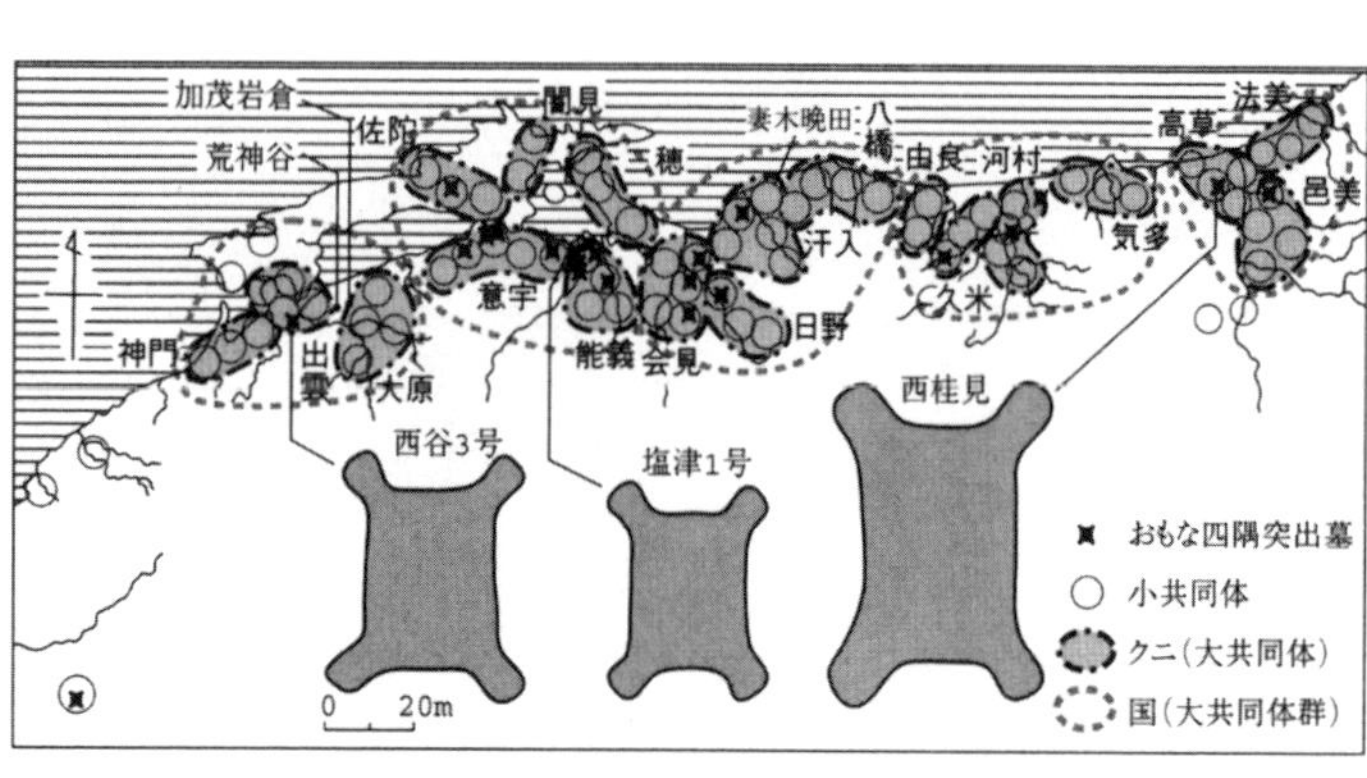

図7　イズモの巨大墳丘墓（寺沢2000より転載）

7）。その中には突出部を含むと一辺が六〇メートルに達するものも知られている。つまり、弥生後期のこの地域では、有力な首長が亡くなると共通の型式の大型墳丘墓が営まれていたのである。例えば島根県出雲市の西谷墳墓群は、斐伊川左岸の丘陵上に位置する二〇基の墳墓で、3・4・9号墓は最大級の規模をもつ四隅突出型墳丘墓である。このうち、西谷3号墓は墳丘本体の長さ約三六メートル・幅約二八メートル・高さ約四・五メートルの長方形で、四隅突出型墳丘墓の中でも特殊化を遂げたものである。これ以前の四隅突出型墳丘墓では細長く小さかった突出部は大きくふくらみ、裾部には立石が二列巡らされ、その間には石敷きの平坦面を作る。墳頂部には一〇基の埋葬施設（主体部）があり、このうち第1・第4主体部には六メートル×四メートルの墓壙内に槨を設け、中に木棺を納めている。木棺の底には朱が塗られ、大量のガラス製・碧玉製の管玉・勾玉・小玉が副葬されていた。

注目される点は、墓上祭祀の痕跡の発見である。木棺の上にあたる所に拳大の石が置かれ、さらにこの石を中心に第1主体では約一〇〇点の土器が、第4主体では約二〇〇点の土器が積み上げられた状態で検出された。また、第4主体の周囲からは四個の直径一メートル余りの柱穴が検出され、埋葬後墓の上に何らかの建物が建てられたと考えられている。さらに、主体部上に積み上げられた大量の土器の中に、出雲で作られた土器以外に吉備地方で作られ、持ち込まれたと思われる特殊器台・特殊壺が一〇セット以上含まれていたことが挙げられる。墓上祭祀に吉備地方の人物が加わっていた可能性もあり、出雲地方と吉備地方の密接な関係が窺われる（渡部二〇一八）。

また鳥取市の西桂見（にしかつらみ）墳丘墓は、鳥取市西部の標高約四〇メートルの丘陵上に築かれた墳丘墓である。昭和五六年（一九八一）に、土取りで半分を壊された状態で発見され、発掘調査を経て消滅した。このため、四隅突出型墳丘墓なのか、あるいは長方形の墳丘墓なのかを断定することは難しい。前者とした場合、その規模は、全長六〇メートル以上となり、列島最大の四隅突出型墳丘墓となる。発掘調査時には遺物の出土は少なかったが、昭和四六年ごろに墳丘西側麓で採取されていた土器があり、形態上は北陸地方との関わりがみられるが、最初から底部に穿孔を施して仮器（かき）（儀礼用の器物）として製作されていること、竹管文など北陸地方ではみられない装飾をもつことなどから、北陸から搬入されたものではなく因幡地方で製作されたとみられている（鳥取市教育委員会編　一九八一）。

また、岡山県から一部広島県にかけての吉備地方では、近畿式銅鐸の分布もみられるが、弥生後期後半になると大型の墳丘墓が築造されるようになる。墳丘の形態はさまざまであるが、こうした墳丘をもつ首長墓にはのちの壺形埴輪・円筒埴輪につながる特殊壺と特殊器台が伴っている。これもまた、この時期の吉備地方では、有力な首長たちが共通の葬送儀礼を共同で執り行っていたことを示している。

その代表例が楯築墳丘墓である。楯築墳丘墓は、直径約四五メートル、高さ五メートルの円丘部に二方向の台形の突出部が付き、墳丘の全長が推定八〇メートルをはかる吉備地方最大の弥生墳丘墓である。円丘頂部には円礫が敷き詰められ、大型の板石が中心埋葬を取り巻くように配置され、墳丘の斜面には列石が巡り、その外側も円礫が敷かれている。また、南側の突出部では、墳丘と丘陵とを区画する大きな溝が掘られ、突出部前面に大型の列石が置かれている。埋葬施設は、円丘部中央に中心埋葬と副次埋葬があり、中心埋葬は不整長円形の墓壙内に長さ三・五メートル、幅一・五メートルの木槨を設け、さらに長さ約二メートル、幅〇・六八メートル〜〇・八メートルの組合式木棺が納められていたと考えられる。副葬品は、大量の朱が塗られた中心埋葬内に碧玉製管玉・硬石製勾玉・ガラス製小玉・小型管玉、鉄剣などが納められている。木槨の上からは、円礫とともに特殊器台・特殊壺・高坏・台付小型坩、人形土製品、小型の弧帯石、土製勾玉・土製管玉・鉄ヤリガンナなどが出土している。これらの多くは、埋葬時の祭祀に使用された後、故意に壊されて円礫とともに積み上げられたものと考えられる。なお、墳丘上からも、特殊器台・特殊壺などが出土している（近藤　一九九二）。

以上のように、弥生後期の日本列島は、青銅祭器の使用をやめた山陰から一部北陸にかけて、あるいは吉備地方といったブロックごとに、墳丘墓を独自に大型化し、共通の埋葬儀礼を行っており、首長たちが政治的にも、文化的にも強い結びつきをもった地域的政治連合＝地域政権を形成していたことを窺わせる。このように考古資料によって、弥生後期（一世紀後半から二世紀後半）の日本列島は、集団意識やまつり＝宗教を共有する地域勢力（ブロック）が競合する状況が展開しており、倭人種族全体の統合はいまだ果たされていなかった。このことを具体的にものがたる文献史料はないが、卑弥呼が魏に遣使朝献した三世紀中ごろの倭国の状態について記述する『魏志倭人伝』の行程記事が少し手掛かりとなる。

（二）『魏志倭人伝』からみた地域政権

行程記事にみる国々　やや後のデータとなるが、三世紀中ごろの倭国の状態について、『魏志倭人伝』の記述をみると、魏王朝と「今使訳通ずる所」として三〇国の国名が記され（表1）、それらはいくつかのブロックに分けることができる。まず「戸数・道里略載」する、対馬国・一支（いき）国・末盧国・伊都国・奴国・不弥（ほみ）国・投馬（とうま）国・邪馬台国の八国は、おおよそ三つのブロックに分けられる。ひとつは北部九州の国々にほぼ比定することができる、対馬国以下不弥国までの六国である。このうち、対馬国には、「千余戸」の戸数があり、卑狗（ひこ）・卑奴母離（ひなもり）の正副の官がある。一支国には「三千許（ばか）りの家」があり、卑狗・卑奴母離の官があるとみえる。次いで末盧国には、官の記載はないが、「四千余戸」の戸数があったと記す。不弥国には「千余家」あったとあり、多模（たま）・卑奴母離の官があったとする。

これらの諸国と異なり、残る伊都国・奴国については、やや詳しい記載がみられる。奴国については、兕馬觚（しまこ）・卑奴母離の官があるとし、「二万余戸」という六国中最大の戸数が記されている。『後漢書』の「倭の奴国」の系譜を引く、最有力の国とみられるにもかかわらず、特段詳しい説明はなく、その実態については沈黙を守っている。伊都国についての詳細な説明と比べ、そっけない扱いとも取れる。北部九州の国々を代表する二国と女王国との親疎を窺うことも可能ではないか。

これに対し、伊都国についてはかなり詳細な記述がみられる。「万余戸」の戸数で、官には爾支・泄謨觚・柄渠觚があったとするが、それにつづけて、「世王有るも皆女王国に統属す。郡使の往来に常に駐まる所なり」とあり、「女王国自り以北には特に一大率を置きて検察す。諸国これを畏憚す。常に伊都国に治し、国中に於て刺史の如き有り。王の遣使、京都・帯方郡・諸韓国に詣り、及び郡の倭国に使いするや、皆津に臨みて捜露し、文書・賜遺の物を伝送して女王に詣らしむに差錯するを得ず」とあって、かなり詳細な言及がある。

表1『魏志倭人伝』に見える国々一覧（滋賀県立安土城考古博物館編2002『共に一女子を立て』より作成）

国名	官	副官	戸数	備考
対馬国	卑狗(大官)	卑奴母離	千余戸	
一支国	卑狗	卑奴母離	三千許家	
末盧国			四千余戸	
伊都国	爾支	泄謨觚 柄渠觚	万余戸	郡使駐まる所 大率が常駐
奴国	兕馬觚	卑奴母離	二万余戸	
不弥国	多模	卑奴母離	千余家	
投馬国	弥弥	弥弥那利	五万余戸	
邪馬台国	伊支馬	弥馬升 弥馬獲支 奴佳鞮	七万余戸	女王の都する所
斯馬国 都支国 不呼国 蘇奴国 鬼国 邪馬国 支惟国	已百支国 弥奴国 姐奴国 呼邑国 為吾国 躬臣国 烏奴国	伊邪国 好古都国 対蘇国 華奴蘇奴国 鬼奴国 巴利国 奴国		其の余の旁国 遠絶にして詳を 得べからず
狗奴国	狗古智卑狗			男子の王 女王に属さず
女王国の東に渡海して、また倭種の国有り				

伊都国は狗奴国とともに王の存在が明記される点で他の諸国とは区別されている。「世王有るも皆女王国に統属す」とあり、代々の王が女王に臣従していることを特記している。そして伊都国には女王が大率なる役人を派遣し「女王国自り以北」を検察させ、しかも使節の往来に際しては、津において「文書・賜遺の物を伝送して女王に詣らしむ」という、外交権の

行使にもあたらせていたのである。「諸国これを畏憚す」、「国中に於て刺史の如き有り」とあるように、伊都国は女王に格別の協力関係を示しており、政治的には周辺諸国とともに、一括女王に従属していたとすべきであろう。「女王国自り以北」に所在する、邪馬台国などとは異なる地域と意識されていることは確実である。また女王が派遣し伊都国を治所としていた大率は、大将率・大将帥のことで、全軍の統率者であろうから、北部九州諸国に対する軍事権を掌握していたことになる。また「刺史の如き有り」とみえる刺史は、中国では郡国制の郡をいくつかまとめた州を統括する官で、一州の行政権と軍事権を掌握していたのである。当時の中国の役人からみれば、北部九州はいくつかの郡国からなる州（ブロック）のように認識されていたことになる（山尾　一九八三）。そしてその背景に、先に検討した奴国・伊都国を中核とする連合体の存在を想定すべきであろう（なお後述）。

投馬国と邪馬台国　次に投馬国については、いちおう「女王国自り以北」に所属するとみられるが、行程記事の記述形式の違いから、北部九州諸国とは区別される地域と考える。すなわち末盧国から不弥国までは行程を里数で示すのに対し、投馬国以降は日数で記載しているからである。投馬国について『魏志倭人伝』は、「南して投馬国に至るには水行二十日。官を弥弥と曰い、副を弥弥那利と曰う。五万余戸可りなり」と記しており、不弥国あるいは伊都国からさらに南へ水行二〇日の距離にあり、戸数五万余戸という邪馬台国に次ぐ大国としている。ただし王の存在は書かれておらず、伊都国や狗奴国と違い、女王国との関係についての記述もない。そのことから逆に、二国の良好な関係が推測されよう。このためその領域や構造については、北部九州諸国のように具体的にわからないし、手掛かりもない。ただその戸数から考えて、内部はいくつかのクニから構成されていた可能性が高い。そしてまた、その「水行二十日」という記述から、海に面する地であったとみられる。「五万余戸可り」という戸数は、北部九州の六国の合計戸数の三万九〇〇〇戸を超えるものであり、北部九州の「国」々の規模と比較して、十余りの「国」を含む連合体であったと推定できる。その比定地については吉備が有力視されているが、行程記事の「水行二十日」という記載が、邪馬台国への行程「水行十日・陸行」と若干ニュアンスが異なることから、瀬戸内海ルートでなく日本海ルートとみて出雲とする見解もある。私は吉備だけでなく出雲を合わせた規模の地域政権と考えている。

邪馬台国については、「南して邪馬台国、女王の都する所に至るには、水行十日・陸行一月。官に伊支馬有り、次を弥馬升と曰い、次を弥馬獲支と曰い、次を奴佳鞮と曰う。七万余戸可りなり」とあるように、投馬国からさらに長い行程を経た地に存在しており、「七万余戸可り」という三〇国中最大の戸数を数える大国で、その規模からして、北部九州の「国」々の規模と比較して、およそ二〇以上の「国」から構成され、かつての二ないし三つの地域ブロックを包摂する広大な地域政権であったと推定できる。「女王の都する所」という記述から、「邪馬台国」をヤマト国と解し、のちの「大和国」とみる向きも少なくないが、卑弥呼によって都が置かれたのがのちのヤマトの地（纒向遺跡）であったことから、その後地域政権全体の名称になったと考える。そして実態としては近畿地方を越える但馬・播磨・丹波・近江・美濃などを含む広域の大国であったのではないか。

其の余の旁国と狗奴国　そして「戸数・道里略載」しない国々については、「女王国自り以北は、其の戸数・道里略載を得べきも、其の余の旁国は遠絶にして詳を得べからず」と記述し、二一国の名称を挙げている。これらは「旁国」とあるところから、おそらく女王の都する邪馬台国のまわりに散在する諸国で、「遠絶にして詳を得べからず」とあるように、中にはかなり離れた地域もあった可能性がある。当然いくつかのブロック＝地域政権からなると考えられるが、詳細は明らかでない。

そして女王国と三世紀中ごろ戦争状態にあった狗奴国については、「其の余の旁国は遠絶にして詳を得べからず」とその名を挙げる二一国の最後のところに、「次に奴国有り。此れ女王の境界の尽くる所なり。その南に狗奴国有り。男子を王と為す。其の官に狗古智卑狗有り。女王に属さず」とあるように、「女王の境界の尽くる所」、すなわち卑弥呼政権に包摂される国々の南にある国であり、当然別ブロックをなすことが判明する。女王国と軍事的に対峙しているように、邪馬台国に匹敵する規模をもつ地域政権であったとみるべきであろう。戸数は書かれていないから、詳細は明らかでないが、おそらく五万戸を超えると考えられる（なお後述）。

これらの地域政権＝ブロックのうち、「女王の境界の尽くる所」「女王に属さず」とある狗奴国は、当然女王国には含まれていないが、それは後述するように、あくまでも三世紀中ごろのことであり、かつては女王国に属していたのではなかろうか。邪馬台国と狗奴国の間に記載される二一国は、「此れ女王の境界の尽くる所なり」とあるから、当然倭国に含まれることになる。そして、『魏志倭人伝』の冒頭に「今使訳通ずる所三十国なり」とある三〇国を仮に倭国の範囲とするなら、二一国の他に「戸数・道里略載」する対馬国・一支国・末盧国・伊都国・奴国・不弥国の六国も倭国に含まれることになる。しかし記述をそのまま解するなら邪馬台国と狗奴国を加えて三〇国となるから、対馬国以下の六国も、倭国に包摂されていたことが裏づけられる。ただ先にみたように北部九州の諸国は、伊都国についての記述からは、明らかに特別な存在であることが窺われる。これらの諸国は、「統属」のあり方から、本来の女王国には含まれなかった段階があり、自立していた可能性も考えられる（なお後述）。

こうした『魏志倭人伝』の記述から、かつてはここで推測したブロック間において、当然競合・対立が想定されるとともに、提携や交流もあったと推測される。例えば弥生中期後半以降、北部九州産の青銅器などが、中国・四国地方はもとより、近畿・東海に供給されており、暫進的とはいえ交流は進んでいたとみられる。そして女王国と狗奴国、女王国とツクシ政権のように、一時期、政治的・軍事的対立があった可能性も否定できないであろう。その場合、地域政権の中で、いち早く連合体を形成していた北部九州諸国が、卑弥呼の統治下に入った時期はいつごろと考えられるのであろうか。また伊都国に関する記述にみえる、女王国とツクシ政権との具体的な関係は、どのような事情で形成されたのであろうか（柳田　二〇〇〇）。そしてそもそも考古資料の検討により、弥生後期（一世紀後半から二世紀後半）の日本列島は、大型化した青銅器を地域のシンボルとしてまつり、墳丘墓を独自に大型化し、共通の埋葬儀礼を行うように、集団意識やまつり＝宗教を共有する地域勢力（ブロック）が分立・競合する状況が展開しており、そうした対立・抗争を克服して、文字通り「倭国」が形成されるのであろう。そのような「倭国」の統合はどのように達成されたのであろうか。そして、こうした「倭国」の形成過程、卑弥呼政権の前史を検討するためには、『魏志倭人伝』

にみえる「倭国乱」と卑弥呼の「共立」について短く回顧的に述べている記述を検討する必要があろう。

三　卑弥呼はどうして女王になったのか

（一）『魏志倭人伝』が描く卑弥呼の即位

共に一女子を立てて

其の国、本亦男子を以て王と為す。住まること、七、八十年にして倭国乱れ、相攻伐して年を歴たり。乃ち共に一女子を立てて王と為し、名づけて卑弥呼と曰う。鬼道を事とし能く衆を惑わす。

これは著名な『三国志』魏書東夷伝倭人条（『魏志倭人伝』）の一節で、景初三年（二三九）に魏王朝に朝貢し、「親魏倭王」とされた倭王卑弥呼の王位についた事情が、回顧的に簡潔に記されている。すなわち倭国は、もともと男子を王としていたが、男王が王位にあって七〇〜八〇年たったころ大規模な戦乱が起こり、数年にわたって決着しなかった。そこで高い霊能力をもつ一女子を「共に立て」て、ようやく収まったというのである。

『魏志倭人伝』の倭国についての記載は、卑弥呼の治世の終わりころ、景初三年から正始八年（二四七）にかけてなされた卑弥呼による四回にわたる魏への遣使朝貢と、それに答えた魏王朝・帯方郡からの二度の使節の派遣に際し、朝廷に復命した帯方郡の役人の見聞（復命書）や、朝献した倭国の使人からの聞き取りなど、魏王朝に残されていた記録に基づくものである。三世紀の日本列島の様相をかなり正確に伝えるものであると考えるが、あまりにも簡潔な回顧的記述であるため、卑弥呼の即位した事情について、具体的に知る上で問題が残る。

この回顧的な記述の中で注目されるのは、卑弥呼はこのとき自らの意志で王位についたのではなく、それまで王位にあった男王の治世が崩れ、大規模な戦乱が続いたため、「一女子」とされる卑弥呼を「共立」して、ようやく乱は収まったという記述である。「倭国」の諸勢力が共に擁立したという記載から、超越的な権力をもつ中国の皇帝とは異なる即位事情であったことを強調しているのであろう。そしてここで、「倭国」「倭王」と記述されている表現は、あくまで女王の治世の終わりころ、三世紀中ごろの時点から回顧したもので、そうした実態・内実をもつものであったことまで述べているわけではない。すなわち、共立された卑弥呼やその即位以前に「在位」していた男王が「倭王」であったかどうかも、必ずしも自明のことではない。まして、倭国乱の規模やその範囲や、卑弥呼を共立した勢力についても、具体的な記述はみえないのである。

男王と倭国王帥升　まず、倭国乱と卑弥呼が共立された時期については、これまでさまざまな角度から検討されているように、男王の治世が七、八〇年たったころという記述が唯一の手がかりである。『三国志』の著者陳寿が、『後漢書倭伝』に永初元年（一〇七）、後漢に朝献したとみえる「倭国王帥升」をその男王に見立てて、それから「住まること、七、八十年」在位していたと考証して、記述したのであろう。ただし、陳寿の考証に決定的な根拠があるわけではなく、「倭国王帥升」とは別の男王であった可能性もあろう。そもそも「男王」という表現についても、陳寿が女王の即位という中国では特異な王位継承を、より際立たせるべく記述したものと解することもできるのである（山尾一九八六）。そして、ここで陳寿が考証の定点としたとみられる『後漢書』の「倭国王帥升」については、先にみたように、近年、これを文字通り倭人種族を総称する政治組織である「倭国」の「王」と理解する見解が相次いで出され、そうした立場から卑弥呼の共立を待たずにすでに「倭国」「倭国王」が二世紀の初頭に出現していたとして、そこに大きな変革があったとする意見も出されている。この段階の「倭国」の領域についても、かつての九州島を出ないとする見解を否定して、近畿を含む西日本一帯に拡大するなど、さらに東に広がるエリアとする指摘も出されているのである。

しかしながら、先にみたように弥生後期（一世紀後半から二世紀後半）の日本列島は、大型化した青銅器を地域のシンボルとしてまつり、墳丘墓を独自に大型化し、共通の葬送儀礼を行うように、いまだ集団意識やまつり＝宗教を共有する地域勢力（ブロック）が分立・競合する状況が展開しており、倭人種族を束ねた倭国・倭国王が出現していたとはとうてい考えられないのではないか。そうではなく、卑弥呼を共立した諸勢力が、そうした対立・抗争を克服して、文字通り「倭国」を形成したのではないか。

そこで『魏志倭人伝』の回顧的記述から、卑弥呼の即位事情をもう少し検討することにしたい。まず『魏志倭人伝』で、陳寿は卑弥呼の即位の時期を、男王の治世が七、八〇年続いたころ、「倭国」において大規模な戦乱が起こり、それがかなり長期化したと書いている。冒頭にみえる「其の国」は、そのすぐ後に「倭国乱れ」とあるから、「倭国」であって、邪馬台国ではない。「倭国乱」は、邪馬台国国内の王位をめぐる内乱ではなく、倭人種族により構成される「倭国」全体が争乱に巻き込まれたと陳寿は認識していたのであろう。またここにみえる男王については、その場合、陳寿は、卑弥呼が中国では例のない女王であったことを強調するため、対照的に男王の治世を記述しようとした可能性もある。陳寿は女王卑弥呼が「共立」されたことに格別の強い関心をもっていたことは間違いない。

卑弥呼の宗教的権威　陳寿は倭国乱の原因を具体的に書いていないが、長い男王の治世の七、八〇年後に大規模な戦乱が起こり、それが収拾できない混乱に陥ったため、霊能力をもつ女性を「共立」して、ようやく収めることができたとしており、霊能力をもつ女性の王の出現が乱収束の条件であると認識していたのであろう。これにつづく『魏志倭人伝』の記述に、「年已に長大なるも夫婿なく、男弟有りて国を佐く。王と為りし自り以来、見ること有る者少なし。婢千人を以て自ら侍せしめ、唯男子一人有りて飲食を給し、辞を伝えて出入りす」とあるように、「共立」から六〇〜七〇年後の魏に使節を派遣したころにおいても、依然霊能力を発揮して政治を執る卑弥呼を描いており、その宗教的権威がいかに大きかったかが窺える。また卑弥呼死後の台与の即位事情について、再び男王が立ったが「国中が服さず」、「相誅殺し」て治まらず「壱千余人」が殺されたとし、卑弥呼の「宗女」で、一三歳の少女台与を擁立して、ようやく乱が収束したとしている。ここでも台与が卑弥呼から継承した宗教的権威がクローズアップされているのである。男王にはみられない、特殊な霊能力をもつ少女であることが、大きな関心をもって記述されている。

おそらく長く続いた男王の治世において、「倭国」を構成していた諸勢力の間で、奉斎されていた宗教をめぐる対立が顕在化し、妥協の余地がなくなったのではないか。そして、「倭国」の諸勢力が一致できる宗教的権威が求められることになり、それを体現したのが、卑弥呼であり台与であったのではないか。ちなみに台与の「共立」が、一三歳の時であったことを参照するなら、卑弥呼が共立された時の年齢も、一〇歳前後であった可能性が高く、その晩年の二四〇年代ごろの卑弥呼は、少なくとも六〇歳前後の老女であったとみるべきであろう。したがってその共立時の年齢を一〇歳前後と仮定した場合、倭国乱の年代は紀元後一八〇年前後となり、回顧的記述に「其の国、本亦男子を以て王と為す。住まること、七、八十年にして倭国乱れ」とある記述から、男王の治世の始まりは紀元後一一〇年前後となり、結果的に帥升の時代に重なるのである。

（二）卑弥呼の共立と伊勢遺跡

卑弥呼と邪馬台国　「倭国」の諸勢力が「共立」した女王卑弥呼や台与がもつ宗教的な権威については、すでに多くの議論があり、詳しく論じる余裕はないが、「倭国」の広範囲な地域において、多くの人々に支持され、信仰される宗教であったことは明らかであろう。したがってそれがまったく新しく導入された新興宗教というより、それなりに各地の諸勢力が納得できる伝統的な基盤をもつ宗教を統合するとともに、大きく革新して創出したものではなかろうか。「婢千人を以て自ら侍せしめ」とある婢についても、各地の有力者が派遣した霊的能力者とする見方もあるが、これもその手掛かりになると考える。そして「共立」された卑弥呼の出自や出身地について『魏志倭人伝』はまったく沈黙しており、その行程記事の邪馬台国の項に「南して邪馬台国、女王の都する所」とあるように、邪馬台国は卑弥呼の出身地でも、その王でもなかったのである。山尾幸久氏は、『三国志』東夷伝の「共立」の用法を検討して、大君長の存在を記述する夫余（ふよ）・高句麗（こうくり）・倭人の三種族のみにみえるもので、王統が交替した場合に使われているとし、卑弥呼の共立については、男王から女王への王位の交代を特筆したものとされる（山尾　一九八六）。陳寿は、倭国乱の収束と新政権の成立を際立たせる表現としたといえよう。

女王が乱後に都とした邪馬台国については、先に検討したように、「七万余戸可り」という三〇国中最大の戸数を数える大国で、その規模からして、北部九州諸国であるなら、二〇以上の「国」々を束ねた地域で、しかも二〜三つのブロックを包摂した規模の大きい地域政権であったと推定される。「邪馬台国」をヤマト国と解し、のちの「大和国」に比定する向きも少なくないが、先にみたように、新たに都が置かれたのが地域政権の領域内にあるヤマトの地であったことにより、地域政権の名称になったのではないか。ちなみに都がヤマトの地となる以前の地域政権の呼称は、仮に近畿政権ないし「原邪馬台国」と仮称するほかないであろう。邪馬台国の領域は、実態としては近畿地方を越える範囲であったとみられる。卑弥呼はおそらくそうした広い領域の中で、地域政権の祭祀（宗教）を、中心的に担っていた勢力の出身で、新たな宗教の祭主としてふさわしい、霊能力に優れた女性であったと考える。

そして、ここからはひとつの憶測に過ぎないが、そうした条件に合致するのは、近江の地であり、中でも野洲川下流域であったと考える。卑弥呼はもともと近江の首長たちが信奉するシャーマンであり、伊勢遺跡は、そもそも近畿式銅鐸をシンボルとして奉斎する、近畿の地域政権（邪馬台国）の形成・維持のために造られた宗教的施設であったと考える。そして倭国乱の後、卑弥呼を共立する諸勢力による談合にも使用され、「共立」の儀式がなされる場所にもなったのではなかろうか。

伊勢遺跡の出現

滋賀県守山市に所在する伊勢遺跡は、まさに弥生後期中葉ごろに、突如、近江の中枢であるのちの野洲郡・栗太（くりた）郡の境界付近に出現した特別な祭祀遺跡とみられている。野洲川旧河道のひとつである境川（さかいがわ）左岸微高地に所在する、東西七〇〇メートル、南北四〇〇メートルの範囲をもつ大規模な遺跡で、遺跡の東寄りに約二〇〇メートル四方の範囲に特殊な区域が存在する。その中心部には、柵列で方形に区画された空間があり、L字型に配置された大型建物が近接して建てられている。そしてこうした方形区画を取り囲むようにして、直径二二〇メートルのややいびつな円弧を描くように、独立棟持柱付大型建物（祭殿）が一八・四メートル間隔で並び立っていたことが明らかになっている。発見された建物は一二棟以上で、全周すれば二〇棟以上になったとみられている。さらに方形区画の東には、多層階の楼観が造られており、また円弧状に立ち並ぶ祭殿の一棟の近くからは、一辺一三・六メートルの超大型竪穴建物（ＳＨ—1、約一八五平方メートル）が見つかっている。独立棟持柱付建物を主とした大型建物が環状に計画的に配置されており、しかも遺跡の中枢部においては、竪穴住居跡などの一般集落跡や生活臭のある遺物の出土はなく、特別な祭祀空間である可能性が高い。こうした諸特徴から、この遺跡が当時の倭国の政治・社会を考える上で、注目すべき遺跡であることは否定できないであろう。なお、これらの諸施設は、同時期に一気に造営されたのではなく、弥生後期中葉ごろから後期末にかけて、継続して建てられている。

Ⅰ期は、弥生後期中葉のＶ—3段階にあたり、中心部の建物が成立し始める時期のものである。独立棟持柱付建物ＳＢ—9に隣接してほぼ同一方位をとる、一辺一三・六メートルの超大型竪穴建物ＳＨ—1が建てられている。この建物は、屋内に棟持柱をもち、焼き床や壁際にレンガ状の建築部材をもつ特殊な構造をとるもので、その性格が注目される。円周状の独立棟持柱付大型建物ＳＢ—7の建設もこのころに開始されたとみられる。

Ⅱ期（Ｖ—4段階）では、中心部に並列して配置されたＳＢ—1（四×二間、約八八平方メートル）とＳＢ—2（五×一間、約五七平方メートル）。ＳＢ—3・ＳＢ—（4）が二重の柵によって方形に区画され、造営されている。大型建物の柱の建ち上げ方向からみて、ＳＢ—1が建設された後、ＳＢ—2が建てられ、その後方形区画の柵・ＳＢ—3・ＳＢ—（4）が順次建築されたものと推測される。この時期には、ほかに楼観とみられるＳＢ—10（三×三間、約八一平方メートル）の造営がＳＢ—1から東へ約五〇メートルの位置で始まり、続いてＳＢ—8・9・12などの独立棟持柱付建物が平行して建設されたと考えられる。

Ⅲ期は、後期後葉Ｖ—5・6段階で、環状配列を構成している独立棟持柱付建物ＳＢ—4・5が建設されるほか、野尻（のじり）地区の屋内棟持柱付建物ＳＢ—6が造営される。ＳＢ—4・5・6は、柱根に径五センチ大の石を敷き詰めており、同一工人が建てたとみられる。また柱根が残存していたことから、弥生時代後期末まで残存していたと考えられる。

Ⅳ期は、弥生後期末（Ｖ—6）から古墳時代前期で、伊勢遺跡では大型建物の造営は廃絶し、竪穴建物が多数営ま

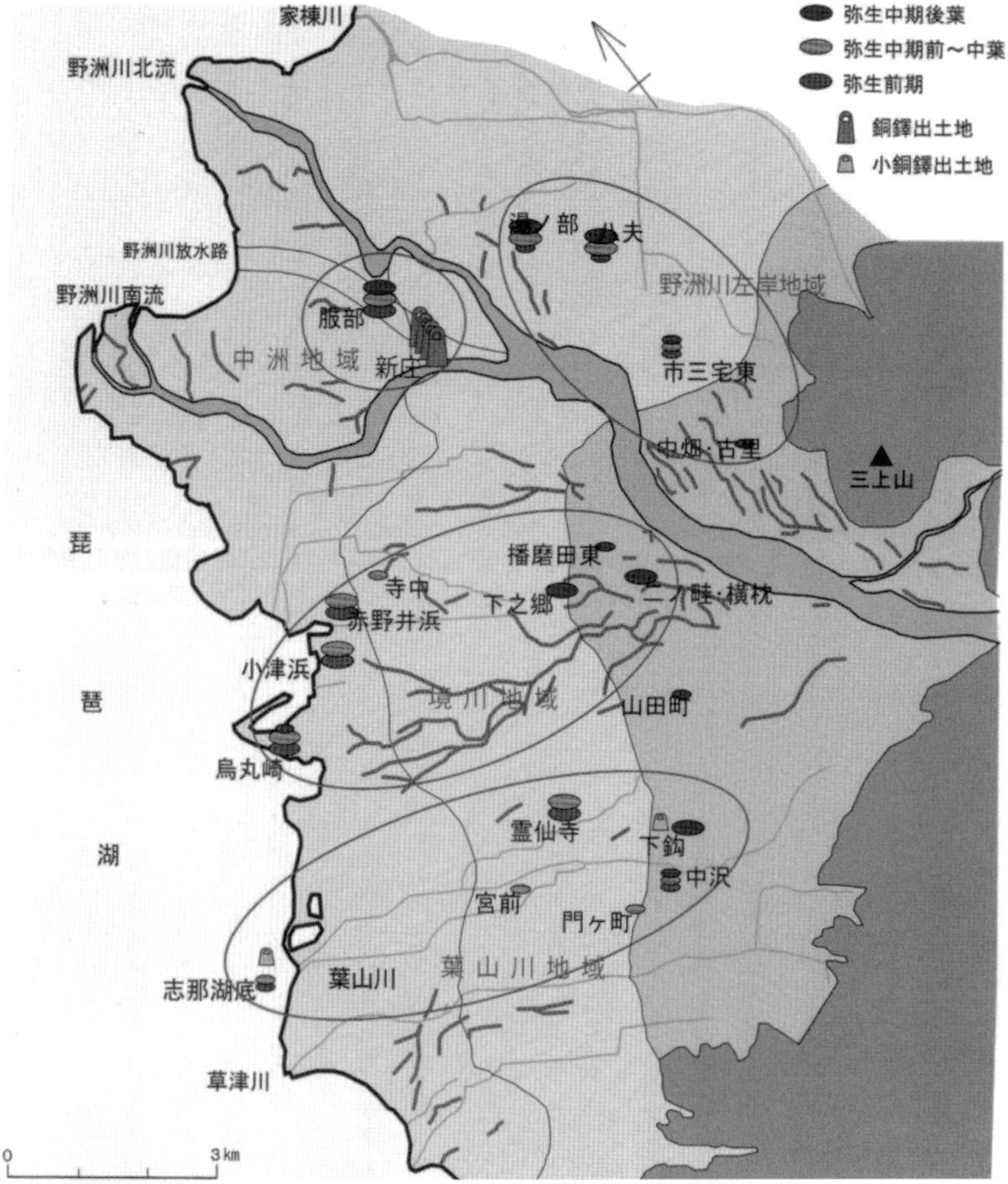

図８　伊勢遺跡と野洲川下流域の弥生遺跡（中井純子作成）

図９　伊勢遺跡と三上山 CG 復元図（小谷正澄作成）

れるようになり、一般的な集落遺跡へと変貌する。

こうした造営の経過をみていると、一連の施設が計画的に継続して造営されたことが推定される。こうした施設は、どのような性格をもち、どのような目的で造られたのであろうか。伊勢遺跡が所在する野洲川下流域は、近江を代表する神南備三上山の南麓に所在し、三上山の北西の低い山塊である大岩山からは、二四口という大量の突線鈕式銅鐸が一括出土しており、宗教的な環境の色濃い地域であったとみられる（図8・9）。ここで三上山をめぐる宗教について、詳しくふれる能力も余裕もないが、琵琶湖の周りに勢力をもつ多くの首長（豪族）が、その信仰に関わっていたことは間違いない（三品　一九七二）。

こうした野洲川下流域の勢力が、弥生後期の近畿において主導的役割を果たしていたことは、先にみたように、難波洋三氏が明らかにした近畿式銅鐸の成立事情が手掛かりとなる。つまり近畿式銅鐸の成立には、近畿各地の地域勢力の擁する工人集団が、大福型の工人を擁する近江の勢力の主導により統合されたとみられるのである。そして、先に述べたように、そうした新たな銅鐸のまつりを生み出した近江の勢力の主導により、近畿の地域政権が形成・運営されたのではなかろうか。伊勢遺跡はそうした地域政権（邪馬台国）の統合の中核となる宗教的施設として、近江の勢力によって造営されたのであろう。倭国乱の収束後、「倭国」の諸勢力の協議によって共立されたのが、近江の勢力が擁する、霊能力をもつ卑弥呼であり、伊勢遺跡はその「共立」に向けた談合とそれに関わる儀礼が執り行われる施設としても使用されたとみるのである。

四　卑弥呼はどのように倭国を統治したのか

（一）卑弥呼政権の成立と東アジア

六〇年の空白を埋める　それではこのように一女子を立てて、共倒れの危機を脱した倭国は、その後どのように展開したのであろうか。また、そのような特異な事情で成立した卑弥呼政権は、その後どのような経過をへて、名実ともに倭国を統括する「倭王」として、国内的にも対外的にもその地位を確立することになったのか。実は卑弥呼が共立された一八〇年前後から、卑弥呼が魏に使者をはじめて送った二三九年までの、おおよそ六〇年余りについては、文献資料が欠落しており、これまでほとんど議論はされてこなかった。このため『魏志倭人伝』にみえる倭国の状態、すなわち卑弥呼と諸国との関係などについて、倭国乱後の「共立」された時点で、すでに成立していたかのような極端な議論もなされていたのである。三世紀中ごろの「親魏倭王」としての卑弥呼の政権は、「共立」直後の政権ではなく、「居る処の宮室は楼観・城柵、厳かに設け、常に人有りて兵を持して守衛す」とあるように、また卑弥呼政権と伊都国・北部九州諸国との関係にもみえるように、萌芽的な国家的機構の整備も認められるのである（吉田　一九九五）。ただ、文献資料に恵まれないこの時代については、卑弥呼政権が置かれていた東アジア情勢も参照する必要がある（図10）。

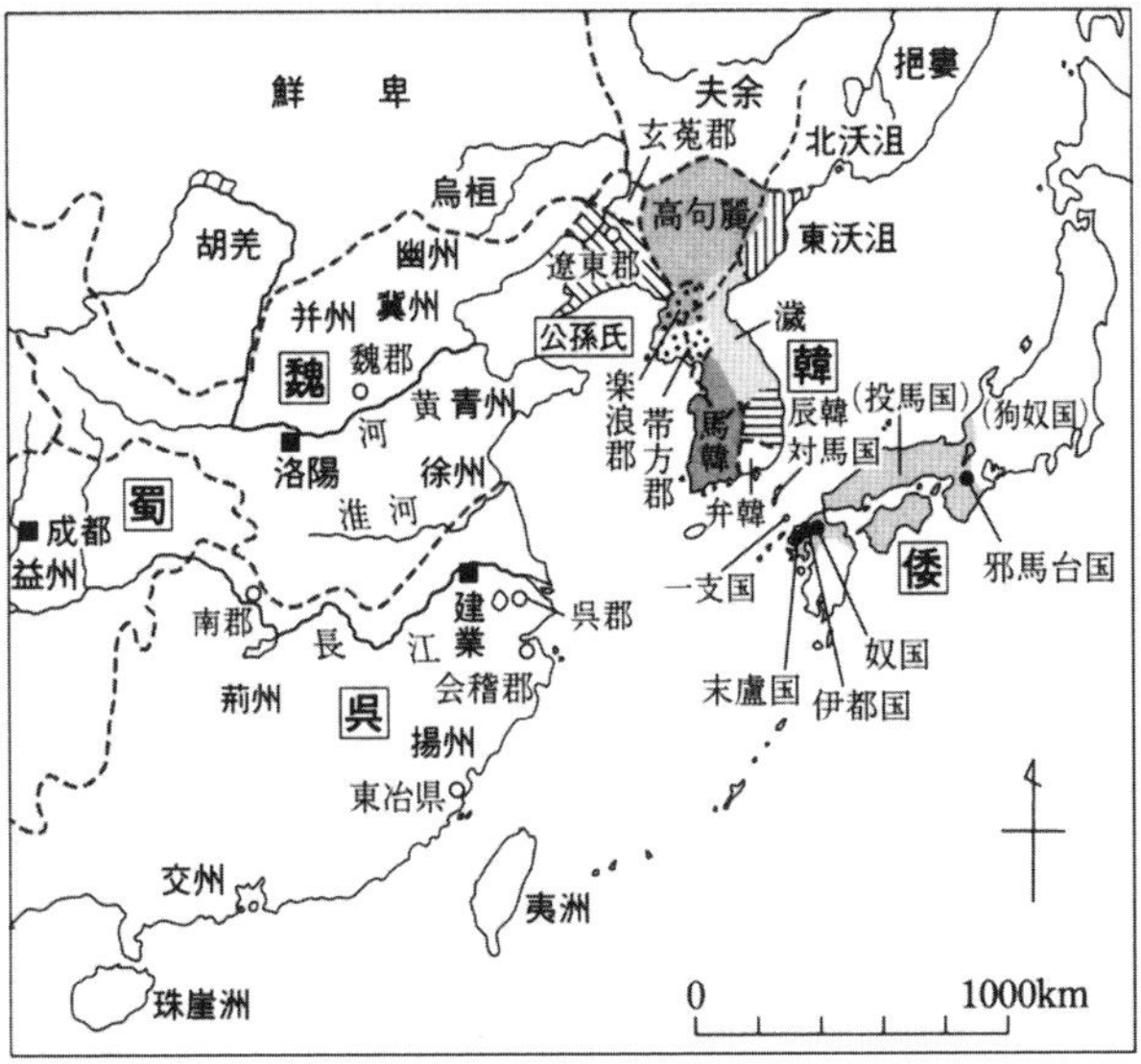

図10　2・3世紀の東アジア（寺沢2000より転載）

公孫氏政権の自立と卑弥呼の内属　卑弥呼が共立された後漢末の一八〇年前後の東アジアは、大きな激動の時代に突入していた（西嶋　一九七四・一九九九、山尾　一九八二・一九八六）。紀元後三七年に成立した後漢王朝は、二世紀の中ごろになると早くも衰退の兆しをみせ始めている。二世紀初頭に始まる、羌族・高句麗族・濊族・貊族・鮮卑族・烏桓族など北方諸民族の反乱はほぼ常態化し、後漢の郡県支配を有名無実化していくことになった。すなわち匈奴の故地に勢力を拡大した鮮卑は、幽・幷・涼州などの北方辺州をたびたび侵寇し、特に一七三年から一八一年にかけては、毎年の収穫が終わるたびに押し寄せ、略奪・殺戮を繰り返している。高句麗の場合も一六九年に玄菟太守に制圧され、臣属を余儀なくされていたが、一七〇年代後半からは遼東方面に侵寇し、南沃沮・東濊を制圧、辰韓にも勢力を伸張している。これらにより後漢の郡県支配は大きく後退した。

　桓帝・霊帝のころになると、国内でも「党錮の獄」が起こるなど分裂が顕在化し、一八四年、ついに黄巾の乱が勃発し、ついで河北では黒山軍が、陝西・四川では五斗米道軍が蜂起するなど、後漢王朝の権威は大幅に失墜した。「倭国乱」もこのような後漢王朝の衰退による権力の空白を遠因とすることはよく指摘されている。そして、このあと一九〇年、董卓が洛陽を制圧して、少帝弁を廃し献帝を擁立、首都洛陽を焼き尽くし長安へ遷都すると、全国が動乱に巻き込まれる事態に発展した。このとき遼東の太守であった公孫度は、遼東郡治のあった襄平県（現在の遼寧省遼陽市）の出身で、ふるさとの太守になってからは、その地位を利用し恐怖政治を敷き、周辺諸民族を討つなど勢力の拡大を進めていた。そして中原の乱れた情勢を好機として、独立計画を実行に移し始め、海を越えて山東半島北部の東莱郡に進出するいっぽう、楽浪郡をもその支配下に収め、自ら遼東侯、平州の牧を自称、以後四八年間続く公孫氏政権を樹立した。

魏の建国と卑弥呼の朝献　中国中原では、一九六年曹操が献帝を擁して洛陽に復帰、着々と政権基盤を固めつつあったが、公孫氏政権には山東地域から避難した有力者も加わり、二〇四年、度が死んで子の康がその地位を継ぎ、楽浪郡の南の荒地を割いて帯方郡を設置した。これにより、後漢の衰亡によって、楽浪郡の支配を脱した人々を再編成した。『三国志』魏書・韓伝に「是の後、倭・韓ついに帯方に属す」と記される状況が生まれることになった。倭国すなわち誕生して間もない卑弥呼政権は、このような事態の中で公孫氏政権に内属することになったのであろう。中国王朝が衰退する中、それに代わる対外的な権威を公孫氏に求めたと考えられる。魏が公孫氏を滅ぼした翌年の二三九年、卑弥呼がいち早く魏に朝貢したのは、かかる卑弥呼政権の性格を端的に示すものである。卑弥呼はその政権基盤を固めるため、自立した公孫氏政権の庇護を受けることにしたのであろう。康は曹操に追われ逃げ込んだ袁尚兄弟の首を送り魏との友好関係を結んだ。

三世紀に入ると、二〇八年の赤壁の戦いの後、二二〇年曹操が死んで、曹丕が献帝から皇位を譲られ魏の皇帝となった。翌年劉備が蜀漢を建国、二二二年には江南の孫権が自立して呉を建国し、三国鼎立の形勢となった。公孫氏政権ではそのころ康が死んで、子の晃と淵が幼かったため弟の恭が遼東太守の地位を継いだ。しかし恭が病弱であったため、二二八年成長した公孫淵はおじの恭からその地位を奪い、公孫氏政権を率いることになった。淵はそれまでの魏との友好関係を破り、呉との連携を積極的に進めた。淵の使節の申し入れに対し孫権はさっそく淵を幽・青二州一七郡一七〇県を封国とする「燕王」に冊封したが、変心した淵は、二三三年呉の冊封使を斬り、魏に忠誠を誓い大司馬・楽浪公に封じられた。しかしながら二三四年蜀の丞相諸葛孔明が、魏との決戦のため出征した五丈原で病死し、蜀軍が帰国したため、これと対峙していた魏の司馬懿率いる大軍は洛陽に戻り、軍事力に余裕が生じた。この間の公孫氏政権の対応に不信の念を深めていた魏は、余剰兵力を公孫氏政権打倒に投入することとし、二三七年幽州刺史毌丘倹が攻撃を開始したが、淵はこれを阻止、自ら燕王を称して自立し、呉に援軍を求めた。しかし二三八年大尉司馬懿に遼東出兵が命ぜられ、四万の大軍を率いた司馬懿は、襄平城の攻略を果たし、公孫淵父子を戦死させ公孫氏政権は滅亡した。

これにより帯方・楽浪の二郡は魏に接収され、公孫氏に内属していた卑弥呼政権は、その翌年すばやく魏に朝貢して、その傘下に入ろうとしている。卑弥呼政権は、おそらく対外情勢を敏感に把握しつつ、国内基盤を固めていたことを、この間の対応から推測することができる。そして先にみたように、三世紀前半代においては、強勢化した高句麗が咸鏡南道・江原道地方の東沃沮・濊を支配下におき、洛東江以東にも勢力をのばしており、倭国の大陸系文物導入ルートは閉ざされていた可能性が高い。卑弥呼が新たに成立した公孫氏政権の後ろ楯を早急に必要とした理由のひとつではなかろうか。記録には残らないが卑弥呼の使者は公孫氏の王都や帯方郡にたびたび訪れていたのであろう

（山尾　一九八六）。

（二）女王国と伊都国（ツクシ政権）・狗奴国――倭国の統合――

卑弥呼政権と伊都国

三世紀中葉の卑弥呼政権と伊都国の関係については、まず「世々王有るも皆女王国に統属す」とあるように、その統属の内容がどのようなものであったかは別として、卑弥呼の魏への朝貢のあった二三九年よりかなり早く、何代か前の王の治世に始まっていたことが書かれている。そしてここに記される両者の関係をみると、女王が派遣し伊都国を治所としていた大率は、先にみたように、大将率・大将帥のことで、全軍の統率者で、北部九州諸国の軍事権を一括掌握していたことになる。また「刺史の如き有り」とみえる刺史も、郡国制の郡をいくつかまとめた州を統括する官であり、卑弥呼政権は北部九州の行政権と軍事権を掌握していたことがわかる。かつての伊都国王を盟主とする地域連合体を継承する可能性を窺わせるものであろう。

卑弥呼政権は、「共立」されたのちしばらくして、伊都国王の支持を得て、伊都国に常駐する大率を派遣し、諸国の検察を行っていたのであろう。「諸国これを畏憚す」とするのは、その権限の大きさを示している。そしてその大率の最大の任務は、外交権と物流の独占的な掌握にあったとみられ、具体的には大陸系先進文物の独占にあったのであろう。したがって、ここにみえる「租賦を収むに邸閣有り。国国に市有り、有無を交易し、大倭をしてこれを監せしむ」という記述も、それを窺わせる。すなわち『魏志倭人伝』にみえる「邸閣（じゅうぐ）」は単なる倉庫ではなく、規模の大きい軍用倉庫で、重要な都市、交通の要衝、辺防の要害に設けられ、兵糧・戎具・物品貨幣などを大量に貯蔵するもので、「租賦」も一般的な租税ではなく、倭王卑弥呼が大率を派遣して北部九州諸国に課したものと考えられる。そして国々の市を監視した「大倭」も一般的なムラムラの市ではなく、諸国が設置した特別な市に、大陸系文物の独占をめざす卑弥呼が派遣したもので、北部九州諸国の統制を目的とするものとみられる（山尾　一九八三）。

卑弥呼政権がこのようなツクシ政権の統制システムを確立した目的は、大陸系文物導入ルートの独占にあったことは間違いないが、ここにはみえない船団を組んで到来した中国商人などの統制も大きな目的であったのではなかろうか。すなわち中国における貨幣経済の発達、それに伴う商業活動の進展は前漢の時代から著しいものがあり、『塩鉄論』にみられる専売制は、塩鉄の生産・販売を独占して大きな利益をあげる商人に代わり、国家財政建て直しの財源にしようとしたものであった。漢の塩鉄専売制度は紀元後八八年に廃止されており、これを契機として、楽浪郡を拠点とする中国商人の販売ルートは、朝鮮半島南部から北部九州、さらには西日本に伸びていたのではなかろうか（西嶋　一九七四、岡田　一九七七）。そのような商業活動の統制は卑弥呼政権の権威にも関わる大きな課題であったのであろうし、その独占は卑弥呼政権にとって大きな富の源泉でもあったのであろう。

それはそれとして、卑弥呼政権にとって、北部九州諸国を統制する上で伊都国王の果たした役割は、想像以上に大きいものであった。こうした女王と伊都国王の提携は、「世々王有るも皆女王国に統属す」とあるように、一朝一夕に成立したのではなく、父・祖父の時代に遡る長い前史を想定すべきと思われる。詳細は省略するほかないが、卑弥呼が共立される八〇年余り前、倭国王帥升の時代にこうした関係が成立した可能性がある。すなわち二世紀初頭に、北部九州のツクシ政権を構成する玄界灘地域における二大勢力＝奴国と伊都国の対立と盟主の交代が、帥升により後漢に献上された生口の一六〇人という異常な多さや、奴国王に下賜された「漢委奴国王」の金印が意識的に埋納されていたことなどから推定されており（中山　一九一四、藤間　一九五〇、井上　一九六〇）、ツクシ政権の盟主の交代に際して、伊都国と近畿政権の提携が想定されるのである。これによって北部九州を介しての大陸系文物の導入が容易になっただけではなく、近畿勢力独自の楽浪郡への接触も可能になったと考えるのである（大橋　二〇〇二）。

近畿勢力の北部九州への浸透　北部九州では、三世紀中葉ごろになると、他地域と異なり搬出土器は少なく、搬入土器はかなりの数に達する。福岡市比恵・那珂遺跡群などでは、一〇〇個体を超える庄内式の甕の出土が報告されている。それが三世紀後半にはさらに増大し、外来系土器が在地系土器を上まわるとされている。例えば、同市西新町遺跡では、在地系六三％、近畿系二五％、出雲系九％、吉備系一％、伽耶系二％と、搬入土器が三七％という高率を占

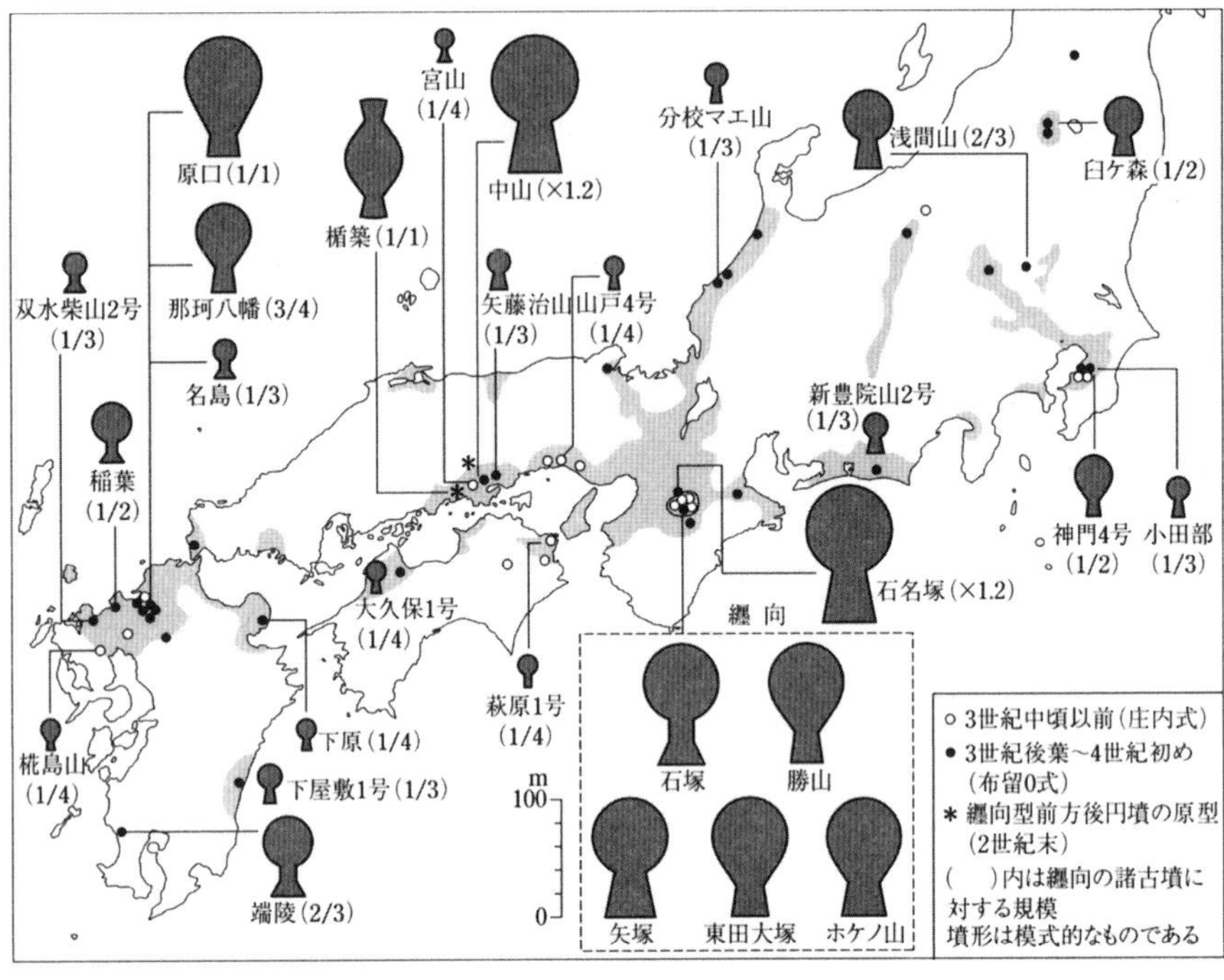

図11　纒向形前方後円墳の分布（寺沢2000より転載）

めている（石野　二〇〇一、田崎　一九八三）。

また、三世紀中葉には、かつての伊都国・奴国の領域において、纒向型前方後円墳や前方後方型墳丘墓が出現している（図11）。前者では、福岡県志摩町稲葉1号墳・権現山古墳、福岡市那珂八幡古墳、春日市御陵古墳、甘木市神蔵古墳、小郡市津古生掛古墳・津古1号墓・津古2号墓などがある。このうち、最古の纒向型前方後円墳は津古生掛古墳で、全長三三メートルであるが、円形部径二八メートルに対し、方形部長五メートルと短い。円形部はいびつな円形で、後円部中央に木棺が直葬され、中から方格規矩鏡一面と鉄剣・鉄鏃・ガラス玉が出土している。墳丘の裾に接して方形周溝墓六基と円形周溝墓一基があり、それらの土器から三世紀中葉〜後半と考えられる。後者では弥生終末の二世紀末とみられる福岡市宮の前墳丘墓をはじめ、那珂SX028・那珂SX002、筑紫野市妙法寺2号墳などが知られ、佐賀県吉野ヶ里町・神埼市の吉野ヶ里遺跡にも三基みられる。三世紀後半には、纒向型前方後円墳と並んで前方後方型墳丘墓の導入されたことが知られる。先にみた庄内式土器の導入と合わせて、卑弥呼政権の浸透を示すものであろう（石野 二〇〇一、寺沢 二〇〇〇）。

卑弥呼政権と狗奴国　卑弥呼政権にとって、大きな課題であったのが、男王を擁して女王と対立する狗奴国の存在であった。先に少しふれたように、『魏志倭人伝』は二ヵ所に記事を残している。まず、行程記事の最後のところに、「次に奴国あり、これ女王の境界尽くる所なり。其の南に狗奴国あり、男子を王と為す。その官に狗古智卑狗あり。女王に属さず」とあり、卑弥呼が統治する地域のさらに南に所在し、男王と官があること、卑弥呼の傘下には入っていなかったことを記している。そして外交記事の中にも、「其の（正始）八年、太守王頎官に到る。倭の女王卑弥呼、狗奴国の男王卑弥弓呼と素より和せず。倭の載斯烏越等を遣わして郡に詣り、相攻撃する状を説かしむ。塞曹の掾史の張政等を遣わし、因りて詔書・黄幢を齎して、難升米に拝仮し、檄を為りてこれを告喩す。卑弥呼以て死す」と、かなり詳しい記述がみえる。卑弥呼の晩年、女王国・卑弥呼にもともと属していなかった、狗奴国の男王卑弥弓呼との間に戦乱が発生し、そのことを卑弥呼が帯方郡に報告したため、塞曹の掾史張政らを遣わして、「檄を為りてこれを告喩す」とあるように、軍事的な助言も含め、全面的な支援に乗り出したことがわかる。魏王朝にとっては、国家的に重要な特記事項として認識されていたのであろう。女王卑弥呼が「狗奴国の男王卑弥弓呼と素より和せず」と女王と男王を対比的に記述していることも、陳寿の関心のありかを示している。

ここで「素より和せず」とあることについては、両国の対立が根深いもので、倭国乱のかなり以前からとする見方が有力となっているが、卑弥呼が共立されて以降のことで、それ以前は必ずしも対立していなかったとする見方も出されている。『魏志倭人伝』の書きっぷりからは、女王国と狗奴国の対立抗争は長期にわたるようにも取れるが、陳寿がそのように理解して構想した可能性もあり、老齢の卑弥呼が病に倒れた事態などに関わる、卑弥呼晩年の一時的な対立・抗争であった可能性も考慮すべきであろう。そしてこのことと深く関連してくるのが、狗奴国の所在地をめぐる問題である。

すなわちこのことについては、いわゆる邪馬台国九州説と近畿説（畿内説）のいずれによっても諸説があり、多くの比定地が挙げられている。ただ本章の立場は近畿説を取っており、狗奴国の所在地としては、尾張・三河・遠江の東海地域とする説と「天竜川以東」の東海東部から南関東の広い地域とする大きく二説が有力になっている（赤塚　一九九二・二〇〇一、森岡　一九九六、石野　二〇一二）。私はいわゆる三遠式銅鐸が作られ、使用された地域である東海地方とみる説を支持したい。すなわち、弥生後期において銅鐸をまつりのシンボルとしていたのは、列島において近畿と東海のみであった。しかもともに突線鈕式の中の二派という、細部はともかく大きくは共通する宗教的基盤をもつ勢力に属していたと考えられる。卑弥呼の晩年に二つの国が対立し、戦争状態にあったとする記載から、その対立を際立たせるのは過剰な解釈といえよう。両国の対立が長期にわたるものであったというのは自明のことではなく、地域政権間の一時的な主導権争いは、「倭国乱」以前においてもあった可能性はあるが、狗奴国との本格的な戦争は卑弥呼の死の直前と考える。

いっぽう「天竜川以東」の東海東部から南関東の広い地域とする見解の拠りどころとなっているのは、狗奴国を遠州灘の部族連合とみる山尾幸久氏の提言である（山尾　一九八六）。

遠州灘の部族連合説の検討　山尾氏は狗奴国の位置を遠州東部から駿河西部とする村尾次郎氏の見解を支持して、自説を展開している（村尾　一八七四）。山尾氏がその根拠とした史料のひとつは、『先代旧事本紀』の「天孫本紀」に「物部大小市連公は、志紀県主、遠淡海国造、佐夜部直、久奴直等の祖」とある記載と、「国造本紀」に遠淡海国造と素賀国造の間に、「久努国造」がみえることである。すなわち久奴直は、遠淡海国造、佐夜部直らとともに、その始祖を「物部大小市連公」とする一族であり、その支配領域も隣接することを示しているとした。そして『和名類聚抄』には、遠江国山名郡（もと佐夜郡）に「久努郷」が、駿河国安倍郡（もと有度郡）に「久能」があることから、古代の磐田・山名・周智・佐野地方を総称して「久努」と呼ばれていたことを推定し、狗奴国を天竜川の東と西の勢力の連合体と考えている。

しかしながら、「久努」の地名が確実に遡るのは、『和名類聚抄』の「久努郷」のみであり、「国造本紀」の記載も、具体的に「久努国造」の所在地を示すものではない。なお「天孫本紀」には、「(火明命の十五世孫)尾張知々連は久努連の祖」という記載もあり、久努と尾張とのつながりも想定される。そうした場合、三河・遠江に尾張を加え、狗奴国を東海地方とその周辺に比定することもできるが、これもひとつの憶測である。また中央豪族で「久努」を名乗るものとして、『日本書紀』天武四年(六七五)四月八日条に「小錦下久努臣麻呂」がみえる。麻呂はこの時天武の勅諫を被り朝参を禁止されているが、その後復帰し、同朱鳥元年(六八六)九月二七日是日条に「直広肆阿倍久努朝臣麻呂」が、天武天皇の殯宮において「刑官の事」を誄している。阿倍久努朝臣氏の出身地を、「久能(山)」の地名が残る駿河国安倍郡とする見解もあるが(太田　一九六三)、麻呂は明らかに中央豪族阿倍氏の同族であり、駿河国安倍郡の地方豪族であることを裏づける史料はない。安倍郡とその周辺には、中央豪族阿倍氏の勢力が及んでおり(亀谷　二〇一一)、阿倍氏一族の阿倍久努朝臣氏の拠点があった名残とも考えられる。少なくとも文献上は、狗奴国を「天竜川以東」と限定する根拠はないといえよう。今後、さまざまな立場からの地域史的な検証が必要であろう。

東海西部は、三・四世紀に関東から北九州まで分布が広がるS字甕の発生地として注目される。二世紀末〜三世紀前半(廻間I式)には、弥生後期の拠点集落をとりまく環濠が埋めつくされ、前方部の短い前方後方型墳丘墓が出現し、S字甕を代表とする廻間様式が成立するとされており、三世紀後半(廻間II式)になると庄内式の動きに先行して、廻間様式が列島各地に広がり、同時に東海型前方後方墳も広がるとしている。この廻間様式の大量移動については、伊勢湾沿岸からの大量の難民の排出という解釈も出され、その要因は、狗奴国と邪馬台国との抗争の余波ともされている(赤塚　一九九二)。

また、二世紀末〜三世紀初、南関東地方は東海の勢力圏に組み込まれている。三世紀前半には、東京湾沿岸に濃尾系のS字甕・パレス壺などが拡がり、三世紀中葉には、濃尾系の首長墓である千葉県木更津市高部30・32号墳が築かれ、そこには濃尾系土器が供献されている。いっぽう房総半島の一角には、二世紀末〜三世紀初頭に纒向型前方後円墳が造られ、三世紀中葉にかけて三世代にわたり首長墓が継続している。市原市神門3・4・5号墳がそれで、神門4号墳は庄内式直前段階で、神門5号墳はそれ以前とされ、共伴する土器は4号墳墳頂・墳丘下に近畿系・伊勢湾沿岸系・在地系がみられ、近畿との関わりが濃厚になっている（赤塚　一九九二）。

おわりに

おそらく史料にみえないが、弥生後期以降、奉祭する宗教の異なる地域政権の間では、『魏志倭人伝』には関係を示す手がかりのない大国投馬国や、当然、のちに女王国と戦争状態になる狗奴国との間、他の地域政権との間にも、武力を伴う競合と対立があった可能性はあると考える。そして、卑弥呼の死の直前に起きた狗奴国との戦争については、『魏志倭人伝』に「其の八年、太守王頎官に到る。倭の女王卑弥呼、狗奴国の男王卑弥弓呼と素より和せず。倭の載斯烏越等を遣わして郡に詣り、相攻撃する状を説かしむ。塞曹の掾史の張政等を遣わし、因りて詔書・黄幢を齎して、難升米に拝仮し、檄を為りてこれを告喩す」とみえるように、魏王朝が全面的にバックアップに乗り出すほど、卑弥呼政権は苦境に立たされており、必ずしも平坦な道程ではなかったようである。先にみたように、私は卑弥呼の死が迫っていたことと、狗奴国との戦乱が関わるのではないかと考えているが、それを直接裏づける記録はない。したがって、卑弥呼政権が公孫氏政権にすばやく内属したことや、次いですばやく魏王朝に朝献し、後ろ楯にしようとしたのは、政権基盤の脆弱さを対外的な権威により補おうとするものであろう。かかる権威を背景に、各地の有力な地域政権に対する「統制」を強め、列島内における地位を確立しようとしたのであろう。

そして、景初三年（二三九）に魏王朝に朝献したころの卑弥呼政権は、ツクシ政権に対する「統制」をはじめ、当時魏王朝と交流のあった三〇ヵ国のうち、軍事的に対立する狗奴国を除く二八の国々を傘下に治め、ほぼ倭国の統合を果たすと同時に、外交権を独占し、列島の物流システムを掌握していたのである。その王権は、かなり整備された国家的な政治組織・体制を確立していたのである。魏の皇帝がその詔書において、「汝其の種人を綏撫し」、また「悉く以て汝国中の人に示し」と呼びかけるように、列島内において大きな権力を保持するに至っていた。卑弥呼が名実ともに「倭国王」としての地位を不動のものとしていたことが確認できるとともに、この間における卑弥呼政権の確立を窺わせる。ただ先にみたように、卑弥呼の死後、倭国は再び王位をめぐる深刻な内乱に突入しており、卑弥呼の身内で霊能力を継承する少女によってしか収束することができなかったのであり、本格的な倭国王の出現、ヤマト王権の形成はこれよりのちのこととなるのである。

引用・参考文献

赤塚次郎　一九九二「東海系のトレース」(『古代文化』四四―六)
赤塚次郎　二〇〇一「男王、卑弥呼と素より和せず」(設楽博己編『三国志がみた倭人たち―魏志倭人伝の考古学―』山川出版社)
石野博信　二〇〇一『邪馬台国の考古学』吉川弘文館
石野博信　二〇一二「二、三世紀の東海と近畿―共通する銅鐸祭祀と異質な墳墓―」(香芝市二上山博物館編『邪馬台国時代の東海と近畿』学生社)
井上光貞　一九六〇『日本国家の起源』岩波書店
梅原末治　一九四〇「筑前国井原発見鏡片の復元」(『日本考古学論攷』弘文堂書房)
王　仲　殊　一九九四「論所謂「倭面土国」之存在与否」(『北京大学学報(哲学社会科学版)』一九九四年第四期)
大阪府立弥生文化博物館編　一九九七『平成九年春季特別展　青銅の弥生都市―吉野ヶ里をめぐる有明のクニグニ―』
太田　亮　一九六三『姓氏家系大辞典』角川書店
大橋信弥　二〇〇二「共に一女子を立て―卑弥呼政権の成立過程―」(『平成一四年度春季特別展　共に一女子を立て―卑弥呼政権の成立―』滋賀県立安土城考古博物館)
岡田英弘　一九七七『倭国―東アジア世界の中で―』中央公論社

春日市教育委員会編　一九九四『奴国の首都・須玖岡本遺跡—奴国から邪馬台国へ—』吉川弘文館
亀谷弘明　二〇一一『古代木簡と地域社会の研究』校倉書房
岸本直文　二〇一四「倭における国家形成と古墳時代開始のプロセス」（『国立歴史民俗博物館研究報告』第一八五集）
北九州市立考古博物館編　一九九七『第一五回特別展　弥生の鋳物工房とその世界』北九州市立考古博物館
栗原朋信　一九七二「漢帝国の印章」（石母田正ほか編『古代史講座　四』学生社）
近藤義郎　一九九二『楯築弥生墳丘墓の研究』楯築弥生墳丘墓刊行会
佐原　真　一九七九『日本の原始美術7　銅鐸』講談社
白鳥庫吉　一九六九「卑弥呼問題の解決」（『白鳥庫吉全集　第一巻』岩波書店）
竹内理三校訂・解説　一九七八『翰苑』吉川弘文館
田崎博之　一九八三「古墳時代初頭前後の筑前地方」（『史淵』一二〇）
寺沢　薫　二〇〇〇『日本の歴史02　王権誕生』講談社
寺沢　薫　二〇〇九『青銅器のマツリと政治社会』吉川弘文館
寺沢　薫　二〇一一『王権と都市の形成史論』吉川弘文館
寺沢　薫　二〇一四『弥生時代の年代と交流』吉川弘文館
寺沢　薫　二〇一七『弥生時代国家形成史論』吉川弘文館
藤間生大　一九五〇『埋もれた金印—女王卑弥呼と日本の黎明—』岩波書店
鳥取市教育委員会編　一九八一『西桂見遺跡』鳥取市教育委員会
内藤虎次郎　一九七〇「倭面土国」「卑弥呼考」（『内藤湖南全集　七巻』筑摩書房）
長澤規矩也・尾崎康編　一九八〇〜一九八一『宮内庁書陵部蔵北宋版通典』（全八巻・別巻一）汲古書院
中山平次郎　一九一四「漢委奴国王印出土状態より見たる漢魏時代の倭国の動静に就て」（『考古学雑誌』第三巻第二号）
難波洋三　二〇一一a「銅鐸群の変遷」（『特別展図録45　豊穣をもたらす響き　銅鐸』大阪府立弥生文化博物館）
難波洋三　二〇一一b「扁平鈕式以後の銅鐸」（『平成二三年度春季特別展　大岩山銅鐸から見えてくるもの』滋賀県立

安土城考古博物館）

難波洋三　二〇一二「銅鐸を使う国々」（『兵庫県立博物館開館五周年記念シンポジウム　卑弥呼が居た時代』基調報告Ⅲ、兵庫県立博物館）

西嶋定生　一九七四『秦漢帝国』講談社

西嶋定生　一九八五『日本歴史の国際環境』東京大学出版会

西嶋定生　一九九四『邪馬台国と倭国―古代日本と東アジア―』吉川弘文館

西嶋定生　一九九九「倭国出現の時期について」「『倭面土国』出典攷」（『倭国の出現―東アジア世界の中の日本―』東京大学出版会）

橋本増吉　一九五六『東洋史上より見たる日本上古史研究』東洋文庫

松木武彦　二〇〇七『日本列島の戦争と初期国家形成』東京大学出版会

松木武彦　二〇一五「卑弥呼『共立』前に起こった『倭国（大）乱』とは何か」（『古代史研究の最前線　邪馬台国』洋泉社）

三品彰英　一九七二「古代宗儀の歴史的パースペクティブ」（『増補日鮮神話伝説の研究』平凡社）

村尾次郎　一九七四「『魏志』倭人伝考証」（『史学論集　対外関係と政治文化　第二』吉川弘文館）

森岡秀人　一九九六「弥生時代抗争の東方波及―高地性集落の動態を中心に―」（『考古学研究』第四三巻第三号）

森岡秀人　二〇一五「倭国成立過程における『原倭国』の形成」（『纒向学研究』第三号）

柳田康雄　二〇〇〇『伊都国を掘る―邪馬台国に至る弥生王墓の考古学―』大和書房

柳田康雄編　一九八五『福岡県文化財調査報告書六九　三雲遺跡―南小路地区編―』福岡県教育委員会

柳田康雄編　二〇〇〇『前原市文化財調査報告書第70集　平原遺跡』前原市教育委員会

山尾幸久　一九八二「朝鮮における両漢の郡県と倭人」（『立命館文学』第四三九～四四一号）

山尾幸久　一九八三『日本古代王権形成史論』岩波書店

山尾幸久　一九八六『新版　魏志倭人伝』講談社

湯浅幸孫　一九八三『翰苑校釈』国書刊行会

吉田　晶　一九九五『卑弥呼の時代』新日本出版社
渡辺貞幸　二〇一八『出雲王と四隅突出型墳丘墓―西谷墳墓群―』（シリーズ「遺跡を学ぶ」123、新泉社）

国内の事象等	中国	東アジアの動向
讃良郡条里遺跡（大阪府）。 この頃、水稲耕作が広がる。	春秋	BC403　戦国七雄割拠。
	戦国	BC312〜279　燕国が中国東北部へ版図を拡大する。
奈良県唐古・鍵遺跡で大型建物。		BC222　燕国の滅亡。
新庄銅鐸。	秦	BC221　秦が中国を統一する。
（BC245年＋α　武庫庄遺跡柱根） （BC223＋α　下之郷遺跡の盾）	前漢	BC206　漢王朝が始まる。
		BC108　漢、楽浪郡ほか四郡設置。
（BC97　二ノ畦・横枕遺跡井戸枠）		BC82　漢、馬弩関の廃止、鉄の解禁。
（BC60　二ノ畦・横枕遺跡井戸枠） （BC52　池上・曽根遺跡柱根） 倭人、百余国に分かれる。その一部が楽浪郡と交渉（漢書地理志）。		AD5　東夷王、大海を渡りて国珍を献ず（漢書王莽伝上）。
	新	AD8　新王朝が成立する。 AD14またはAD20　王莽、貨泉鋳造。
	後漢	AD25　後漢が中国を統一する。
AD57　倭の奴国王が後漢に朝貢。金印を受ける。		
AD107　倭国王帥升が後漢に生口160人を献上。		
（AD51＋α　大藪遺跡柱根） （AD69＋α　下鈎遺跡柱根）		
この頃、倭国乱れる。 卑弥呼の共立。		AD184　黄巾の乱。 AD190　遼東地域で公孫氏が自立する。

伊勢遺跡関係年表

暦年代	時代・時期	土器編年 大別様式	森岡	伴野
BC600	縄文晩期			
	弥生前期	Ⅰ	1	1
			2	2
			3	
BC400			4	3
	弥生中期	Ⅱ	1	1
			2	2
BC300			3	3
紀元前		Ⅲ	1	1
			2	2
BC200		Ⅳ	1	古
			2	中
BC100			3	
			4	新
AD25	弥生後期	Ⅴ	1	1
AD50			2	2
紀元後			3	3
AD100			4	4
			5	5
AD190			6	6

関連遺跡の動向

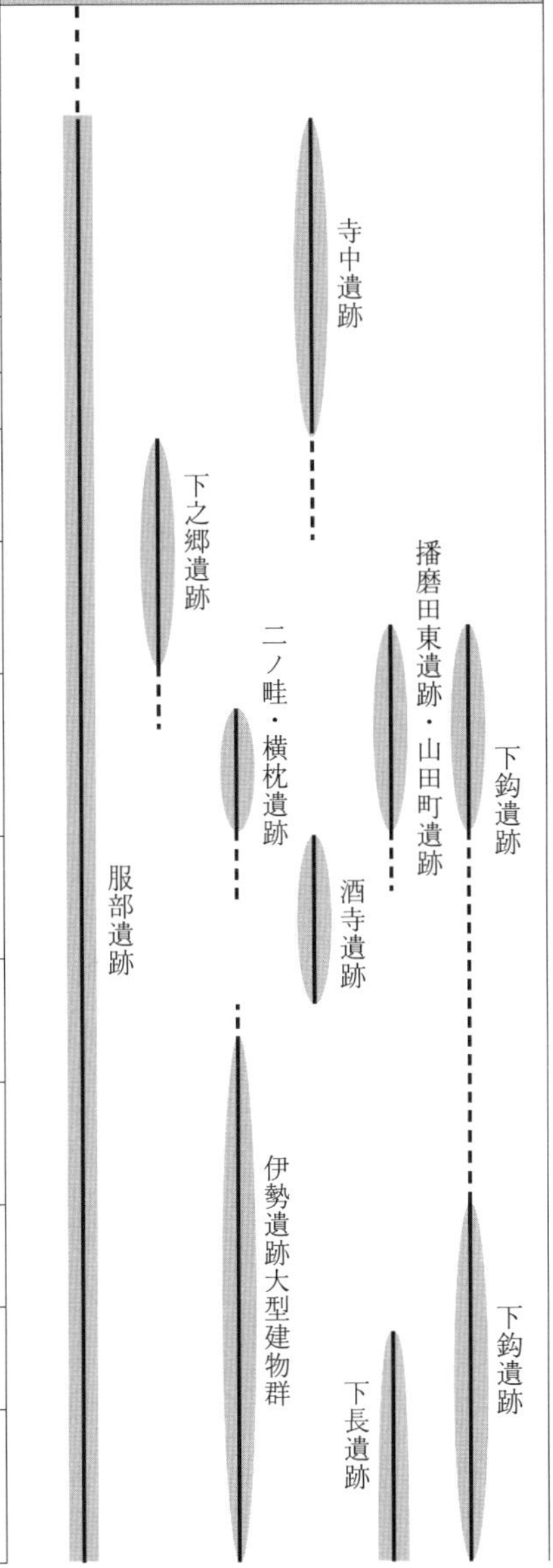

服部遺跡

寺中遺跡

下之郷遺跡

二ノ畦・横枕遺跡

播磨田東遺跡・山田町遺跡

下鈎遺跡

酒寺遺跡

伊勢遺跡大型建物群

下長遺跡

下鈎遺跡

国内の事象等	中国	東アジアの動向
纒向遺跡の出現。	後漢	AD204頃　帯方郡の設置。
（AD216＋α　下長遺跡SB—3柱根） AD239　卑弥呼が魏に使者を送り「親魏倭王」の号を受ける。 AD240　銅鏡百枚下賜。 卑弥呼死す（正始年中）。 AD248頃　台与女王になる。 （AD247＋α　下田遺跡木製品）	三国	AD220　後漢滅亡。魏王朝の成立。 AD238　魏により、公孫氏が滅亡する。
AD266　倭の女王、西晋に朝貢。 この頃、前方後円墳が各地に広がる。	晋	AD265　魏の滅亡。西晋の建国。 AD280　西晋が呉を滅ぼす。
	五胡十六国	

暦年代	時代・時期	土器編年			関連遺跡の動向
		大別様式	森岡	伴野	
	古墳初頭	庄内式	1	Ⅵ-1	服部遺跡 / SB—11 / 伊勢遺跡竪穴建物群 / 下長遺跡
			2		
			3	Ⅵ-2	
			4		
AD250	古墳前期	布留式	古	Ⅶ古	
			中	Ⅶ中	
			新	Ⅶ新	

著者略歴／主要編著書・論文

伴野幸一（ばんの　こういち）

一九六〇年　愛媛県に生まれる

現在　滋賀県守山市伊勢遺跡史跡公園所長

「滋賀県伊勢・下之郷遺跡」（『季刊考古学』別冊9、一九九九年）

「近江地域―野洲川流域を中心に―」（大阪府文化財センター編『古式土師器の年代学』二〇〇六年）

森岡秀人（もりおか　ひでと）

一九五二年　兵庫県に生まれる

一九七四年　関西大学文学部卒業

現在　奈良県立橿原考古学研究所共同研究員、古代学協会客員研究員

「農耕社会の成立」（歴史学研究会・日本史研究会編『日本史講座第一巻　東アジアにおける国家の形成』東京大学出版会、二〇〇四年）

『先史日本を復元する4　稲作伝来』（共著、岩波書店、二〇〇五年）

大橋信弥（おおはし　のぶや）

一九四五年　茨城県に生まれる

一九六七年　立命館大学大学院文学研究科修士課程修了

現在　渡来人歴史館顧問

『継体天皇と即位の謎』（吉川弘文館、二〇〇七年）

『古代の地域支配と渡来人』（吉川弘文館、二〇一九年）

伊勢遺跡と卑弥呼の共立

二〇二四年（令和六）十二月一日　第一刷発行

著　者　伴野幸一
　　　　森岡秀人
　　　　大橋信弥

発行者　吉川道郎

発行所　株式会社　吉川弘文館
郵便番号一一三—〇〇三三
東京都文京区本郷七丁目二番八号
電話〇三—三八一三—九一五一〈代〉
振替口座〇〇一〇〇—五—二四四番
https://www.yoshikawa-k.co.jp/

印刷＝株式会社 精興社
製本＝ナショナル製本協同組合
装幀＝右澤康之

ISBN978-4-642-08462-8